〔明〕王宗沐 著

黃長椿 左行培 許懷林 點校

中華書局

圖書在版編目（CIP）數據

江西省大志/（明）王宗沐著；黄長椿,左行培,許懷林點校. ——
北京：中華書局,2018.9
ISBN 978-7-101-13395-0

Ⅰ.江… Ⅱ.①王…②黄…③左…④許… Ⅲ.江西-地方志
-明代 Ⅳ.K295.6

中國版本圖書館 CIP 數據核字（2018）第 191236 號

書　　名　江西省大志
著　　者　〔明〕王宗沐
點 校 者　黄長椿　左行培　許懷林
責任編輯　張繼海
出版發行　中華書局
　　　　　（北京市豐臺區太平橋西里 38 號　100073）
　　　　　http://www.zhbc.com.cn
　　　　　E-mail:zhbc@zhbc.com.cn
印　　刷　北京瑞古冠中印刷廠
版　　次　2018 年 9 月北京第 1 版
　　　　　2018 年 9 月北京第 1 次印刷
規　　格　開本/710×1000 毫米　1/16
　　　　　印張 26½　插頁 4　字數 300 千字
印　　數　1-900 册
國際書號　ISBN 978-7-101-13395-0
定　　價　138.00 元

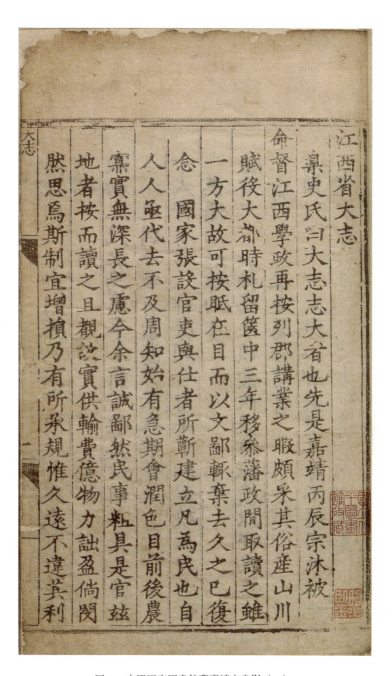

江西省大志

桌史氏曰大志志大者也先是嘉靖丙辰宗沐被

命督江西學政再按列郡講業之暇頗采其俗産山川

賦後大都時札留篋中三年移參藩政間取讀之雖

一方大故可按眠在目而以文鄙輒棄去久之已後

念國家張設官吏與仕者所斬建立凡為民也自

人人丕代去不及周知始有急期會潤色目前後農

寔實無深長之慮今余言誠鄙然民事粗具是官兹

地者按而讀之且觀設實供輸費億物力詘盈倘閔

欻思爲斯制宜增損乃有所采規惟久遠不違莫利

圖一　中國國家圖書館藏嘉靖本書影（一）

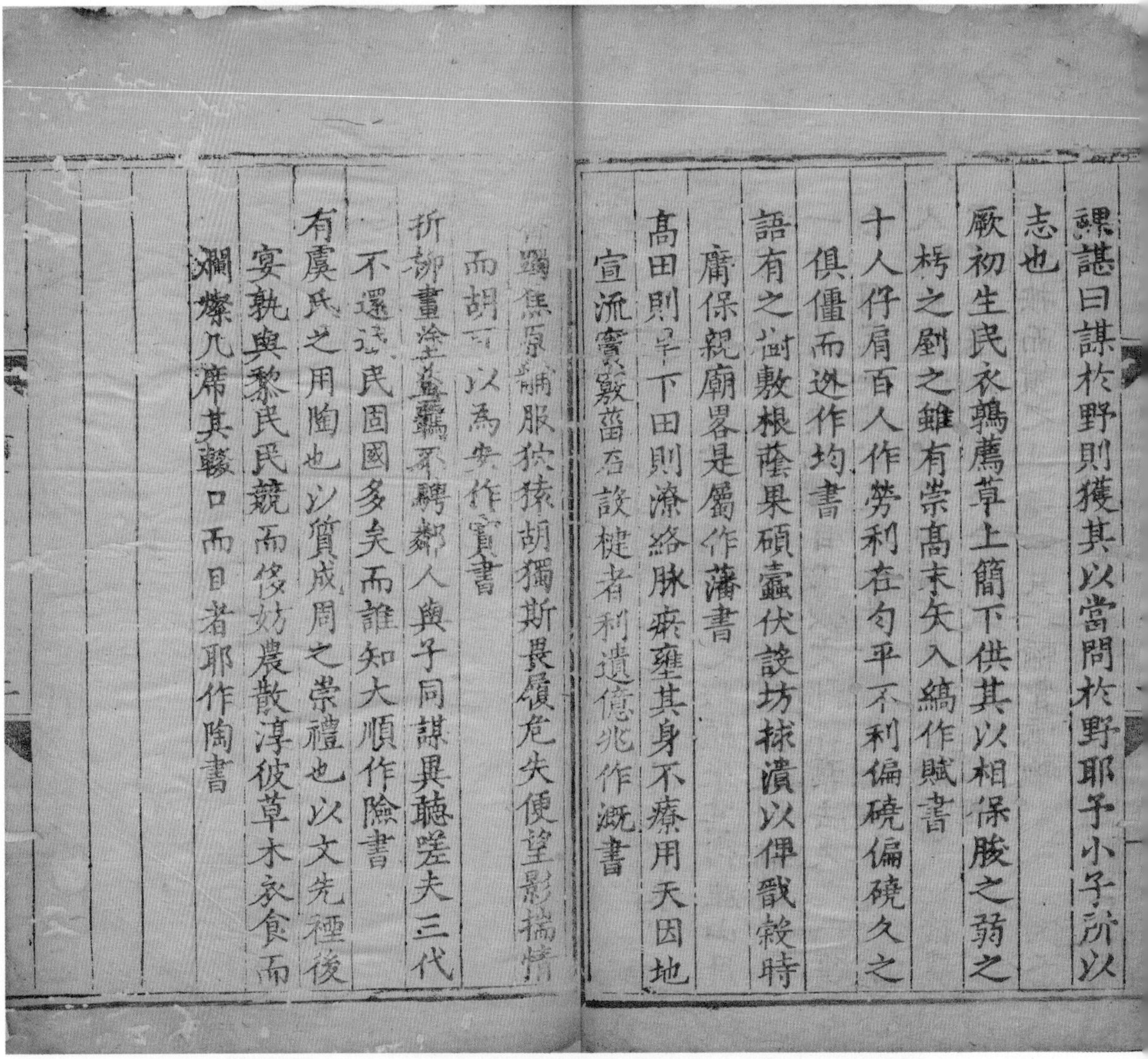

課謎曰謀於野則獲其以當問於野耶予小子所以
志也
厥初生民衣鶉薦草上簡下供其以相保朕之弱之
枿之劉之雖有崇高末矢入縞作賦書
十人仔肩百人作勞利在勾平不利偏磽偏磽久之
俱僵而逃作均書
語有之嗣敷根藶果碩蠱伏詼坊採潰以俾戩穀時
廥保親廟暑是屬作藩書
高田則旱下田則潦絡脈痿瘫不療用天因地
宣流實敦菑吾詼楗者利遺億兆作溉書

顧焦原□補服狄猿胡獨斯畏頎危失便望影搞情
而胡可以為安作實書
折郤畫塗盖□□不聘鄰人與予同謀異聽羞夫三代
不還远民固國多矣而誰知大順作險書
有虞民之用陶也沙質成周之崇禮也以文先種後
宴孰與黎民競而侈妨農散淳彼草木爽食而
爛燦九席其靠口而目者耶作陶書

圖二　中國國家圖書館藏嘉靖本書影（二）

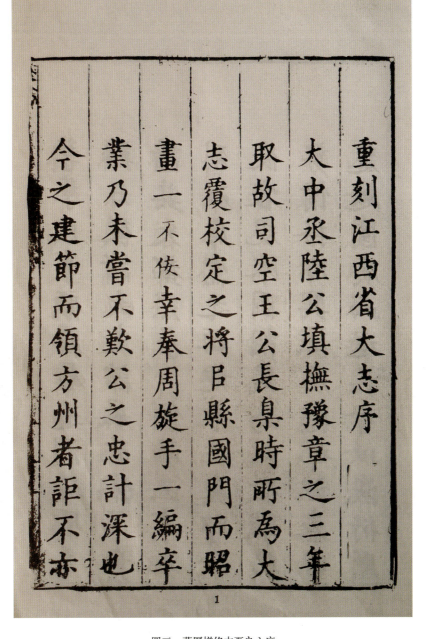

重刻江西省大志序

太中丞陸公填撫豫章之三年

取故司空王公長臬時所為大

志覆校定之將召縣國門而昭

畫一不佞幸奉周旋手一編卒

業乃未嘗不歎公之忠計深也

今之建節而領方州者詎不亦

1

圖三　萬曆增修本夏良心序

圖四　1980年代從事點校時工作照，從右至左：左行培、黃長椿、許懷林

目　録

---

① 此卷據萬曆版《江西省大志》移入。

前　言

　　嘉靖《江西省大志》，是明朝嘉靖三十九年江西按察使王宗沐編撰的政書。稱作"大志"，是因爲它"志大者"，只記録重大事項。該書内容涵蓋江西全省，與省志同類，但不同於一般的省志，除了賦税、徭役、宗藩等七項之外，通常省志中有的建置沿革、人物傳記、藝文著述等都被略去。

　　王宗沐(1523—1591)，字新甫，號敬所，浙江台州臨海縣人，嘉靖二十三年(1544)進士，官至刑部左侍郎，卒贈刑部尚書。先後在廣西、江西、山西、山東等省任官，而居江西最久。從嘉靖三十五年至四十年，歷任江西提學副使、參政、按察使、右布政使。6 年間在江西主管教育，掌理行政，精習吏治，熱心辦學，興利除弊，勤於著述。他深念"國家張設官吏，與仕者所蘄建立，凡爲民也。自人人亟代去，不及周知，始有急期會，潤色目前，後農寡實，無深長之慮"。爲求補救這種缺失，他在任按察使期間編撰了《江西省大志》，企望"官兹地者按而讀之，且觀故實，供輸費億，物力詘盈，倘閔然思焉，斯制宜增損，乃有所承規，惟久遠不違其利"(《江西省大志・序》)。鮮明的興利除弊動機，促使王宗沐編成這部可爲資政參考的志書。

　　王宗沐來江西提舉學政的時候，即開始巡按各地，注意積累資料，"頗采其俗産、山川、賦役，大都時札留篋中"。憑藉自己巡察的翔實記録，他編輯成賦書、均書、藩書、溉書、實書、險書、陶書，共爲七卷。每卷詳記事實之後，再評議得失利弊，以"臬史氏曰"帶起。

　　《賦書》，記載全省與各縣徵收的賦税類别，大小項目，丁口數目，派徵數額，以及政策的更改。評議中着重分析江西從嘉靖十七年(1538)將各縣劃爲七類徵派田賦的得失，後來推行一條鞭法的利弊。《均書》，記載銀差、力差、驛傳、機兵四項徭役。驛傳原本屬於銀差、力差範圍，因其負擔過重，故抽出單列一項。各種差役名目繁多，僅是力差就有 16 種。《藩書》，記録封在江西的寧王、淮王、益王三大王府世系、人口,徵派的銀兩和糧食。因世系無限,人口蕃衍,王府宗室成員已經增至756名,一年徵派的銀兩達11.1萬餘,實爲江西民衆的重負。《溉書》,分縣記述源、隄、塘三類水利工程,以及江西主要河流,概述江河湖澤帶來的水利與水害,勢家豪族對水利設施的霸佔,使農户難享其利。《寶書》,記江西境内南昌、袁州、贛州3衛,吉安、安福、永新、會昌、信豐、南安、饒州、撫州、建昌、廣信、鉛山11個千户所的兵員人數、食糧、軍屯數額,以及歷代江西境内的戰事。《險書》,記南昌等13府的城池、全省113個巡檢司以及關隘、山嶺,因戍守而論地理形勢和戰備環境,與《寶書》互爲補充。强調因險而設備,散盜於未聚。《陶書》,寫明朝官窰設置及其燒瓷的詳情,十分珍貴。景德鎮官窰的設置管理、資金徵派、供御數額、役作制度以及"官搭民燒"的燒瓷方式等,分列13個子目,備細記録在案。既有各項管理制度,又有工藝經驗總結。官窰燒制的瓷器全部"供御",從嘉靖八年至三十八年間的21次派燒瓷器清單記載,除個别年份較少,多數都是幾萬件,最多時達11.9萬餘件;耗費料價銀"累鉅萬",最多一次爲銀12萬兩。

王宗沐認定這七項乃關乎朝廷大計、江西民生休戚的大事。他分析江西田賦、差役徵派太過繁重,皆因州縣長官昏聵,吏治敗壞,導致"括財用於守令,則民困且逃,卒於亂"。他如實地指出,景德鎮瓷器行銷八方,"無所不至",又因官窰供御,"每一額派,縣官嚴刑法,箠逼之,猶不能輸,户疲甚,往往逃寄食于四方",固有的特色經濟優勢招致小民破産逃亡。(《陶書·枲史氏曰》)

嘉靖《江西省大志》綜理的各類資料,在明顯的地方個性中,兼具普遍性的參照價值,是認知江西明代社會生態的珍貴史實,同時也是研究明朝尤其是嘉靖時期政治經濟制度的重要資料。它是江西省最早的省志之一,兼具官府檔案性質,有切實的興利除弊參考價值。萬曆二十五年(1597)江西巡撫陸萬垓對嘉靖《江西省大志》"覆校定之,將以懸國門而昭劃一"(夏良心《重刻江西省大志序》)。雍正《江西通志》收入《江西省大志》的《寶書·枲史氏曰》,列爲增强軍事防務的要論。光緒《江西通志》稱王宗沐之論"至今奉以爲準"。

陸萬垓主持覆校嘉靖《江西省大志》,爲消除弊政着想,仿照《陶書》格式,補寫了一卷《楮書》,把上饒、玉山、鉛山等地的造紙上貢之事記録在案。在彰顯王宗沐編撰旨意方面,補充了一項事實,而文字與史料又不會和嘉靖本糾纏。

燒瓷、造紙，是江西經濟兩大特色産業，因爲特命上貢，在刺激生産同時又帶給民衆沉重的賦役重負。《楮書引》寫道：“信州之楮，列在方物，與陶均，而楮弊孔尤什倍陶。”因此，萬曆年間重刊的《江西省大志》有《楮書》，共八卷，而書名照舊。

我們在教學實踐中深切認識到嘉靖《江西省大志》的重要價值，又爲原書是珍稀善本，極難借閲而惋惜，故而下決心校點整理，爭取出版，以廣流傳。

據我們尋訪所及，嘉靖《江西省大志》國內僅有一部珍藏在原北京圖書館，另外只有寧波天一閣藏書樓的殘本（第1—3卷）、吉林大學圖書館的殘本（第5卷），以及上海圖書館的嘉靖版民國抄本，真正是珍貴稀罕。除了抄本尚可借閲，其他就免談了。爲此，我們把校點嘉靖《江西省大志》確定爲科研重點，於1983年提出申報，第二年得到教育部批准，有了5000元研究經費，順利開展版本調查，複製工作底本，積累相關資料，仔細標點校勘，於1987年秋基本結束校點工作，轉入聯繫出版程序。困於窮酸無錢，長期沒有解開出版經費這個死結。到了2002年，歷史文化與旅遊學院（原歷史系）得到一筆“申博”活動經費，院長方志遠教授主張將《大志》趁便“插隊”，商妥在中華書局出版。可惜又因事耽誤，一再拖延下來，直到現在才能重新啓動最後工序。

一晃三十四年過去，三人點校組只剩我一個，左行培老師、黃長椿老師已經仙逝，留下遺憾。世間好事多磨。但願經常念叨的《江西省大志》能夠出版問世，告慰左老師、黃老師在天之靈，了却我們的心願，讓這部珍貴古籍方便人們利用，更好地發揮它的社會效益。

許懷林

2017 年 9 月 17 日

校點説明

　　嘉靖《江西省大志》,是嘉靖三十九年(1560)江西按察使王宗沐編撰的。王宗沐編輯的這部省志,不同於通常的省志,没有沿革、建置、選舉、人物、藝文等等,僅寫賦書、均書、藩書、溉書、實書、險書、陶書七卷①。與編成不久的嘉靖《江西通志》三十七卷比較②,篇幅更少,而内容更精煉突出。所謂"大志,志大者也"。在他的心目中,這七卷所寫的是朝廷和地方的大事。他認爲地方官不能只是徵收賦税,"急期會,潤色目前",應該有"深長之慮",要考察民生休戚,物力盈虚,從制度上改良、增損。所以,他對賦役等項詳加記録,評議政策的得失利弊。

一

　　《江西省大志》的嘉靖原版書,國家圖書館的古籍圖書館有完整的一部,天一閣藏書樓有殘存的1—3卷,吉林大學圖書館有殘存的第5卷。南京圖書館有萬曆增修本。此外,上海圖書館有嘉靖本的民國抄本。嘉靖原版書因年代已久,紙質脆而易碎,不能借閲、複印,我們只買到縮微膠卷。承蒙上海圖書館照顧,借出抄本供我們複印,以爲工作底本使用。校點過程中,始終以膠卷對校民國抄本,改正抄本移録時産生的差誤。

　　由於雕板印刷本有某些墨色漫漶,或墨色不顯的疵點,紙張又有某些破損,故而縮微膠卷上相應存在模糊不清或某些空白,尤其是《賦書》《均書》以表格

① 《明史・藝文志》著録該書,稱"王宗沐《江西大志》八卷",有誤。可能是將萬曆間江西巡撫陸萬垓增修時補寫的《楮書》算在内,但二者不能等同看待。

② 嘉靖《江西通志》爲江西布政司參政林庭昂、江西按察司副使周廣合撰(簡稱林志),内爲藩省志3卷,分13門;諸府志34卷,分30門,體例與其他通志大致相同,原刻於嘉靖四年,續刻於嘉靖中後期,記事止於嘉靖三十五年。

和統計數目爲主,字體細小,模糊不清的地方比較多。凡此即以天一閣殘本對校。其他卷中遇到的一些錯訛缺漏文字,也參照了南京的萬曆增修本補正。

《實書》主要依據吉林大學殘本對校,其中的"歷代兵事"所記史事,還參照了標點本廿四史進行校正。

我們在校點中發現天一閣殘本與國圖膠卷存在差異。《賦書》《均書》中的臨川、金谿、崇仁、樂安、東鄉、安福、泰和、星子等縣,在户口、賦税、派辦、銀差、力差等項目下的敘事文句、數目,或多寡不同,或此有彼無。校勘出的《賦書》中有 60 多條,《均書》中有 30 多條。顯然,二者不是一個版本。依據文字差異情況分析,可能是國圖本在前,天一閣本居後,賦税徵派有了更改,便對原版進行挖補修訂。然而天一閣本只有 1、2、3 卷,見不到全貌,難於確斷數字差異的真實原因。所以我們對《賦書》《均書》中的一些數字分歧,如"二"與"三","七"與"八"之類,没有改動抄本,而是標示出來,寫出校記,存疑待考。

萬曆本與嘉靖本不完全相同。書名未改,七卷的名稱也照舊,但有"厘正而益損",《實書》的史實有補充;《賦書》《均書》的結構有調整。我們在校點中只改動嘉靖抄本上的訛錯文字,没有移入新增與更改的文字,避免史實和時間關係上產生矛盾混亂。萬曆本的《楮書》則不同,在文字和史實上不存在二者糾纏問題,卻能彰顯該志的特色,彌補嘉靖本的不足。因此,我們把萬曆版增補的《楮書》移入嘉靖版,使它與《陶書》比肩,相互印證,使《江西省大志》更臻完善,也便於讀者把握江西省賦税的全貌。

凡屬更改、補入的文字,均加"〔　〕"符號,被改動或删除的原字以"（　）"符號表出,同時注明序號,寫出校記,統一列在本卷之後。

出現數字差異而難判别是非的,也在句末標序號,寫校記。明顯筆誤的字則徑改,不出校記。

校記中凡屬改、補的,只寫"據某書改、補";凡屬兩説並存的,寫出相關的説明。

校點的對象是版本文字方面的錯訛衍脱,一般不做内容與事實的考證、文句的解讀,少數確需校改的則寫出校記。

爲求行文簡潔,各個版本均用略稱,原北京圖書館(今中國國家圖書館)藏嘉靖本縮微膠卷簡稱"北圖膠卷",寧波天一閣藏書樓的嘉靖殘本簡稱"天一閣

本”，吉林大學圖書館藏嘉靖殘本簡稱“吉大本”，南京圖書館藏萬曆刻本簡稱
“萬曆本”，上海圖書館藏民國抄嘉靖本簡稱“上海抄本”。餘類仿此。

二

《江西省大志》的成書時間，光緒《江西通志》轉抄《天一閣書目》作“嘉靖三
十五年”，這不對。我們校點之後確認，應是嘉靖三十九年（1560）。理由是：

1.書中記事時間截止嘉靖三十八年，如《賦書》的“通省糧額”，其中的起運
兑軍米、淮安倉米、南京倉米、京庫苧布米、南京庫棉布米、南京庫苧布米、京庫
折銀、京庫各項顔料銀、各府舊額、府縣倉米等10項的數額。《藩書》《陶書》也
有嘉靖三十八年的記事。

2.鄧以讚《敬所王先生行狀》寫道：“己未（嘉靖三十八年）晉大參，念漕儲煩
猥，吏胥借而塗民耳目，非先簿正不可，因蒐訪宗禄、水利、兵實、險隘，細及陶冶
之屬，咸括其要領，作七書。”第二年“庚申（嘉靖三十九年），擢按察使”①。王宗
沐把資料編纂好之後，寫出評議，標示爲“臬史氏曰”。可知是在三十八年開始
編寫，完成於三十九年。

3.《江西省大志·序》説：“嘉靖丙辰（三十五年），宗沐被命督江西學政，再
按列郡，講業之暇，頗采其俗産、山川、賦役，大都時札留篋中。三年，移參藩政，
間取讀之……予小子所以志也。”表明他嘉靖三十五年開始調查，寫札記，三十
八年以後重檢札記資料，陸續編寫，成書只能是“移參藩政”之後了。

4.《賦書·臬史氏曰》説“上御臨，天下晏然，江西猶無事，四十年休養”；《實
書·臬史氏曰》也説“自正德己卯（十四年，1519）以來，江西宴安四十年”。世
宗繼位於正德十六年（1521）四月，八個月後改元嘉靖，至嘉靖三十九年剛到40
年，自正德己卯起算則已足數，證明寫此兩篇評議的時間是嘉靖三十九年。

5.萬曆二十五年（1597）江西左布政使夏良心《重刻江西省大志序》首句説
“大中丞陸公鎮撫豫章之三年，取故司空王公長臬時所爲《大志》，覆校定之”。
所謂“長臬時所爲”，是明白無疑的表述時間爲嘉靖三十九年。

---

① 《鄧定宇先生文集》卷四。

6.《江西省大志》全書總題"梟史王宗沐著",七篇議論都作"梟史氏曰",明顯告訴讀者該書是他嘉靖三十九年任江西按察使期間的著述。

綜上各點,完全能够更正嘉靖《江西省大志》成書時間的舊説。我們如果沒有進行校點工作,也將因襲陳言,以訛傳訛。

由於我們學識水準局限,校點本中定會有差誤不當之處,敬祈讀者批評指正。

許懷林

2003 年 3 月 2 日一稿

2017 年 9 月 16 日二稿

江西省大志序

臬史氏曰:大志,志大者也。先是,嘉靖丙辰,宗沐被命督江西學政,再按列郡,講業之暇,頗采其俗產、山川、賦役,大都時札留篋中。三年,移參藩政,間取讀之,雖一方大故,可按眂在目,而以文鄙輒棄去。久之,已復念國家張設官吏,與仕者所蘄建立,凡爲民也。自人人亟代去,不及周知,始有急期會,潤色目前,後農寡實,無深長之慮。今余言誠鄙,然民事粗具是,官兹地者按而讀之,且覩故實,供輸費億,物力詘盈,倘閔然思焉,斯制宜增損,乃有所承規,惟久遠不違其利。褝諶曰“謀於野則獲”[1],其以當問於野耶。予小子所以志也。

厥初生民,衣鶉薦草,上簡下供,其以相保。腴之、弱之、枵之、劇之,雖有崇高,末矢入縞。作賦書。

十人仔肩,百人作勞,利在勻平,不利偏磽,偏磽久之,俱僵而逃。作均書。

語有之:樹敷根蔭,果碩蠹伏,設坊捄潰,以俾戩穀。時庸保親,廟略是屬。作藩書。

高田則旱,下田則潦,絡脈瘀壅,其身不療。用天因地,宣流竇竅,畚石設樏者,利遺億兆。作溉書。

〔齊〕躋焦原[2],黼服狄猿,胡獨斯畏,履危失便,望影揣情,而胡可以爲安。作實書。

折柳畫塗,盜羈不騁,鄰人與子,同謀異聽。嗟夫,三代不還,域民固國多矣,而誰知大順。作險書。

有虞氏之用陶也以質,成周之崇禮也以文,先裡後宴,孰與黎民。民競而侈,妨農散淳。彼草木衣食而爛燦几席,其輟口而目者耶。作陶書。

校勘記

[1]“裨”，原作“裸”，據天一閣本改。裨諶爲春秋鄭大夫。“謀於野則獲”非諶
　　之言，乃史家對諶行事的評述，見《左傳》襄公三十一年紀事。
[2]據天一閣本補。

江西省大志卷之一　賦書

枲史　王宗沐 著

戶口	如通省人口。每歲徵鹽鈔銀，一半解南京，一半存留布政司庫是也。外附門攤、商稅。
起運本色	如夏稅農桑，秋糧兌淮、南京倉米，南北棉、苧布是也。
折色	如夏稅京庫，秋糧過湖帶江，兌折、京庫，顏料米銀，南北布米是也。
存留本折	如夏稅，秋糧，大各府祿米，三司俸糧，庶人儀賓祿糧，府縣學倉米是也。
額辦	以下四項名爲里甲：如薦新茶芽，南北藥材，弓箭弦條，神器、軍器、胖襖、褲鞋等項，俱係額定之數，解部者也。
歲辦	如野味，翎毛，皮張等項，俱歲定之數，解京者也。
歲派	如各部物料，並黃白蠟銀，每歲定派之數，解京者也。
雜辦	如曆日紙張等銀，解布政司支用者，及春秋祭祀等項，俱府縣公費者也。

南昌縣

戶口	男子成丁一十一萬三千四百八丁,婦女大口八萬六千二百六十七口。歲徵起存錢鈔銀六百五十七兩八錢一分五厘五毫七絲八微八纖。門攤、商稅銀共一百四兩三錢七分七厘九毫五絲六忽一微。
起運本色	夏稅農桑絹四十二疋一丈六尺八寸。秋糧兌淮米三萬六千六百八十六石四斗四升,南京倉米一萬一千六百三石一斗〔六〕升[1]。
折色	秋糧過湖帶江三六銀三千九百七十九兩一錢二分四毫二絲。兌折米一千八百一十九石六斗一升。京庫米四萬七千六(百)〔石〕四斗一升四合四勺[2]。顏料銀一百八十五兩九分六厘八毫。
存留本折	夏稅本府倉米二百六十七石九斗一升九合五勺。秋糧三司俸糧、庶儀祿米、本府縣學倉米、本司庫折銀米共二萬一千三十六石六升四合九勺。兌折剩銀五百三十五兩四錢五厘七毫。
額辦	薦新茶芽三斤八兩,茶戶採辦。南北兩京藥材,弓箭弦條,胖襖、褲鞋共銀五百五十二兩四錢二分七厘。
歲辦	野味、翎毛折鈔銀七兩一錢九分一厘,俱捕戶採辦。魚油折徵、黃白麻料價銀一百五十一兩九錢五分八毫。
歲派	黃白蠟、各部物料,本縣無派。加派工部料銀五百一十九兩五錢三分五厘九毫。
雜辦	府縣公費、各起進表、春秋祭祀、鄉飲酒禮等項共銀三千七百六十三兩一錢七分一厘。

新建縣	
戶口	男子成丁四萬六百二十三丁，婦女大口二萬五百六十口。歲徵起存錢鈔銀二百八十八兩四錢一分八厘三毫三絲四忽六微二纖。門攤銀七十一兩二錢八分八毫。
起運本色	夏稅農桑絹二十九疋八尺二寸。秋糧兑淮米一萬五千四百八十四石六斗四升，南京倉米四千八百九十七石四斗六升。
折色	秋糧過湖帶江三六銀一千五百十兩六錢七分五厘六毫八絲。兑折米七百六十七石九斗九升。京庫米二萬四千二百一十六石九斗五升九合五勺。
存留本折	夏稅本府倉米麥三十一石三斗一升七合五勺。秋糧三司俸糧、儀庶禄米、本府縣學倉米、本司庫折銀米一萬一千二十一石四斗七升四合七勺。兑折剩銀二百二十五兩九錢七分四厘。
額辦	薦新茶芽四斤八兩，茶戶採辦。扛解銀一兩。南北藥材，弓箭弦條，胖襖、褲鞋共銀三百九十六兩一錢五分九厘。本府樵舍等五河泊所魚油、翎、鰾銀共一千六百九十二兩三錢二分一厘二毫八絲。
歲辦	野味、翎毛折鈔銀共五兩五分八毫，俱捕戶採辦。魚油折徵、黃白麻料價銀四兩七錢八分。
歲派	各部物料、黃白蠟銀，本縣無派。
雜辦	淺船〔料價〕等銀[3]，〔本縣〕無派[4]。府縣公費、春秋祭祀等項共銀二千一百六十八兩一錢七分五厘七毫五絲。

豐城縣	
戶口	男子成丁五萬七千八百四十八丁,婦女大口三萬六千一百九十口。歲徵起存錢鈔銀五百八十兩五錢九分二厘八毫三忽八微三纖。門攤銀一百六十兩一錢七分三毫九絲九忽。
起運本色	夏稅農桑絹一百九十六疋一丈一尺四寸。秋糧兌淮米一萬五百五十五石二斗六升,南京倉米一萬六千一百七十七石六斗六升。
折色	秋糧過湖帶江三六銀四千九百六十二兩五錢九分七厘一毫二絲。兌折米三千三百五十九石四斗。南京派剩米五千七百五十九石六斗五升。南京棉布折色米三千五百八十六石。京庫米五萬五千一百石[5]。顏料銀四百二十二兩四錢。
存留本折	夏稅本府倉米麥七百八十石八斗七升八合五勺。秋糧大各府祿米、吉安府倉、本縣學倉米一萬四千二百五十八石九升一合,外本司庫折銀米一千一百六石八斗七升四合五抄。兌折剩銀〔九〕百八十八兩四錢七分六厘六毫[6]。
額辦	薦新茶芽一十斤八兩,茶戶採辦。扛解銀二兩一錢五分。南北藥材、弓箭弦條、神器、軍器、民七、胖襖、褲鞋銀共五百八十一兩五錢一分六厘[7]。
歲辦	野味、翎毛(抄)〔折〕鈔銀一兩三錢二分六厘六毫一絲二忽[8],係捕戶採辦。魚油折徵、黃白麻料價銀一十兩六錢一分七厘四毫。
歲派	各部物料銀一千七百一十五兩五錢五分二厘。黃白蠟銀一百二十九兩三錢一分。加派白蠟、菓品、牲口銀七百三十三兩一錢一分六厘。
雜辦	淺船料價、曆日紙張、舉人水手、上司公費銀共八百一十兩八錢八分一厘四毫五絲。府縣公費、春秋祭祀等項共銀五百四十六兩一錢九分六厘。

	進賢縣
戶口	男子成丁四萬八千八百七十丁,婦女大口三萬六千三百六十二口。歲徵起存錢鈔銀四百六十六兩四錢三分二厘七毫一絲三忽二微四纖。門攤、商稅銀一百四十一兩九錢八分三厘六毫七絲四忽七微。
起運本色	夏稅農桑絹二十四疋一丈六尺五分。秋糧兑淮米一萬一千八百五十六石七斗四升,南京倉米七千八百五十石三斗八升。
折色	秋糧過湖帶江三六銀一千四百零八兩一錢五分四厘四毫。兑折米一千六百三十石二斗。南京派剩米二千七百九十四石九斗三升。南京棉布折色米一千七百四十石三升。京庫米一萬四千七百五十四石五斗二升。顏料銀八十八兩一錢九分四厘。
存留本折	夏稅本府倉米麥一百三十石二斗二升四合八勺。秋糧大各府禄米、廣信府、本縣學倉米共五千四百七十一石六斗五升一合四勺,外本司庫折銀米一百二十四石四斗五升二勺。兑折剩銀四百七十九兩六錢七分三厘二毫[9]。
額辦	南北兩京藥材,弓箭弦條,神器、軍器、胖襖、褲鞋共銀四百二十九兩七分五厘六毫。
歲辦	野味、翎毛折鈔銀三兩九錢一分二厘七毫五絲六忽,俱捕户採辦。魚油折徵、黃白麻料價銀五十五兩八錢六分二厘。
歲派	各部物料銀九百三十九兩八錢五分四毫。黃白蠟銀八十七兩二錢一分[10]。加派白〔蠟、菓品、牲口、工部料銀共八百三十九兩八錢七分八厘六毫〕[11]。
雜辦	曆日〔紙張〕[12]、淺船料價、舉人水手、上司公費等銀共四百五十二兩六錢九厘八毫。府〔縣公費、春秋祭祀等項共銀四百零九兩五錢七分四厘〕[13]。

奉新縣

户口	男子成丁二萬三千四百三十七丁,婦女大口二萬四千六十九口。歲徵起存錢鈔銀一百二十五兩二錢九分六厘四毫八絲九忽六微三纖。門攤、商税銀五十九兩三錢八分四厘八毫。
起運本色	夏税農桑絹四十九疋一丈三尺八寸。秋糧兑淮米一萬二千三百九石一斗九升,南京倉米六千九百七十三石六斗二升。
折色	秋糧過湖帶江三六銀二千一百三十九兩二錢一分一厘七毫六絲。兑折米一千四百四十八石一斗。南京派剩米二千四百八十二石七斗八升。南京棉布折色米一千五百四十五石七斗。京庫米一萬三千三百六十二石三斗八升。顏料銀一百九十六兩八錢五分二厘。
存留本折	夏税本府倉米麥八十石四斗八升四合六勺。秋糧大各府禄米、本府縣學倉米共四千八百六十石六斗五勺,外本司庫折銀米七石四斗六升。兑折剩銀四百二十〔六〕兩九分一厘八毫[14]。
額辦	薦新茶芽十斤八兩[15],茶户採辦。南北藥材,弓箭弦條,胖襖、褲鞋共銀三百一十七兩四錢七分六厘八毫。
歲辦	鹿皮銀九十兩,翎毛折鈔銀一錢八分九厘五毫四忽,捕户採辦。
歲派	各部物料銀四百六十三兩五錢三分九厘二毫。黃白蠟價銀五十一兩一錢一分。加派白蠟、菓品、牲口、工部料銀共五百三十九兩九錢九分六厘五毫五絲。
雜辦	淺船料價、曆日紙張、舉人水手、上司公費銀共二百六十三兩四錢二分八厘六毫五絲。府縣公費、春秋祭祀等銀共一百八十一兩一錢八分四厘。

	靖安縣
戶口	男子成丁八千二百三十四丁,婦女大口一萬二千一百三十九口[16]。歲徵起存錢鈔銀四十一兩三錢四分一厘四毫八絲一忽三微五纖。門攤銀一十二兩四錢五分四厘六毫八絲。
起運本色	夏稅農桑絹四十六疋九尺三寸八分。秋糧兌淮米四百五十八石零七升,南京倉米二千二百九石五斗二升
折色	秋糧過湖帶〔江〕三六銀六百七十七兩七錢九分六厘三毫。兌折米四百五十八石八斗。南京派剩折色米七百八十六石六斗五升。南京棉布米四百八十九石七斗四升,京庫米四千八百石一斗。顏料銀三十二兩三錢三厘九毫。
存留本折	夏稅本縣倉米麥一十〔一〕石六〔升〕二合四勺[17]。秋糧大各府禄米、本縣學倉米共一千五百四十石二合二勺,外本司庫折銀米八十九石二斗八升四合。兌折剩銀二百三十四兩九錢九分八厘二毫。
額辦	薦新茶芽八斤八兩,茶戶採辦。南北藥材、弓箭弦條、胖襖、褲鞋共銀九十一兩七錢五分三厘。
歲辦	鹿皮價銀〔一〕百七十八兩八錢[18]。
歲派	黃白蠟價銀九兩六錢。加派白蠟、菓品、牲口、工部料銀共三百四十四兩二錢四分。
雜辦	曆日紙張、舉人水手、上司公費共銀二十兩六錢二厘八毫。府縣公費、春秋祭祀等項共銀一百九十八兩四錢一分五厘。

武寧縣	
戶口	男子成丁一萬四千三百四十四丁,婦女大口二萬八百五十二口。歲徵起存錢鈔銀一百八十三兩八錢九分四厘五毫八絲九忽三微二纖。門攤銀三十九兩四錢八分四厘一毫一絲二忽。
起運本色	夏稅農桑絹四十八疋六寸。秋糧兑淮米七千五百六十五石八斗,南京倉米四千二百八十六石三斗三升。
折色	秋糧過湖帶江三六銀一千三百一十四兩八錢五分三厘八毫。兑折米八百九十石一斗。南京派剩折色米一千五百二十六石四升。南京棉布米九百五十石六升。京庫米四千三百六十一石六斗。顏料銀五兩四錢六分六厘。
存留本折	本府倉米麥一百一石六斗六升一合七勺。秋糧大各府祿米、安福倉、本縣學倉米共千九百八十七石五斗二升九合四勺,外本司庫折銀米四石四斗四升四合六勺。兑折剩銀二百六十一兩九錢四厘八毫。
額辦	薦新茶芽十八斤,茶戶採辦。南北藥材、弓箭弦條、神器、軍器、胖襖、褲鞋共銀一百七十四兩一錢九分八厘六毫。
歲辦	鹿皮價銀一百八十兩。
歲派	黃白蠟價銀一十八兩五錢二分,加派白蠟、菓品、牲口、工部料銀共六百六十六兩三錢九分九厘八毫。
雜辦	曆日紙張、淺船料(銀)〔價〕、舉人水手、上司公費共銀九十九兩六錢八分四厘九毫。府縣公費、春秋祭祀等項共銀二百二十兩三錢六分六厘六毫。

寧州	
戶口	男子成丁三萬九千七百五十丁[19]，婦女大口五萬六千九百六十三口。歲徵起存錢鈔銀一百六十二兩一錢三分七厘八毫九忽七微三纖。門攤、商稅銀四百六十二兩八錢六分八厘八毫七絲四忽。
起運本色	夏稅農桑折絹五十三疋三丈四寸七分五厘。秋糧兌淮米九千五百六十四石二斗九升[20]，南京倉米五千四百二十四石二斗二升。
折色	秋糧過湖帶江三六銀一千六百六十二兩九錢一分。兌折米一千一百二十六石四斗。南京派剩折色米一千九百三十一石一斗六升。南京棉布米一千二百二石三斗。京庫米八千三百五十石二斗七升。顏料銀三十九兩六錢二分六厘二毫。
存留本折	秋糧大各府祿米、本府州學倉米共三千七百八十石五斗九升六合，外本司庫折銀米一十七石三斗一升四合七勺。兌折剩銀三百三十一兩四錢三分四厘二毫。
額辦	薦新茶芽二十三斤，茶戶採辦。南(京)〔北〕藥材、弓箭弦條、胖襖、褲鞋共銀二百六十三兩八錢二分九厘。
歲辦	野味折鈔銀二兩一錢一分五厘，捕戶採辦。鹿皮價銀二百三十七兩。
歲派	黃白蠟價銀二十九兩八錢四分。加派白蠟、菓品、牲口、工部料銀共九百零五兩七錢七分四毫五絲。
雜辦	曆日紙張、淺船料(銀)〔價〕、舉人水手、上司公費，及府州公費、春秋祭祀等項共銀六百五十七兩五錢四分六厘二毫。

高安縣

戶口	男子成丁七萬三千八百八十九丁,婦女大口五萬二千八百一十五口。歲徵起存錢鈔銀三百四十一兩二分八厘二毫一絲九忽七微四纖。門攤銀三兩七錢八分九厘五毫一絲二忽,魚課銀三兩九錢四分一厘三毫九絲。
起運本色	夏稅農桑絹九十七疋二丈七尺。秋糧〔兌〕淮米三萬四千二百六十一石,南京倉米一萬九千三百五十三石五斗。
折色	秋糧過湖帶江三六銀五千九百三十六兩四錢三分。兌折米四千一十八石九斗。南京派剩折色米六千八百九十石三斗。南京棉布米四千二百八十九石七斗。京庫米三萬六千三百四十九石六斗。顏料銀二百一十七兩一錢四分二厘。
存留本折	秋糧大各府祿米、本府縣學倉米、建昌府倉米共一萬三千四百八十九石二斗八升六合五勺,外本司庫折銀米一百五十七石六斗一合二勺。兌折剩銀一千一百八十二兩五錢二分九厘二毫。
額辦	薦新茶芽一十五斤,茶戶採辦。南北藥材、弓箭弦條、胖襖、褲鞋共銀八百八十三兩一錢六分五厘。
歲辦	野味、翎毛折鈔銀一十三兩一錢三分一厘三毫五絲八忽,捕戶採辦。魚油〔折〕黃白蠟[21]、麻料價銀共四十七兩七錢九分八厘,帶辦港口河泊所魚油、麻、鐵折價銀一十一兩五錢七分八毫八絲三忽三微五纖。
歲派	各部物料銀三百一十五兩一錢四分六毫。黃白蠟價銀九十八兩一錢,加派菓品、牲口銀九十兩七錢三分三厘。
雜辦	曆日紙張、淺船料價、舉人水手、上司府縣公費、春秋祭祀等項共銀一千零四兩八錢八分四厘五毫。

上高縣	
戶口	男子成丁四萬六千四百九十七丁,婦女大口四萬九千九百三十八口。歲徵起存錢鈔銀共一百九十三兩五錢六厘九毫三絲三忽七微五纖。門攤銀五十兩三錢六分五厘一毫六絲一忽。
起運本色	夏稅農桑絹一百九疋八尺一寸六分。秋糧兌淮米一萬五千一百五十三石五斗,南京倉米八千五百八十五石。
折色	秋糧過湖帶〔江〕三六銀二千六百三十三兩五錢一分一厘二毫。兌折米一千七百八十二石七斗。南京派剩米三千五十六石五斗。南京棉布米一千九百二石八斗七升。京庫米一萬三千一百三十五石八斗。顏料銀六十一兩七錢九分二毫。
存留本折	秋糧大各府禄米、本縣學倉米、廣信府倉米共五千九百八十三石七斗六升三合三勺。兌折剩銀　丁二百八十四兩五錢四分五厘二毫。
額辦	薦新茶芽七斤,茶戶採辦。南北藥材、弓箭弦條、胖襖、褲鞋共銀四百八十六兩六錢四分二厘五毫。
歲辦	野味、翎毛折鈔銀一十一兩一錢五分四厘三毫。魚油折徵、黃白麻料共價銀一十二兩八錢四分二厘八毫。
歲派	各部物料銀二百五十兩二錢四厘五毫。黃白蠟銀五十七兩二錢八分。加派菓品、牲口銀五十二兩九錢八分。
雜辦	曆日紙張、淺船料價、舉人水手、上司府縣公費、春秋祭祀等項共銀五百一十二兩八錢六分一厘四毫。

新昌縣	
戶口	男子成丁三萬六百六十六丁,婦女大口一萬九千六百二十七口。歲徵起存錢鈔銀共一百九十二兩四錢一分五厘七毫三絲八忽五微二纖。門攤、商税銀二百三十二兩五錢六分七厘九毫二絲四忽。
起運本色	夏税農桑絹七十四疋六尺六寸。秋糧兑淮米一萬五千二百八十四石,南京倉米八千六百五十八石九斗。
折色	秋糧過湖帶江三六銀二千六百五十六兩二錢。兑折米一千七百五十八石。南京派剩米三千八十二石八斗。南京棉布米一千九百一十九石二斗五升。京庫米一萬九千三百五十二石九斗。顔料銀一百三十二兩八錢五分三厘五毫。
存留本折	秋糧大各府禄米、本縣學倉米、建昌府倉米共六千三十五石二斗四升四合八勺。兑折剩銀五百二十九兩四分七厘一毫。
額辦	薦新茶芽八斤,茶户採辦。南北藥材、弓箭弦條、胖襖、褲鞋共銀五百四十八兩五錢六分二厘五毫。
歲辦	野味、翎毛折鈔銀九兩九錢二分三厘五毫七絲二忽。魚油折黃白麻料價銀〔一〕十二兩九分四厘一毫[22]。
歲派	各部物料銀七十二兩七錢五分四厘二毫。黃白蠟價銀四十二兩一錢九分。
雜辦	曆日紙張、淺船料價、舉人水手、上司府縣公費、春秋祭祀等項共銀四百八十五兩二錢七厘五絲。

	宜春縣
戶口	男子成丁一萬五千六百八十四丁,婦女大口三萬九千三百四十八口。歲徵起存錢鈔銀共二百六兩二分三厘三毫八絲二忽二微四纖。門攤銀七十一兩二錢二厘八毫七絲五忽。
起運本色	夏稅農桑絹一百九十七疋一丈二尺六寸三分。秋糧南京倉米六千一百三十一石九斗三升,本邑苧布米一萬五千六十石五斗,棉布米三千七十三石六斗,京庫本色苧布米一萬二百七十八石八斗。
折色	夏稅京庫折銀米麥六千八百四十五石四斗六升二合七勺。秋糧南京派剩米三千六百七十九石一斗六升。京庫苧布米四百七十八石八斗。京庫米二萬一千三百二十五石三斗。顏料銀八十兩六錢一分五厘九毫。
存留本折	秋糧大各府禄米、本府縣學倉米共八千二百六十七石七斗五升二合六勺,外本府庫折銀米五石几斗。
額辦	薦新茶芽五斤六兩,茶戶採辦。南(京)〔北〕藥材、弓箭弦條、胖襖、褲鞋、神器、軍器、民七共銀六百四十一兩三錢七分二厘五毫。
歲辦	野味折鈔銀一兩八錢三分,捕戶採辦。魚油折徵、黃白麻價銀八兩(以下缺)[23]該府猶稱科重,耆民高儼等奏行□□□院司勘議未報。
歲派	各部物料本縣無。黃白蠟價銀五十兩七錢六分。加派菓品、牲口銀四十六兩九錢五分三厘。
雜辦	曆日紙張、淺船料價、擧人水手、上司府縣公費、春秋祭祀等項共銀八百零五兩五錢八分三厘。

分宜縣	
戶口	男子成丁一萬三千四百一十五丁,婦女大口一萬九千九百一十五口。歲徵起存錢鈔銀共一百七十四兩七錢七分四厘二毫二絲二忽五微二纖。門攤銀四十五兩五錢九厘七毫八絲六忽。
起運本色	夏稅農桑絹二十六疋一丈六尺。秋糧南京倉米三千七百六十一石二斗五升,棉布米一千八百八十五石三斗一升,京庫苧布米六千三百四石九斗。
折色	夏稅京庫折銀米四千一百一十八石七斗四升一合。秋糧南京派剩米二千二百五十六石七斗五升。京庫苧布米二百九十四石。南京苧布米九千二百三十七石九斗。京庫米一萬二千一百五十七石七斗。顏料銀三十八兩七錢八分三厘八毫。
存留本折	秋糧大各府祿米、本府縣學倉米共五千七十一石一斗七升二合七勺,外本司庫折銀米六石。
額辦	薦新茶芽二斤十五兩,茶戶採辦。南北藥材、弓箭弦條、胖襖、褲鞋、神器、軍器、民七共銀三百六十二兩五錢六分二厘八毫。
歲辦	野味折鈔銀六錢。魚油折徵、黃白麻料價銀八兩。
歲派	各部物料銀一百一十六兩一錢三分二厘二毫。黃白蠟價銀三十七兩三錢九分。加派菓品、牲口銀三十四兩五錢七分九厘。
雜辦	曆日紙張、淺船料價、罩人水手、上司府縣公費、春秋祭祀等項共銀五百四十八兩三錢二分九厘六毫五絲。

萍鄉縣	
戶口	男子成丁一萬二千二百七十九丁，婦女大口三萬五千九百一十九口。歲徵起存錢鈔銀共二百二十三兩九錢六分八厘三毫八絲二忽八微五纖[24]。門攤、商稅銀一百五十七兩八錢二分三厘四毫一絲二忽。
起運本色	夏稅農桑絹一百二十一疋三尺七寸二分。秋糧南京倉米五千一百五十石八升[25]，棉布米二千六百三十一石六斗一升，京庫苧布米八千八百石四斗。
折色	夏稅京庫折銀米五千五百八十一石二斗九升八合七勺。秋糧南京派剩米三千一百五十石五升。京庫苧布米四百一十石二斗。南京庫苧布米一萬二千八百九十四石七斗。顏料銀四十一兩二錢四分九厘七毫。京庫折銀米一萬五千八百五十五石。
存留本折	秋糧大各府祿米、本府縣學倉米共七千七十八石六斗七合一勺。
額辦	薦新茶芽五斤六兩，茶戶採辦。南北藥材、弓箭弦條、神器、軍器、民七共銀五百四十五兩二錢二厘三絲四忽，胖襖、褲鞋銀一百八兩。
歲辦	野味折鈔銀一兩三錢五分。魚油折徵、黃白麻料價銀八兩。又帶辦港口河泊所魚油折徵、黃白麻、熟鐵、膠料銀八兩。
歲派	各部物料銀本縣無。黃白蠟價銀四十四兩五錢九分。加派菓品、牲口銀四十一兩二錢四分二厘。
雜辦	曆日紙張、淺船料價、舉人水手、上司府縣公費、春秋祭祀等項共銀四百九十五兩一錢二分二厘。

	萬載縣
戶口	男子成丁一萬二千八百三十三丁,婦女大口二萬九千六百二十三口。歲徵起存錢鈔銀一百五十兩四錢八分五厘三毫九絲一忽二微。門攤、商稅銀共二百六十六兩三錢一分一厘三毫七絲一忽。
起運本色	夏稅農桑絹七十疋二丈六尺八分。秋糧南京倉米四千八百六石九斗八升,南京庫棉布米二千四百九石四斗八升,京庫苧布米八千五十七石七斗。
折色	夏稅京庫折銀米五千二百四十四石六斗九升三勺。秋糧南京派剩米二千八百八十四石一斗九升。京庫苧布米三百七十五石二斗。南京庫苧布米一萬一千八百六石九斗。京庫米一萬四千九百七十六石三斗。顏料銀四十三兩七分六厘六毫。
存留本折	秋糧大各府禄米、本府縣學倉米共六千四百八十石九斗七升五合三勺。
額辦	薦新茶芽四斤五兩,茶戶採辦。南北藥材、弓箭弦條、胖襖、褲鞋、神器、軍器、民七共銀三百四十九兩八錢三分二厘八毫。
歲辦	野味折鈔銀一兩九分,捕戶採辦。魚油折徵、黃白麻料價銀八兩六錢五分五厘。
歲派	各部物料銀一百八十八兩一分八厘二毫。黃白蠟價銀三十五兩六錢七分。加派菓品、牲口銀四十二兩九錢九分四厘。
雜辦	曆日紙張、淺船料價、舉人水手、上司府縣公費、春秋祭祀等項共銀四百五十八兩三錢三分五厘四毫。

臨江府屬

清江縣	
戶口	男子成丁三萬八千五百四十三丁,婦女大口二萬六千一百八十九口[26]。歲徵起存錢鈔銀共三百七十二兩一錢五分七厘三毫三絲五忽一微六纖。門攤、商稅銀共一百九十五兩六錢八分六厘一毫二絲九忽。
起運本色	夏稅農桑絹六疋二丈六尺七寸六分[27]。秋糧兌淮米一萬二千六百六十四石七斗三升,南京倉米九千九十六石三斗。
折色	秋糧過湖帶江三六銀〔二千〕三百三十六兩九錢八分六厘八毫[28]。兌折米一千五百二十二石一斗。顯承二衛折色米一千二百四十六石五斗五升。派剩米二千六百六十四石八斗五升。南京棉布折色米一千五百八十九石五斗九升。京庫米二萬四千五百三十一石。顏料銀一百六十七兩九錢五厘三毫。
存留本折	秋糧大各府祿米、庶儀祿糧、本府縣學倉、吉安府倉共五千一百五十九石四斗三升四合七勺。兌折剩銀四百四十七兩八錢六分五厘八毫。
額辦	薦新茶芽十七斤,舊係茶戶採辦,近議尅定茶價,連扛解等項共銀十兩。南北藥材、弓箭弦條、胖襖、褲鞋共銀五百三十九兩五錢五分五厘。
歲辦	野味、翎毛折鈔銀一兩六錢一分一厘。魚油折、黃白麻料價銀二十七兩七分五厘。
歲派	各部物料銀七百一十四兩四分一厘四毫。黃白蠟價銀八十六兩七錢八分。加派菓品、牲口料價銀五百二兩五錢七分四厘二毫五絲。
雜辦	曆日紙張、淺船料價、舉人水手、上司府縣公費、春秋祭祀等項共銀一千三百九兩四分八厘六毫五絲[29]。

新喻縣	
戶口	男子成丁三萬六千五百九十三丁，婦女大口六萬七千五百四十五口。歲徵起存錢鈔銀共二百四十兩四錢一分六厘六毫一絲四忽六微二纖。門攤、商稅共銀三十兩六錢。
起運本色	夏稅農桑絹二十一疋二丈四尺。秋糧兌淮米一萬五千八百七十五石五斗四升，南京倉米一萬一千四百二石四斗八升。
折色	秋糧過湖帶江三六銀二千八百四兩一錢一分七厘八毫八絲。兌折米一千九百八石。顯承二衛折色米一千五百六十二石二斗八升。南京派剩米三千三百四十石四斗六升。南京棉布米一千九百九十二石五斗九升。京庫米二萬九千六百二十二石二斗九升。顏料銀二百六十一兩一錢〔四毫〕[30]。
存留本折	秋糧大各府祿米、庶儀祿糧、本縣學倉、建昌府倉米共六千四百六十七石六斗八升九合。兌折剩銀五百六十一兩四錢一分三厘七毫。
額辦	薦新茶芽一十五斤，舊係茶戶採辦，近議斟定茶價，連扛解等項共銀八兩。南北藥材、弓箭弦條、胖襖、褲鞋共銀五百三十九兩五錢四分三厘。新增藥材扛解銀一兩五錢。
歲辦	野味、翎毛折鈔銀一兩三錢五分一厘。魚油折、黃白麻料價銀一十一兩一錢五分七厘。
歲派	各部物料銀九百九十八兩九錢七分五厘。黃白蠟價銀九十一兩五錢八分。加派料價、菓品、牲口銀三百兩七錢二分三厘一毫五絲[31]。
雜辦	曆日紙張、淺船料價、舉人水手、上司府縣公費、祭祀等項共銀九百四十七兩七錢七厘九毫五絲。

新淦縣	
戶口	男子成丁二萬二千七百四丁，婦女大口五萬四百八十九口。歲徵起存錢鈔銀〔共一〕百三十一兩四錢四分四厘三毫五絲一忽六纖[32]。門攤、商稅銀一百二十二兩九錢二分三毫二絲。
起運本色	夏稅農桑絹一十五疋一丈二尺。秋糧兌淮米一萬一千五百七十石五斗，南京倉米八千五百一十石四斗。
折色	秋糧過湖帶江三六銀二千四十三兩七錢九厘八毫。兌折米一千三百九十石六斗。〔顯〕承二衛折色米一千一百三十八石八斗三升[33]。南京剩米二千四百三十四石六斗一升。南京棉布折色米一千四百五十一石二斗五升。京庫米二萬二千七百四十六石。顏料銀二百五十二厘七毫。
存留本折	秋糧大各府禄米、庶人儀賓禄糧、本縣學倉、會昌、饒州倉米共四千四百一十一石二升四合三勺，外本司庫折銀米一斗二升二合六勺。兌折剩銀四百九兩一錢七分二厘九毫。
額辦	薦新茶芽七斤八兩，舊係茶戶採辦，近議斟定茶價，連扛解共銀四兩二錢五分。南北藥材、弓箭弦條、胖襖、褲鞋共銀六百二十九兩六錢五分一厘。
歲辦	野味、翎毛折鈔銀一兩四錢九分九厘二毫。魚油折徵、黃白麻料價銀一兩四錢二分一厘五毫四絲八忽四微。
歲派	各部物料銀六百四十一兩四錢七分三厘。黃白蠟價銀七十七兩一錢八分。加派菓品、牲口銀七十一兩三錢八分一厘。
雜辦	曆日紙張、淺船料價、舉人水手、上司府縣公費、春秋祭祀等項共銀一千八百四十七兩九錢八厘二毫五絲。加派本府通判、照磨、修葺家火銀二十兩。

峽江縣	
戶口	男子成丁一萬六千五十六丁,婦女大口三萬二千七百七十三口。歲徵起存錢鈔銀一百一十九兩六錢九分二厘二毫八絲八忽八微二纖。門攤、商稅銀九十五兩六錢八分八毫二絲三忽。
起運本色	夏稅農桑絹一十四疋一丈九寸六分。秋糧兌淮米八千二百九石一斗,南京倉米七千二百四十五石七斗。
折色	秋糧過湖帶江三六銀一千三百六十四兩七錢一分二厘二毫。兌折米九百一十石五斗。顯承二衛折色米九百九十二石八斗四升。南京派剩米二千一百二十二石七斗。南京庫棉衣米一千二百六十六石二斗。京庫米二萬四千一百二石五斗。顏料銀二百一十二兩二錢七分二厘八毫。
存留本折	秋糧大各府禄米、本縣學、廣信府倉米共五千三十一石九斗七升二合。兌折剩銀二百六十七兩九錢七厘四毫。
額辦	薦新茶芽七斤八兩,舊係茶户採辦,近議斟定茶價,連扛解共銀四兩二錢七分。南北藥材、弓箭弦條、胖襖、褲鞋共四百八十九兩一錢八分四厘。
歲辦	野味、翎毛折鈔銀九錢八分八厘八毫。魚油折徵、黃白麻料價銀九錢四分七厘七毫五忽六微。
歲派	各部物料銀六百四兩六錢五分九厘。黃白蠟價銀二兩四錢三分。加派菓品、牲口銀五十七兩三分九厘。
雜辦	曆日紙張、淺船料價、舉人水手、上司府縣公費、春秋祭祀等項共銀一千六百一兩七錢九分八厘七毫。加增本府理刑、檢校、〔修〕衙家火銀二十兩。

廬陵縣

戶口	男子成丁一十三萬八千七丁，婦女大口五萬二千六百七十四口[34]。歲徵起存錢鈔銀七百四十六兩一錢八分六厘七毫三絲七忽四微。門攤、商稅銀共一百四兩三錢四分七厘三毫四絲三忽。
起運本色	夏稅農桑絹二十三疋一丈三尺二寸二分[35]。秋糧兌淮米一萬七千七百六石一升，南京倉米一萬二千七百一十七石二斗。
折色	〔夏稅京庫〕折銀米四千七百〔二十〕九石七斗五升[36]。秋糧過湖帶江三六銀三千一百二十八兩四錢四分六厘四毫二絲。兌折米五千一百二十七石九斗。顯承二衛折色米一千七百四十二石五斗五升。南京派剩米三千七百二十五石六斗二升。南京棉布折色米二千二百二十二石三斗四升。京庫米三萬七千四百九十三石八斗。顏料銀二百三十七兩八錢[37]。
存留本折	秋糧大各府祿米、庶儀祿糧、本府縣學倉米共六千七百九十六石四斗四升三合三勺。兌折剩銀六百二十六兩一錢一分七厘六毫。
額辦	薦新茶芽三斤二兩。南北藥材、弓箭弦條、神器、軍器、民七、胖襖、褲鞋共銀七百九十五兩六錢七分五厘七毫八絲三忽九微。外水脚銀二十一兩一錢三厘一毫九絲三忽六微三纖。
歲辦	野味、翎毛折鈔銀七兩一錢一分。
歲派	各部物料銀二千四百一十六兩一錢零一厘一毫七絲八忽四微。黃白蠟價銀二百六兩八錢。加派菓品、牲口銀一百九十一兩二錢九分九厘七毫三絲九忽五微。
雜辦	曆日紙張、淺船料價、舉人水手、上司府縣公費、春秋祭祀等項共銀二千四百七十兩六錢九分九毫五絲。加派夫馬價、燈夫工食共銀一千三百九十四兩四錢。

吉水縣	
戶口	男子成丁七萬九百一十七丁,婦女大口六萬九千二百一十二口。歲徵起存錢鈔銀八百二十九兩七錢九厘二微九絲二忽。門攤、商稅、課程銀〔共〕五十五兩六錢九分五厘[38]。
起運本色	夏稅農桑絹四十一疋一丈八尺三寸。秋糧兌淮米一萬三千九百三十一石七斗六升,南京倉米一萬六石三斗。
折色	夏稅京庫折銀米一千二百六石一斗三升。秋糧過湖帶江三六銀二千四百六十兩七錢八分八厘。兌折米一千六百七十四石三斗。顯承二衛折色米一千三百七十一石二斗。南京派剩米二千九百三十一石四斗。南京棉布折色米一千七百四十八石六斗。京庫米二萬四千二百七十二石九斗一升。顏料〔銀〕二百四兩〔八〕分[39]。
存留本折	秋糧大各府禄米、庶儀禄米、本府縣學倉米、並安福縣倉米共五千二百三十四石五斗一升六合一勺。兌折剩銀四百九十二兩六錢四分九厘四毫。
額辦	薦新茶芽一十五兩,茶戶採辦。南北藥材、弓箭弦條、胖襖、褲鞋共銀四百一十七兩五錢二分四厘。
歲辦	野味、翎毛折鈔銀七錢六分五厘。
歲派	各部物料銀〔一〕千二百九十四兩〔一〕錢九厘[40]。〔黃〕白蠟價銀一百四十八兩[41]。加派菓品、牲口銀一百三十六兩八錢九分二厘。
雜辦	曆日紙張、淺船料價、舉人水手、上司府縣公費、春秋祭祀等項共銀一千四百六十五兩二錢三分一厘。加派夫馬價銀九百四十二兩二錢八分六厘五毫。

永豐縣	
戶口	男子成丁四萬五千一百七十七丁[42]，婦女大口三萬九千一百九十九口。歲徵起存錢鈔銀四百四十七兩六錢五分二厘四絲二微九纖。門攤、商稅銀三十三兩三錢一分二厘三毫。
起運本色	夏稅農桑絹一十一丈一尺二分[43]。秋糧兑淮米六千四百九十四石三斗四升，南京倉米五千七百三十二石一斗。
折色	夏稅京庫折銀米一千七百五十四石五斗四升。秋糧過湖帶江三六銀一千七十九兩六錢五分。兑折米七百二十石三斗。顯承二衛折色米七百八十五石四斗二升。南京派剩米一千六百七十九石二斗八升。南京棉布折色米一千一百石七斗。京庫米三萬二千二百四十八石三斗。顏料銀三百十七兩八錢二分。
存留本折	秋糧大各府禄米、本縣學倉米、贛州府倉米共三千七百六十五石一斗四升八合六勺。兑折剩銀二百一十一兩九錢四分二厘五毫。
額辦	薦新茶芽二斤十二兩，茶戶採辦。南北藥材、弓箭弦條、胖襖、褲鞋共銀三百二十八兩五錢二分八厘七毫七絲。
歲辦	野味、翎毛折鈔銀七錢四分五厘。
歲派	各部物料銀一千三十二兩四錢五分六厘五毫。黃白蠟價銀一百一十一兩四錢八分。加派菓品、牲口銀一百三兩一錢五厘。
雜辦	曆日紙張、淺船料價、舉人水手、上司府縣公費、春秋祭祀等項共銀一千一百三十四兩三錢二分四毫五絲。加派支應夫馬價銀共一百七十一兩七錢五分。

泰和縣	
戶口	男子成丁五萬一百二十一丁,婦女大口二萬四千四百八十三口。歲徵起存錢鈔銀三百七十三兩三分三厘三毫六絲六忽五微五纖。門攤、商稅銀六十九兩六錢九分六厘七毫四絲。
起運本色	夏稅農桑絹四百七疋八尺四寸。秋糧兌淮米一萬七百六十六石四斗一(斗)〔升〕[44]。南京倉米七千七百三十二石八斗。
折色	夏稅京庫折銀米二千二百四石八斗二升。秋糧過湖帶江三六銀一千九百一兩六錢八分。兌折米一千二百九十三石九斗。顯承二衛折色米一千五十九石四斗二升。南京派剩米二千二百六十五石四斗。南京棉布折色米一千三百五十一石三斗。京庫折色米二萬三千五百五十一石一斗。顏料銀二百一十六兩六錢八分二厘。
存留本折	秋糧大各府祿米、庶儀賓祿糧、本縣學倉米、南安府倉米共四千三百五十四石七斗八升二合四勺。兌折剩銀三百八十兩七錢一分九厘七毫。
額辦	薦新茶芽二斤十二兩,茶戶採辦。南北藥材、弓箭弦條、胖襖、褲鞋共銀四百一十六兩九分五厘。
歲辦	野味、翎毛折鈔銀八錢一厘。
歲派	各部物料銀四百四十兩一錢三分[45]。黃白蠟價銀八十七兩六錢四分。加派菓品、牲口銀八十一兩五分七厘。工部料價銀六百八十六兩五錢八分七厘四毫八絲七忽一微五纖[46]。
雜辦	曆日紙張、淺船料價、舉人水手、上司府縣公費、春秋祭祀等項共銀一千一百九十一兩八錢八分一厘六毫七絲五忽。加派夫馬價銀九百五十兩四錢。

萬安縣	
戶口	男子成丁二萬三千四百三十二丁,婦女大口一萬二千三百二十六口。歲徵起存錢鈔銀一百四十兩九錢九厘四絲九忽六纖。門攤銀二十一兩三分八厘五毫。
起運本色	夏稅農桑絹二十五(丈)〔疋〕六尺八寸五分[47]。秋糧兑淮米六千七百二石九斗八升,南京倉米四千八百一十四石三斗五升。
折色	夏稅京庫折銀米八百八十四石七斗五升。秋糧過湖帶江三六銀一千一百八十九兩四分七厘。兑折米一千八百五石六斗。顯承二衛折色米六百五十九石七斗六升。南京派剩米一千四百一十石四斗。南京棉布折色米八百四十一石三斗一升,京庫米七千七百三十八石六斗一升。顏料銀五十二兩三錢二分六厘二毫。
存留本折	秋糧人各府禄米、庶儀禄糧、本縣學倉米、並贛州府倉米共二千四百八十九石一斗一升四合九勺。兑折剩銀二百三十七兩四分一厘四毫。
額辦	薦新茶芽二斤十二兩,茶户採辦。南北藥材、弓箭弦條、胖襖、褲鞋銀二百七十四兩六錢九分四厘。
歲辦	野味、翎毛、皮料銀三十八兩六錢八分。
歲派	各部物料銀本縣無。黃白蠟價銀三十一兩九錢。加派菓品、牲口物料銀三百三十四兩八錢。
雜辦	曆日紙張、淺船料價、擧人水手、上司府縣公費、春秋祭祀等項共銀一千二百八十七兩一錢四分。

龍泉縣

戶口	男子成丁一萬四千五百五十一丁,婦〔女〕大口六千三百九十二口。歲徵起存錢鈔銀四十八兩七錢九厘七毫四絲五忽三微七纖。無。
起運本色	夏稅農桑絹六十三疋一尺五寸。秋糧兌淮米六千一百六十七石二斗六升,南京倉米四千四百二十九石五斗。
折色	夏稅京庫折銀米五百六石三斗五升。秋糧過湖帶江三六銀二千八十九兩三錢四分。兌折米七百四十一石二斗。顯承二衛折色米六百七石。南京派剩米一千二百九十七石七斗。南京棉布折色米七百七十四石七升,京庫米一萬一千一百四十二石五斗。顏料銀九十五兩二錢九分。
存留本折	秋糧大各府祿米、本縣學倉米、庶儀祿糧、並永新縣倉米共二千三百四十七石九斗六升一勺。兌折剩銀二百一十八兩九分二厘二毫。
額辦	薦新茶芽二斤,茶戶採辦。南北藥材、弓箭弦條、胖襖、褲鞋共銀一百四十兩三錢二分一厘。
歲辦	野味、翎毛折鈔銀二錢二分五厘。
歲派	各部物料銀共八十一兩零六分一厘二毫。黃白蠟價銀二十二兩九錢八分。加派菓品、牲口料價銀九百二十八兩八錢二分九厘五毫。
雜辦	曆日紙張、淺船料價、舉人水手、上司本縣公費、春秋祭祀等項共銀三百四十五兩四錢九分九毫五絲。

安福縣	
戶口	男子成丁三萬一千七百一十四丁,婦女大口四千八十六口。歲徵起存錢鈔銀二百九十兩一分四厘三毫九絲一忽八微一纖。〔門攤、商稅銀五十四兩六錢九分一厘八毫八絲九忽〕[48]。
起運本色	夏稅農桑絹二百一十疋一丈七尺一寸五分。秋糧兌淮米一萬二千九百八石四升,南京倉米九千二百七十一石八升。
折色	夏稅京庫折銀米二千二百石。秋糧過湖帶江三六銀二千二百七十九兩九錢六分五厘。兌折米一千五百五十一石三斗。顯承二衛折色米一千二百七十石五斗。南京派剩米二千七百一十六石五升。南京棉布折色米一千六百二十石一斗三升。京庫米二萬五千六百五十四石五斗。顏料銀二百一十八兩六錢七分九厘。
存留本折	秋糧大各府禄米、庶儀禄糧、本縣學倉米共四千七十一石七斗九升一合五勺。兌折剩銀四百五十六兩四錢五分七厘六毫。
額辦	薦新茶芽二斤十二兩,茶戶採辦。南北藥材、弓箭弦條、神器、軍器、胖襖、褲鞋共銀二百五十六兩一錢二分九厘。
歲辦	野味、翎毛折鈔銀四錢一分七厘。
歲派	各部物料銀八百三十六兩二錢九分五厘。黃白蠟銀七十四兩四錢二分。加派菓品、牲口料價銀一百二十七兩五錢五分四厘六毫六絲四忽。
雜辦	曆日紙張、淺船料價、舉人水手、上司府縣公費、春秋祭祀等項共銀一千二百五十五兩四錢三分一厘四毫五絲。加派夫馬價銀八百三十九兩。

永新縣	
戶口	男子成丁二萬六千二百二十四丁,婦女〔大口〕一萬八千四百一十五口[49]。歲徵起存錢鈔銀一百二十三兩三錢六分三厘五毫六忽三微[50]。門攤、商稅銀九十九兩〔八〕錢五厘七毫六絲[51]。
起運本色	夏稅農桑絹五十五疋二丈一尺。秋糧兌淮米九千二十八石八斗一升,南京倉米七千九百六十九石二斗。
折色	夏稅京庫折銀米九百三十九石二斗二升。秋糧過湖帶江三六銀一千三百二十兩九錢八分八厘。兌折米一千一石四斗。顯承二衛折色米一千九十一石九斗五升。南京派剩米二千三百三十四石六斗五升。南京棉布折色米一千三百九十二石六斗。京庫米二萬九千六百三十八石八斗三升。顏料銀二百八十兩一錢三分八厘九毫。
存留本折	秋糧大各府祿米、庶儀祿糧、本縣學倉米共六千四百三十四石八斗七升五合二勺[52]。兌折剩銀二百九十四兩六錢五分四厘。
額辦	薦新茶芽二斤十二兩,茶戶採辦。南北藥材、弓箭弦條、神器、軍器、胖襖、褲鞋共銀三百零四兩八錢二分一厘二毫八絲七忽[53]。
歲辦	野味、翎毛折鈔銀四錢一分十厘,麂皮價銀六兩。
歲派	各部物料銀八百一十兩一錢一分一厘七毫一絲三忽[54]。黃白蠟價銀六十一兩七錢四分。加派菓品、牲口料價銀八百六十八兩五分四毫四絲五忽。
雜辦	曆日紙張、淺船料價、舉人水手、上司府縣公費、春秋祭祀等項共銀六百三十八兩四錢七厘。加派祗應銀一百二十六兩,夫馬銀一百七十兩。

永寧縣	
戶口	男子成丁五千二百四十八丁，婦女大口二千三百四十一口。歲徵起存錢鈔銀六十三兩三分八厘二毫五絲八忽七微九纖。門攤、商稅銀三兩九錢四分八毫五絲。
起運本色	夏稅農桑絹二十六疋一丈六尺九寸五分。
折色	夏稅京庫折銀米一百二十八石八斗二升。秋糧南京派剩折色米一千九十九石七斗。南京棉布折色米二千六百三十八石八斗。京庫官折米四千二百二十二石九斗四升七合五勺。顏料銀四十六兩四錢八分六厘。
存留本折	秋糧大各府祿米、庶儀祿糧、本縣學倉米、並安福倉米二千六百二十三石七斗二升三合三勺。
額辦	薦新茶芽四兩，茶戶採辦。南北藥材、弓箭弦條、胖襖、補鞋共銀六十七兩三分六厘。
歲辦	野味、翎毛折鈔銀三錢七分五厘。
歲派	各部物料銀九十一兩六錢六分一厘。黃白蠟價銀十四兩四錢。加派菓品、牲口料價銀一百一十兩一錢七厘九毫七絲。
雜辦	曆日紙張、淺船料價、舉人水手、上司府縣公費、春秋祭祀共銀二百六十一兩六錢四分五厘七毫。

撫州府屬

臨川縣	
戶口	男子成丁七萬二千五百一十六丁,婦女大口四萬七千五百囗。歲徵起存錢鈔銀共八百四十兩三分一毫。門攤、商稅銀三百九十四兩囗錢三分五厘三絲五忽[55]。
起運本色	夏稅農桑絹一十八疋一丈五尺九寸。秋糧兌淮米一萬三千八百四十二石八斗,南京米七千八百四十二石五斗。
折色	秋糧過湖帶江三六銀二千四百五兩七錢三分三厘六毫。兌折米一千六百二十八石五斗。南京派剩米一千九百七十八石。南京棉布折色米一千七百三十八石三斗。京庫米三萬九千九百三十石四斗五升。顏料銀三百八十二兩九錢六分二厘一毫。
存留本折	秋糧大各府祿米、本府縣學倉米共六千五百九十七石六斗七升三合九勺。兌折剩銀四百七十九兩一錢七分三厘一毫。
額辦	薦新茶芽九斤十兩,茶戶採辦。南北藥材、弓箭弦條、神器、軍器、胖襖、褲鞋共銀八百四十九兩七錢五厘六絲四忽。
歲辦	野味、翎毛折鈔銀一十一兩七錢八分九厘七毫。
歲派	各部物料銀一千八百二兩八錢八分二厘五毫三絲六忽。黃白蠟價銀一百五十三兩六錢七分。加派菓品、牲口銀一百四十一兩八錢二分。
雜辦	曆日紙張、淺船料價、舉人水手、上司府縣公費、春秋祭祀共銀一千六百三十九兩七錢五分九厘八毫。

	金谿縣
戶口	男子成丁四萬五千七百三十一丁[56]，婦女大口一萬五千七百九十二口。歲徵起存錢鈔銀共四百一十六兩七錢九分八厘九毫三絲四忽七微六纖。〔門攤、商稅銀六百四兩九錢五分二厘二絲九忽〕[57]。
起運本色	夏稅農桑絹一十九疋一丈五尺[58]。秋糧兌淮米六千七百九十石一斗六升，南京倉米四千四百二十一石七斗。
折色	秋糧過湖帶江三六銀一千一百八十兩五分六厘七毫二絲。兌折米七百九十八石八斗。南京倉派剩米九百七十石二斗六升。棉布折色米八百五十二石六斗六升。京庫米二萬一千九百三十五石六斗八升。顏料銀一百八十七兩一錢七分一厘一毫[59]。
存留本折	秋糧大各府祿米、府縣學倉米三千二百二十三石四斗二升三合五勺[60]。兌折剩銀二百三十五兩四分。
額辦	薦新茶芽四斤，茶戶採辦。南北藥材、弓箭弦條、神器、軍器、民七、胖襖、褲鞋共銀四百八十六兩三錢二分九厘五毫。
歲辦	野味、翎毛折鈔銀四兩四錢二分五厘。
歲派	各部物料銀六百兩二錢九分六厘五毫。黃白蠟價銀六十二兩七錢七分。加派菓品、牲口銀五十八兩五分六厘。
雜辦	曆日紙張、淺船料價、舉人水手、上司府縣公費、春秋祭祀共銀四百四十三兩九錢六分五毫五絲[61]。

崇仁縣	
戶口	男子成丁三萬二千三百三十一丁,婦女〔大口〕一萬六千七百八十一口。歲徵起存錢鈔銀共四百二十一兩四錢一分九厘一毫三微一纖。門攤、商稅銀〔六十〕四兩二錢九分五厘二毫三絲一忽[62]。
起運本色	夏稅農桑絹二疋二丈二寸七分。秋糧兌淮米一萬二千八十一石一斗六升[63],南京倉米七千九十九石七斗。
折色	秋糧過湖帶江三六銀二千二百七十兩九錢一分八厘八毫三絲[64]。兌折米一千四百七十四石三斗。南京派剩米一千七百九十石六斗八升。南京棉布折色米一千五百七十三石六斗四升。京庫米一萬五千七百六十一石八斗三升[65]。顏料銀一百六十一兩九錢七分二厘三毫[66]。
存留本折	秋糧大各府禄米、本縣學倉米、並鉛山縣倉米共五千八百八十一石七斗三合七勺。本司庫折銀米七百二十五石。兌折剩銀〔四〕百三十三兩八錢一厘[67]。
額辦	薦新茶芽三斤一十二兩,茶户採辦。南北藥材、弓箭弦條、神器、軍器、胖襖、褲鞋共銀五百一十三兩五錢九分六厘五毫。
歲辦	野味、翎毛折鈔銀一兩九分七厘。
歲派	各部物料銀八百二十八兩五錢六分二厘五毫。黃白蠟價銀七十六兩八錢四分。加派菓品、牲口物料銀一百一十四兩四錢五分七厘。
雜辦	曆日紙張、淺船料價、舉人水手、上司府縣公費、春秋祭祀共銀七百七十五兩六錢八分一厘四毫。

宜黃縣	
戶口	男子成丁一萬八百四十九丁，婦女大口七千四百八十九口。歲徵起存錢鈔銀共一百二十兩四厘三毫。〔門攤、商稅銀五十兩四錢七分五厘八毫三絲〕[68]。
起運本色	夏稅農桑折絹二十五疋六尺。
折色	秋糧南京派剩折色米三千五百二十五石七斗四升。南京棉布折色米八千四百六十石四斗。京庫官折米二萬九千五百三十四石三斗九升五合三勺。顏料銀三百四十一兩二錢七分七厘。
存留本折	秋糧大各府祿米、本縣學倉、鉛山倉米共八千四百一十二石三升六合九勺。
額辦	薦新茶芽五斤，茶戶採辦。南北藥材、弓箭弦條、神器、軍器、胖襖、褲鞋共銀二百七十一兩五錢一分八毫。
歲辦	野味、翎毛折鈔銀七兩一錢一分四厘二毫。
歲派	黃白蠟價銀二十二兩三錢。加派菓品、牲口銀二十兩六錢二分。
雜辦	曆日紙張、淺船料價、舉人水手、上司府縣公費、春秋祭祀共銀五百三十八兩九錢八分七厘二毫五絲。加編東鄉縣支應銀三十一兩[69]。

樂安縣	
户口	男子成丁二萬一千一十五丁,婦女大口一萬一千六百八十一口。歲徵起存錢鈔銀共二百四十兩八厘六毫。〔門攤、商税銀三十兩八分五厘九毫二絲四忽〕[70]。
起運本色	夏税農桑絹一十一疋一丈一尺七寸。
折色	秋糧南京派剩折色米三千四百七十一石。南京棉布折色米八千三百二十九石一斗。京庫官折米三萬九千六百五十七石三斗四合三勺。顏料銀六百八十七兩九錢九分三厘九毫[71]。
存留本折	秋糧大各府禄米、庶儀禄銀、廣信府倉、本縣學倉米共八千九百四十四石八斗三升七合六勺[72]。本司庫折銀米二百一十一石五升七合。
額辦	薦新茶芽一斤十兩,茶户採辦。南北藥材、弓箭弦條、神器、軍器、胖襖、褲鞋共銀五百一十四兩七錢四分一厘二毫。
歲辦	野味、翎毛折鈔銀二兩二錢七分七厘五毫。
歲派	各部物料銀八百一十六兩九錢七分八厘八毫。黃白蠟價銀七十四兩一錢。加派菓品、牲口銀六十八兩五錢二分,白蠟銀一百一十八兩四錢四分一厘六毫[73]。
雜辦	曆日紙張、淺船料價、舉人水手、上司府縣公費、春秋祭祀共銀七百一十六兩二錢九分八厘六毫。加派東鄉縣協濟銀三十一兩[74]。

東鄉縣	
戶口	男子成丁二萬八百四十六丁,婦女大口一萬一千一百七十四口。歲徵起存錢鈔銀共二百四十三兩六錢八厘七毫二絲九忽。門攤、商稅銀八十三兩五錢一分七厘一毫[75]。
起運本色	夏稅農桑絹八疋三尺五寸。秋糧兌淮米六千七百三十四石三斗五升[76],南京倉米三千八百十五石二斗。
折色	夏稅京庫折銀米麥一百五十七石四斗三升。秋糧過湖帶江三六銀一千一百七十兩三錢四分三厘。兌折米七百九十二石二斗。南京派剩米九百六十二石三斗。南京棉布折色米八百四十五石六斗四升。京庫米一萬五千九百五十三石五斗[77]。顏料銀一百四十六兩四分。
存留本折	秋糧大各府禄米、本縣學倉、建昌倉米共三千三百九十二石[78],外本司庫折銀米一千八百九十二石五斗四升三合八勺。兌折剩銀二百三十三兩九分八厘五毫。
額辦	南北藥材、弓箭弦條、神器、軍器、胖襖、褲鞋共銀二百八十二兩七錢九分二厘四毫一絲[79]。
歲辦	野味、翎毛折鈔,狐狸皮共銀五兩三錢一分八厘四毫七絲[80]。
歲派	黃白蠟價銀四十一兩五錢一分。加派菓品、牲口銀二十八兩三錢八分八厘[81]。
雜辦	曆日紙張、淺船料價、舉人水手、上司府縣公費、春秋祭祀共銀六百二十四兩五錢六分九厘一毫五絲[82]。

南城縣

戶口	男子成丁五萬八千四百五十七丁,婦女大口四萬六千五百二十九口。歲徵起存錢鈔銀六百八十二兩六錢八厘四毫五絲九忽二微六纖。門攤銀一十五兩六錢二分八厘七毫二忽。魚課銀三錢七分一厘七毫六絲一忽[83]。
起運本色	夏稅京庫農桑絹五十六疋一丈三尺九寸二分。秋糧兌淮米七千六百五十石六斗五升,南京倉米四千三百三十四石三斗五升。
折色	秋糧過湖帶江三六銀一千三百二十九兩六錢二厘七毫。兌折米九百石一斗七升。南京派剩米一千九十三石二斗一升。南京棉布折色米九百六十石七斗一升。京庫米一萬六千八百五十三石四斗五升。顏料銀一百五十一兩三錢九分三厘六毫[84]。
存留本折	秋糧大各府、庶儀祿米、本府縣學倉米三千六百三十六石二斗七升六合二勺,外本司庫折銀米一千一百六十五石五斗六升八合。兌折剩銀一百六十四兩八錢一分七厘[85]。
額辦	薦新茶芽九斤,茶戶採辦。南北藥材、弓箭弦條、神器、軍器、胖襖、褲鞋共銀七百四十二兩五錢八分七厘三毫七絲三忽三微一纖。
歲辦	野味、翎毛折鈔,麂皮共銀二十兩三錢八分二毫。
歲派	各部物料銀六百三十兩八錢八厘七毫二絲六忽六微八纖五渺。黃白蠟價銀八十八兩五錢。加派菓品、牲口銀八十一兩八錢五分。
雜辦	曆日紙張、淺船料價、舉人水手、上司府縣公費、春秋祭祀共銀九百七十七兩五錢九分八厘九毫。

南豐縣	
戶口	男子成丁一萬九千八百七十七丁,婦女大口二萬一十九口。歲徵起存錢鈔銀一百八十三兩六分六厘五毫五絲九忽六微五纖。門攤銀六十一兩二錢一分七毫二絲五忽。魚課銀四錢七分五厘八毫五忽。
起運本色	夏稅京庫農桑絹一百二十二疋九尺八寸。秋糧兌淮米六千二十五石九斗五升,南京倉米三千四百一十三石九斗二升。
折色	秋糧過湖帶江三六銀一千四十七兩二錢四分六厘一毫。兌折米一百八石九斗[86]。南京派剩米八百六十一石五升。南京棉布折色米七百五十六石七斗。京庫米七千四百五十二石九斗九升[87]。顏料銀五十一兩四錢一分七厘二毫。
存留本折	秋糧大各府禄米、本府縣學倉米共〔二〕千八百二十七石五斗二升[88],外本司庫折銀米二百一十三石九斗五升二合七勺。兌折剩銀二百八兩五錢八分八厘三毫。
額辦	薦新茶芽七斤,茶戶採辦。南北藥材、弓箭弦條、神器、軍器、胖襖、褲鞋共銀五百四十五兩三錢六分二厘二毫二絲八忽五微一纖五渺。
歲辦	野味、翎毛折鈔銀八錢四分六厘。
歲派	各部物料銀一百三十九兩三分二厘六毫一絲六忽六微八纖五渺。黃白蠟價銀四十一兩八錢五分。加派菓品、牲口銀三十八兩七錢四厘。
雜辦	曆日紙張、淺船料價、舉人水手、上司府縣公費、春秋祭祀共銀四百五十四兩一錢四分六厘七毫。

新城縣	
戶口	男子成丁一萬七百五十五丁,婦女大口九千七百一十七口。歲徵起存錢鈔銀共六十九兩五錢四分二厘四毫九絲一忽八微五纖。門攤銀三十三兩八錢三分七厘三毫。
起運本色	夏稅京庫農桑〔絹九〕定四尺五寸[89]。秋糧兌淮米五千八十七石七斗九升,南京倉米二千八百八十二石四斗五升。
折色	秋糧過湖帶江三六銀八百八十四兩二錢一厘五毫八絲。兌折米五百九十八石六斗。南京派剩米七百二十七石一升。南京棉布折色米六百三十八石九斗。京庫米一萬一千四百三十二石七斗六升。顏料銀一百三兩一錢七分八厘。
存留本折	秋糧大各府禄米、本府縣學倉米共二千四百二十四石九斗三升三合九勺,外本司庫折銀米八十八石七斗三升一合六勺。兌折剩銀一百七十六兩一錢三分三厘三毫。
額辦	薦新茶芽四斤,茶戶採辦。南北藥材、弓箭弦條、神器、軍器、胖襖、褲鞋共銀三百七十二兩二錢三分二厘二毫五絲八忽五微一纖五渺。
歲辦	野味、翎毛折鈔銀七錢五厘。
歲派	各部物料銀五十兩八錢四分九厘六毫二絲六忽六微八纖五渺。黃白蠟價銀二十六兩七錢六分。加派菓品、牲口銀、工部料銀一百五十三兩二錢一分五厘二毫三絲九忽二微一纖。
雜辦	曆日紙張、淺船料價、舉人水手、上司府縣公費、春秋祭祀共銀三百二十兩五錢七厘三毫。

	廣昌縣
戶口	男子成丁四千三十九丁，婦女大口二千一百七十九口。歲徵起存錢鈔銀六十兩二厘一毫五絲。門攤、商稅銀三百九十二兩二錢二厘五毫五絲二忽三微三纖。
起運本色	夏稅京庫農桑絹九疋三尺四寸。秋糧南京倉米三千五百四十七石四斗二升。
折色	秋糧南京棉布折色米三千六百二十五石八斗二升。京庫米一千一百二十五石三斗七升四合。顏料銀一十三兩四厘。
存留本折	秋糧各府禄米、本府縣學倉米共四千五百五十九石四斗六升三合。本司庫折銀米一十二石一斗七升四勺。
額辦	薦新茶芽三斤，茶户採辦。南北藥材、弓箭弦條、神器、軍器、胖襖、褲鞋共銀一百六兩二錢五分九毫七絲三忽三微一纖五渺。
歲辦	野味、翎毛折鈔銀六錢三分七厘五毫。
歲派	各部物料銀本縣無。黃白蠟價銀七兩五錢五分。加派牲口銀六兩九錢七分七厘。各部物料銀四百一十四兩九錢九毫三絲七忽三微一纖五渺[90]。
雜辦	曆日紙張、淺船料價、舉人水手、上司府縣公費、春秋祭祀共銀二百八十二兩七錢九厘。加派何公祠祭祀銀三兩四錢三分四厘。

上饒縣

戶口	男子成丁三萬三千二百一十九丁，婦女大口二萬四千三百一十三口。歲徵起存錢鈔銀共一百五十九兩四錢七分三厘七毫一絲四忽二微七纖。門攤、商稅銀三十兩三錢九分一厘六毫四絲九忽五微。
起運本色	夏稅京庫絲棉絹一千九百四十四疋一丈六尺五寸六分，農桑絹二十九疋二丈七尺四寸五分，南京庫苧布三百七十三疋二丈四尺五寸七分。秋糧兌淮米五千三百七十六石七斗，南京倉米三千四十五石七斗七升。
折色	秋糧過湖帶江三六銀九百二十四兩三錢一厘九毫四絲[91]。兌折米六百三十二石五斗。南京派剩米七百六十八石二斗。南京棉布折色米六百七十五石九升。京庫米九千八百五石九斗三升。顏料銀八十二兩八錢四分六厘一毫。
存留本折	夏稅本司庫絲一千九百九十一斤二錢二分。本縣庫鈔一千三百四錠二貫八百文。秋糧大各府祿米、本府縣學倉米二千五百六十二石二斗六升二合六勺。兌折剩銀一百八十六兩一錢八厘一毫。外司庫米一十五石七斗五升。
額辦	薦新茶芽五斤八兩，茶戶採辦。弓箭弦條、胖襖、褲鞋共銀三百二十八兩七錢七分五厘五毫七絲八忽。
歲辦	野味、折鈔銀三兩四厘四毫五絲，捕戶採辦。翎毛折鈔銀一十兩六錢四分一厘六毫，係里甲派徵。
歲派	各部物料銀本縣無派。黃白蠟銀三十七兩三錢九分。加派菓品、牲口銀三十四兩五錢八分二厘。
雜辦	曆日紙張、淺船料價、上司府縣公費、春秋祭祀等項共銀七百九十一兩四錢五分七厘六毫五絲。

玉山縣

戶口	男子成丁一萬五千一百六十七丁[92]，婦女大口九千六百六十七口。歲徵起存錢鈔銀共一百五兩一錢一分一厘七毫六絲六忽三微七纖。門攤銀三十二兩八錢一分五厘二毫一絲一忽。
起運本色	夏稅京庫絲綿絹一千八百一十六疋四寸，農桑絹五疋一丈一尺七寸八分，南京庫苧布一(石)〔百〕三十九疋八尺九寸八分[93]。秋糧兌淮米四千三百五十四石二斗，南京倉米二千四百六十六石八斗五升。
折色	秋糧過湖帶江三六銀七百五十六兩七錢一分一厘三毫。兌折米五百一十二石三斗。南京派剩米六百二十二石一斗九升。南京棉布折色米五百四十六石七斗八升。京庫米一萬六百一石七升[94]。顏料銀九十七兩八錢三分六厘六毫。
存留本折	夏稅本司庫絲一千八百五十三斤二兩二錢九分三厘四毫，本縣庫鈔七百六十七錠三貫四百二十六文。秋糧大各府祿米、本府縣學倉米二千七十五石三斗一升五合五勺，外本司庫折銀米二石一斗五升七合五勺。兌折剩銀一百五十兩七錢四分。
額辦	薦新茶芽五斤八兩，茶戶採辦。弓箭弦條、神器、軍器、胖襖、褲鞋共銀二百五十五兩四錢七分九厘六毫六絲。
歲辦	野味折鈔銀三兩四厘四毫五絲，捕戶採辦。翎毛、皮張一百六十兩三分九厘六毫八絲。
歲派	各部物料銀本縣無。黃白蠟價銀二十兩二錢四分。加派果品、牲口銀一十八兩七錢一分八厘。
雜辦	曆日紙張、舉人水手、上司府縣公費、春秋祭祀共銀四百六十五兩三分八厘一毫五絲。

	永豐縣
戶口	男子成丁一萬五千九十八丁,婦女大口一萬二千二百七口。歲徵起存錢鈔銀共九十三兩五錢一分九厘三毫五絲九微九纖。門攤、商稅銀六十一兩八分四厘二毫九絲。
起運本色	夏稅京庫絲綿絹〔一〕千二百三疋六尺^[95],農桑絹四疋三尺九寸八分,南京庫苧布一百三十九疋一尺二寸三分。秋糧兌淮米三千二百一十九石,南京倉米一千八百二十三石六斗九升。
折色	秋糧過湖帶江(十)〔三〕六銀五百五十九兩四錢二分七厘。兌折米二百七十八石七斗四升。南京派剩米四百五十九石九斗七升。南京棉布折色米四百四石二斗一升。京庫米八千九百五十八石五升。顏料銀八十五兩二錢七分一厘五毫。
存留本折	夏稅本司庫絲一千二百二十九斤一十三兩五錢。本縣庫鈔五百四十七錠一貫九百九十五文。秋糧大各府祿米、本府縣學倉米一千五百三十四石一斗六升〔□〕合。外本司庫折銀米一百九十九石七斗二合二勺。兌折剩銀一百一十一兩四錢二分九厘五毫。
額辦	薦新茶芽五斤八兩,茶戶採辦。弓箭弦條、神器、軍器、胖襖、褲鞋共銀二百九十八兩四錢五分九厘三毫四絲八忽。
歲辦	野味折鈔銀三兩四厘四毫五絲,捕戶採辦。翎毛折鈔銀一十兩六錢三分九厘六毫八絲,里甲派徵。
歲派	各部物料銀本縣(派)〔無〕^[96]。黃白蠟價銀二十二兩九錢八分。加派果品、牲口銀二十一兩二錢五分五厘。
雜辦	曆日紙張、淺船料價、舉人水手、上司府縣公費、春秋祭祀共銀三百八十三兩三錢三分七厘九毫五絲。

鉛山縣	
戶口	男子成丁七千一百五十七丁，婦女大口七千一百口。歲徵起存錢鈔銀四十四兩二錢二分一厘五毫八絲四忽五微五纖。門攤、商稅銀六十八兩五錢八分三厘五毫二絲八忽。
起運本色	夏稅京庫絲綿絹五百七十八疋一丈七尺八寸二分六厘，農桑絹二十二疋九尺八分，南京庫苧布二百五十一疋一丈四尺三寸七分。秋糧兌淮本色米三千九百石七斗七升，南京倉米二千二百九石九斗三升。
折色	秋糧過湖帶江三六銀六百七十七兩九錢一分二厘三毫四絲。兌折米四百五十八石九斗。南京派剩米五百五十七石三斗九升。南京棉布折色米四百八十九石八斗三升。京庫米一萬五百八十三石六斗五升。顏料銀一百兩一錢九分二厘七毫。
存留本折	夏稅本司庫絲五百九十七斤九錢四分，本縣庫鈔五百三錠一貫六十九文。秋糧大各府祿米、本縣學倉米一千八百五十九石九升四合九勺，外本司庫折銀米二石一斗五升四合三勺。兌折剩銀一百三十五兩二分七厘七毫。
額辦	薦新茶芽五斤八兩，茶戶採辦。弓箭弦條、神器、軍器、胖襖、褲鞋共三百一十二兩四錢一分四厘二毫八絲二忽。
歲辦	野味折鈔銀三兩四厘四毫五絲，捕戶採辦。翎毛折抄銀一十兩六錢三分九厘六毫八絲，里甲派徵。
歲派	各部物料銀本縣無。黃白蠟價銀一十九兩五錢五分，加派果品、牲口銀一十八兩八分三厘。
雜辦	曆日紙張、舉人水手、上司府縣公費、春秋祭祀共銀四百四十五兩九分七厘四毫五絲。

弋陽縣	
戶口	男子成丁二萬三千四百五十四丁,婦女大口一萬四千二百口。歲徵起存錢鈔銀一百四兩三錢五分五厘七毫三絲九忽二微八纖。門攤、商稅銀五十一兩四錢六分九厘二毫六絲一忽。
起運本色	夏稅京庫絲綿絹一千四十八疋,農桑絹四十九疋二丈六尺二寸五分,南京庫苧布二百五十八疋一丈五尺三寸七分。秋糧兌淮米四千八百六十四石二斗一升,南京倉米二千七百五十五石四斗九升。
折色	秋糧過湖帶江三六銀八百四十五兩三錢四分五厘二毫二絲。兌折米五百七十二石三斗。南京派剩米六百九十五石七升。南京棉布折色米六百一十石八斗二升。京庫米三千五百九十八石三斗七升。顏料銀一十四兩一分六厘四毫。
存留本折	夏稅本司庫絲一千七十七斤三兩四錢七分,本縣庫鈔三百九十七錠三貫九百四十一文。秋糧大各府禄米、本府縣學倉米二千三百一十八石三斗一升八勺。兌折剩銀一百六十八兩三錢九分四厘七毫。
額辦	弓箭弦條、神器、軍器、胖襖、褲鞋共銀三百二十兩八錢九分七厘九毫三忽。
歲辦	野味折鈔銀三兩三錢八分,捕户採辦。翎毛折鈔銀一十兩六錢三分九厘六毫八絲,里甲派徵。
歲派	黃白蠟價銀二十五兩三錢八分。加派果品、牲口銀二十三兩四錢七分六厘。
雜辦	曆日紙張、舉人水手、上司府縣公費、春秋祭祀共銀四百七十九兩三錢五分九毫。

	貴溪縣
戶口	男子成丁二萬一千三百四十八丁,婦女大口一萬九千一十二口。歲徵起存錢鈔銀一百五十三兩三錢七分七厘四毫九絲五忽八微三纖。門攤、商稅銀八十二兩五錢九分四厘七毫六絲二忽二微。
起運本色	夏稅京庫絲綿絹一千三百二十八疋一丈五尺四寸三分,農桑絹四十疋二丈一尺二寸二分。秋糧兌淮本色米五千二百七十七石三斗四升,南京倉米四千六百四十石五斗八升。
折色	秋糧過湖帶江三六銀九百一十七兩一錢五分。兌折米六百二十石八斗。南京派剩米七百五十四石八升。南京棉布折色米六百六十二石六斗九升。京庫米二萬三千一百一十八石七斗三升。顏料銀二百二十七兩二錢三分七厘三毫[97]。
存留本折	夏稅本司庫絲一千三百五十五斤一十四兩五錢六分,本縣庫鈔六百一十三錠三貫一百四十七文。秋糧大各府祿米、本府縣學倉米二千五百一十五石一斗一升八合四勺。兌折剩銀一百八十二兩六錢六分五厘四毫。
額辦	弓箭弦條、神器、軍器、胖襖、褲鞋共銀三百四十八兩四錢四分二厘七毫七絲八忽。
歲辦	野味折鈔銀三兩三錢八分,捕戶採辦。狐狸皮張、翎毛折鈔銀一十一兩一錢三分九厘六毫八絲,里甲派徵。
歲派	黃白蠟價銀三十八兩四錢二分。加派果品、牲口銀三十五兩五錢三分二厘。
雜辦	曆日紙張、舉人水手、淺船料價、上司府縣公費、春秋祭祀共銀七百一十二兩六錢二分六厘二毫。

〔鄱陽縣〕

戶口	男子成丁八萬七千三百八十四丁,婦女大口七萬九千三百八十口。歲徵起存錢鈔銀四百六十五兩九錢六分四厘六毫九絲六忽四微七纖。門攤銀二十九兩七錢九分二厘五毫九絲一忽。
起運本色	夏稅京庫農桑絹四十四疋二丈七尺八寸九分五厘。秋糧兌淮米一萬五千一十石四斗一升,南京倉米九千六百二十石九斗七升。
折色	夏稅京庫折銀米麥四千六百一石六斗二升。秋糧過湖帶江三六銀二千五百七十八兩五錢八分二厘六毫二絲。兌折米一千七百三十九石一斗。安慶折色米二千四百八十七石三斗。南京棉布折色米二千九十三石六斗九升。京庫米八千一百三十二石九斗二升。顏料銀三十二兩五錢八分九厘。
存留本折	夏稅本府倉米麥六千三百六十三石四升七合。秋糧大各府祿米、本府縣學倉米、庶儀祿糧共五千五百九十九石八斗八升一合三勺,外本司庫折銀米一千七百二十一石一斗六升八合三勺。兌折剩銀五百一十一兩七錢一分六厘〔三〕毫[98]。
額辦	薦新茶芽四斤八兩,茶戶採辦。南北藥材、弓箭弦條、胖襖、褲鞋共銀四百九十六兩一錢一分七厘九毫。
歲辦	野味銀一十五兩四錢五分,里甲出辦。翎毛折鈔銀八錢二分四厘,捕戶採辦。
歲派	各部物料銀一千三百三十四兩八錢四分七厘九毫。黃白蠟價銀一百一十兩一錢一分。加派果品、牲口銀一百一兩八錢三分五厘,料銀一千三百七兩三分二厘六毫七絲八忽一微五纖。
雜辦	曆日紙張、淺船料價、舉人水手、上司府縣公費、春秋祭祀共銀一千一百九十八兩七錢五分六厘五絲。

	餘干縣
戶口	男子成丁三萬七百八十一丁,婦女大口二萬三千九百三十二口。歲徵起存錢鈔銀共二百三十八兩七錢八分四厘五毫五絲六忽一微四纖。門攤銀二十四兩三分六厘八毫二絲四忽。
起運本色	夏稅京庫農桑絹二十九疋四尺四寸五分。秋糧兌淮米九千九百五十四石一斗六升,南京倉米六千三百八十六石七斗三升。
折色	夏稅京庫折銀米麥二千四百二十七石二斗二升七合二勺。秋糧過湖帶江三六銀一千(九)〔七〕百九兩九錢九分二厘[99]。兌折米一千〔一〕百五十二石八斗[100],安慶折色米一千六百四十九石四斗四升。南京棉布折色米一千三百八十八石四斗二升。京庫米一萬一千一百二十三石一斗二升[101]。顏料銀八十七兩九錢三分八厘五毫。
存留本折	夏稅本府倉米二千五百四十五石九斗三合二勺。秋糧大各府祿米、庶儀祿糧、本縣學倉米、並鉛山縣倉米三千七百一十三石四斗六合。兌折剩銀三百三十九兩三錢二分。
額辦	薦新茶芽四斤三兩,茶戶採辦。南北藥材、弓箭弦條、胖襖、褲鞋共銀四百七十六兩八錢四分二毫。
歲辦	野味活雁折鈔銀四錢五分一毫,翎毛折鈔銀四錢八分三厘三毫三絲九忽,俱捕戶採辦。野味汪麂折鈔銀二錢四分[102],麂皮折價銀一百二十兩,俱里甲派徵。
歲派	黃白蠟價銀五十二兩六錢二分。加派果品、牲口、工部料銀七百一十九兩八分一厘三毫七絲一忽一微四纖。
雜辦	曆日紙張、淺船料價、舉人水手、上司府縣公費、春秋祭祀共銀八百九十七兩六錢四分五厘九毫。

樂平縣	
戶口	男子成丁三萬六千八百九十丁,婦女大口二萬一百七十五口。歲徵起存錢鈔銀三百三十兩七分一厘八毫二絲七忽一微五纖。門攤、商稅銀一百一十一兩三錢四分三厘一絲九忽。
起運本色	夏稅京庫農桑絹四十八疋八寸五分。秋糧兌淮米一萬一千六百三十八石四斗一升,南京倉米七千四百六十七石四斗二升。
折色	夏稅京庫折銀米麥四千二百三十九石三斗四升一合八勺。秋糧過湖帶江三六銀(二)〔一〕千九百九十九兩三錢二分一厘[103]。兌折米一千三百四十八石四斗,安慶折色米一千九百二十八石五斗四升。南京棉布折色米一千六百二十三石三斗五升。京庫米五千三百四十石二斗九升。顏料銀一十四兩一錢三分一厘。
存留本折	夏稅本府倉米麥三千一百八十七石七斗一升五合八勺。秋糧大各府祿米、庶儀祿糧、本府縣學倉米四千三百四十一石七斗三升三合二勺,外本司庫折銀米一十五石九斗八升八合五勺。兌折剩銀三百九十六兩七錢五分六厘。
額辦	薦新茶芽四斤一十三兩,茶戶採辦。甘蔗、南北藥材、弓箭弦條、胖襖、褲鞋共銀四百七十三兩八錢六分七厘。
歲辦	野味折鈔銀一錢八分,捕戶採辦。
歲派	各部物料銀九百六十兩四錢七分三厘。黃白蠟價銀八十二兩三錢二分。加派果品、牲口、工部料銀共一千二十九兩八錢七分六厘一絲七毫二微三纖。
雜辦	曆日紙張、淺船料價、舉人水手、上司府縣公費、春秋祭祀共銀九百四兩一錢八分九厘。

浮梁縣

戶口	男子成丁二萬八千三百六十九丁，婦女大口二萬九千一百三十五口。歲徵起存錢鈔銀二百八十二兩三錢二分二厘一毫一絲六忽一微八纖。門攤銀三十七兩五錢二分二厘一毫一忽五微。
起運本色	夏稅京庫農桑絹四十疋四尺七寸。秋糧兌淮米六千五百八十四石五斗五升，南京倉米四千二百二十四石七斗八升。
折色	夏稅京庫折銀米麥二千石。秋糧過湖帶江三六銀一千一百三十一兩一錢三分。兌折米七百六十二石九斗，安慶倉米一千九十一石九斗。南京棉布折色米九百一十八石四斗三升。京庫米四千四百四十一石一斗五升。顏料銀二十四兩三錢〔六〕分九厘五毫[104]。
存留本折	夏稅本府倉米麥二千三百一十七石四斗三合四勺，新增米麥三百二十三石三斗五升二合二勺。秋糧大各府祿米、庶儀祿糧、本縣學倉米並鉛山縣倉米二千四百五十六石四斗四升六合九勺。外本司庫折銀米一百七十石八斗六升八合四勺。兌折剩銀〔二〕百二十四兩四錢七分七厘三毫[105]。
額辦	薦新茶芽二斤三兩，茶戶採辦。南北藥材、弓箭弦條、胖襖、褲鞋共銀二百四十三兩二分三厘。
歲辦	野味折鈔麂皮、狐狸皮共銀一（千）〔十〕六兩二錢二分七毫[106]。
歲派	各部物料銀三百一兩五錢二分六厘五毫。黃白蠟價銀三十九兩一錢。加派果品、牲口料銀共五百四十五兩二錢六厘八毫五絲八忽六微七纖。
雜辦	曆日紙張、淺船料價、舉人水手、上司府縣公費、春秋祭祀共銀五百八十三兩九錢五分五厘四毫。

德興縣	
戶口	男子成丁一萬六千二百四十四丁,婦女大口八千八百九十三口。歲徵起存錢鈔銀共一百一十三兩九錢二分八絲一忽九微九纖。門攤、商稅銀三百四十八兩八錢七厘六毫八絲。魚課銀二百一十五兩五錢六分七厘。
起運本色	夏稅京庫農桑絲絹一十九疋二丈九尺四寸二分。秋糧兌淮米五千七百八十七石二斗二升,南京倉米三千七百一十三石一斗九升。
折色	夏稅京庫折銀米麥一千五百石。秋糧過湖帶江三六銀九百九十四兩一錢六分五厘四毫四絲。兌折米六百七十石五斗,安慶折色米九百五十八石九斗七升。南京棉布折色米八百七石二斗二升。京庫米三千五百四十九石一斗六升。顏料銀一十七兩三錢四分四厘三毫。
存留本折	夏稅本府(淮)〔倉〕米麥一千四百一十八石五斗八升八合五勺。秋糧大各府祿米、庶儀祿糧、本府縣學倉米二千一百五十七石一升九合二勺。兌折剩銀一百九十七兩二錢八分九厘三毫。
額辦	薦新茶芽十斤,茶戶採辦。南北藥材、弓箭弦條共銀一百八十二兩九錢五分一厘五毫。
歲辦	野味折鈔銀一錢二分,捕戶採辦。麂皮價銀一百二十九兩,里甲出辦。
歲派	黃白蠟價銀二十四兩七錢。加派各部物料、果品、牲口銀共三百六十一兩八錢五分八厘二毫二絲五忽六微九纖。
雜辦	曆日紙張、淺船料價、舉人水手、上司府縣公費、春秋祭祀共銀四百五十兩六錢四分五厘二毫。

安仁縣	
戶口	男子成丁一萬五千八百三十八丁,婦女大口一萬六千四十七口。歲徵起存錢鈔銀共一百二十二兩三錢六分八厘三毫八絲四忽七微一纖。門攤、商稅銀七十四兩三錢四分九毫一絲八忽。
起運本色	夏稅京庫農桑絹六疋二尺三寸。秋糧兑淮米四千一百九十一石二斗一升,南京倉米二千六百八十九石一斗七升。
折色	夏稅京庫折銀米麥二千三百四十二石五斗七升。秋糧過湖帶江三六銀七百一十九兩九錢九分二厘六毫二絲。兑折米四百八十五石六斗,安慶折色米六百九十四石五斗一升。南京棉布折色米五百八十四石六斗。京庫米九千五百二十四石四升。顏料銀九十二兩八錢一分七毫。
存留本折	夏稅本府倉米麥八百九十一石四升八合一勺。秋糧大各府禄米、庶儀禄糧、本縣學倉米並鉛山縣倉米一千五百六十三石五斗五升四合七勺,外本司庫折銀米一百六十一石八斗四升五勺。兑折剩銀一百四十二兩八錢二分三厘九毫。
額辦	薦新茶芽一斤五兩,茶戶採辦。南北藥材、弓箭弦條、胖襖、褲鞋共銀六十一兩八錢四分三厘。
歲辦	野味折鈔銀二錢七分,捕户採辦。
歲派	各部物料銀一百六十七兩。黃白蠟價銀二十八兩一錢三分。加派果品、牲口、工部料銀共六百三兩一分五厘九毫五忽八微。
雜辦	曆日紙張、舉人水手、上司府縣公費、春秋祭祀共銀四百二十九兩四錢七分七厘七毫。

萬年縣	
戶口	男子成丁一萬五千七百七十九丁,婦女大口一萬一千八百一十七口。歲徵起存錢鈔銀共九十七兩一錢七分九厘四毫八絲二忽一微四纖。門攤銀四十三兩一錢八分七厘一毫一絲。
起運本色	夏稅京庫絲綿絹一百六疋一丈六寸七分三厘,京庫農桑絹一十疋二丈六尺六寸,南京庫苧布一十二疋一丈四尺四寸四分。秋糧兌淮米六千六百七十八石一斗三升,南京倉米四千二百八十四石八斗。
折色	夏稅京庫折銀米麥一千三百三十一石六斗一升。秋糧過湖帶江三六銀一千一百四十七兩一錢六分一厘。兌折米七百七十三石七斗,安慶倉米一千一百六石六斗。南京棉布折色米九百三十一石四斗八升。京庫米四千六百一十二石九斗七升。顏料銀二十五兩九錢九分二厘二毫。
存留本折	夏稅本司〔庫〕絲一百四〔斤〕十二兩六錢五分[107],本府倉米麥一千四百一十一石三斗九升二合九勺,本縣庫鈔二十四錠三貫六百三十五文。秋糧大各府祿米、庶儀祿糧、本縣學倉米並廣信府倉米二千四百九十一石二斗一升七勺。兌折剩銀二百二十七兩六錢五分五厘。
額辦	南北藥材、弓箭弦條共銀一百二十七兩九錢九分七厘七毫。
歲辦	野味、翎毛折鈔銀無派。
歲派	各部物料銀一百二十五兩四錢三厘三毫。黃白蠟價銀二十一兩九錢五分。加派果品、牲口、工部料銀共二百九十九兩二錢八分八厘六毫九絲。
雜辦	曆日紙張、淺船料價、舉人水手、上司府縣公費、春秋祭祀共銀三百八十七兩二錢二分一厘四毫。

南康府屬

	星子縣
戶口	男子成丁一萬三百七十丁,婦女〔大口〕九千四百九十三口[108]。歲徵起存錢鈔銀共四十八兩三錢八分五厘七毫三絲三忽七微。〔門攤銀五十一兩四錢九分八厘一毫九絲六忽〕[109]。
起運本色	夏稅京庫農桑絹八疋一丈八尺九寸八分。秋糧南京倉米一千四百五十七石三升。
折色	夏稅京庫折銀米麥五百八十一石四斗一升八合。秋糧南京棉布折色米一千四百八十九石二斗二升。京庫官折米一百三十二石六斗一升二勺。顏料銀一兩五錢三分二厘二毫[110]。
存留本折	夏稅九江府倉米麥二百四十六石二升一勺。秋糧各府祿米、本府縣學倉米一千八百七十二石七斗七合四勺,外本司庫折銀米八石五斗八升四合四勺。
額辦	弓箭弦條、胖襖、褲鞋共銀三十五兩一錢九分八厘五毫。
歲辦	麂皮價銀六十一兩[111]。魚油、翎、鰾折,麻鐵膠料價銀二兩二錢三分二厘八毫。
歲派	黃白蠟價銀九兩六錢一分。加派果品、牲口銀八兩八錢八分三厘。
雜辦	曆日紙張、舉人水手、上司府縣公費、春秋祭祀共銀三百二十六兩一錢一分五厘七毫一絲二忽五微[112]。

都昌縣	
戶口	男子成丁一萬六千四百九十三丁,婦女大口一萬三千九百一十五口。歲徵起存錢鈔銀共一百八十二兩六錢八分二厘五毫四絲五忽八微九纖。門攤銀六十九兩四錢九分二厘六毫二絲七忽。
起運本色	夏稅京庫農桑折絹七十七疋一丈四尺五寸。秋糧兌淮米七千一百六十二石九斗一升,南京倉米四千五百七十石一斗六升。
折色	夏稅京庫折銀米麥一千〔二〕百八十三石九斗五升[113]。秋糧過湖帶江三六銀一千二百二十三兩六錢三分。兌折米八百二十五石二斗,安慶折色米一千一百八十石二斗九升。南京棉布折色米九百九十三石五斗一升。京庫米六千二百三十五石九斗。顏料銀四十二兩九錢二分七厘四毫。
存留本折	夏稅九江府倉米麥五百八十五石五斗七升八勺。秋糧大各府祿米、庶儀祿糧、本府縣學倉米並鉛山縣倉米二千六百五十七石三斗四升八合九勺。兌折剩銀二百四十二兩八錢八厘五毫。
額辦	弓箭弦條、胖襖、褲鞋共銀三百七兩八錢九分三厘九毫。
歲辦	麂皮價銀九十六兩,魚油、翎、鰾折料價銀四十三兩二錢六分三毫三絲。
歲派	黃白蠟價銀二十兩二錢四分。加派果品、牲口銀一十八兩七錢一分七厘。
雜辦	曆日紙張、淺船料價、舉人水手、上司府縣公費、春秋祭祀共銀四百二十九兩七錢五分三厘六絲二忽五微。

建昌縣

戶口	男子成丁一萬八千四百六十八丁,婦女大口一萬九千四百二十二口。歲徵起存鈔銀一百五十九兩二錢三分三厘七毫五忽六微七纖。門攤銀五十六兩七錢九分三厘一毫四絲一忽。
起運本色	夏稅京庫農桑絹二十八疋二丈八尺四寸。秋糧兌(兑)淮米七千九百三十七石一斗六升,南京倉米五千九百二石五斗六升。
折色	夏稅京庫折銀米麥一千六百二十五石一斗八升。秋糧過湖帶江三六銀一千三百六十三兩四錢七分五厘。兌折米九百一十九石六斗,安慶折色米一千三百一十五石二斗一升。南京棉布折色米一千一百七石八升。京庫米九千二百七十六石六斗六升。顏料銀七十四兩七錢三分二厘。
存留本折	夏稅九江府倉米麥六百八十七石六斗三升九合九勺。秋糧大各府祿米、庶儀祿糧、本縣學倉米並會昌縣倉米二千九百六十石七斗六升。兌折剩銀二百七十兩五錢八分五厘。
額辦	薦新茶芽二十五斤,茶戶採辦。弓箭弦條、胖襖、褲鞋共銀三百九兩五錢五厘五毫。
歲辦	野味折價銀七兩五錢,茶戶採辦。魚油、翎、鰾折料價銀一十七兩五錢一分九厘三毫。
歲派	各部物料銀二十兩。黃白蠟價銀四十八兩九錢一分。加派果品、牲口銀二十六兩六錢四分九厘。
雜辦	曆日紙張、淺船料價、舉人水手、上司府縣公費、春秋祭祀共銀四百七十二兩八錢九分八厘四毫六絲二忽五微。

	安義縣
戶口	男子成丁(一)〔七〕千六百四十九丁[114]，婦女大口九千二百三十三口。歲徵起存錢鈔銀九十六兩三厘四毫四絲。魚課銀九十六兩六錢七分五厘四毫一絲。
起運本色	夏稅京庫農桑絹二十一疋一丈六尺一寸。秋糧兌淮米四千一百八十二石八斗二升。南京倉米二千六百八十三石七斗六升。
折色	夏稅折銀米麥一千六十四石二斗四升。秋糧過湖帶江三六銀五百六十七兩一錢。兌折米四千八十四石六斗。安慶折色米六百九十三石五升。南京棉布折色米五百八十三石七斗六升。京庫米八千七百二十八石四斗二升。顏料銀八十一兩七錢五分八毫。
存留本折	夏稅九江府倉米麥四百五十石二斗九升。秋糧大各府禄米、庶儀禄糧、本府縣學倉米一千五百六十石一升一合二勺。兌折剩銀一百四十二兩五錢九分。
額辦	弓箭弦條、胖襖、褲鞋共銀二百四兩四錢二厘五毫。
歲辦	麂皮價銀六兩,捕戶採辦。魚油折料價銀八兩四錢一分二厘二毫。本府楊林河泊所魚油、翎、鰾折價銀四百六十兩五錢四厘三毫一絲五忽。
歲派	黃白蠟價銀一十五兩七錢八分。加派果品、牲口銀一十四兩五錢八分八厘。
雜辦	曆日紙張、淺船料價、舉人水手、上司府縣公費、春秋祭祀共銀二百五十七兩一錢七分三厘四毫一絲二忽五微。

德化縣	
戶口	男子成丁三千六百一十八丁,婦女大口三千九百八十六口。歲徵起存錢鈔銀共三十四兩五錢一厘二毫三絲六忽二微五纖。門攤銀二十一兩六分六厘六毫四絲八忽,魚課銀一百八十四兩四錢四厘八毫二絲。
起運本色	夏稅京庫農桑絹六十一疋一丈一尺八寸。秋糧南京倉米一千八百一十石二斗五升,安慶府倉米一千九百五十七石七斗六升。
折色	秋糧京庫米六百一十八石六斗。顏料銀四兩三錢一分八厘二毫。
存留本折	夏稅本府倉米麥五百六十五石四斗三升六合六勺四抄。秋糧大各府祿米、庶儀祿糧、本府縣學倉米一千六百三十五石二升四合五勺六抄。
額辦	薦新茶芽三十六斤,茶戶採辦。弓箭弦條、神器、軍器、胖襖、褲鞋共銀一百三十三兩七錢四厘五毫六絲六忽六微四纖。
歲辦	麂皮價銀一百五十兩六錢,里甲出辦。翎毛折鈔銀三錢四分八厘五絲,捕戶採辦。官湖等河泊所、甘棠等湖魚油、翎、鰾折料價銀共六百二十七兩九錢五分二厘四毫四絲。
歲派	黃白蠟價銀五兩四錢九分,加派果品、牲口銀五兩七分六厘。
雜辦	曆日紙張、舉人水手、上司府縣公費、春秋祭祀共銀六百八十七兩四錢一分二厘。

湖口縣	
戶口	男子成丁四千八百一十八丁,婦女大口四千七百六十七口。歲徵起存錢鈔銀三十兩三錢一分三厘八絲六忽一微八纖。門攤銀六十九兩九厘八毫五絲二忽。魚課銀四十一兩七錢二分一厘三毫一絲三忽七微。
起運本色	夏稅京庫農桑絹八十一疋二丈四尺五寸四分。秋糧南京倉米一千一百九十八石三斗一升五合,安慶府倉米三千四百五十八石八斗八升。
折色	秋糧京庫米一千七百二十六石。顏料銀一十四兩九錢四分四厘三毫。
存留本折	夏稅本府倉米麥九百一十九石一斗九升一合三勺。秋糧大各府禄米、庶儀禄糧、本府縣學倉米二千八百八十八石五斗三升八合八勺四抄。
額辦	弓箭弦條、神器、軍器、胖襖、褲鞋共銀一百七十兩二錢六分八厘八毫八絲三忽二微。
歲辦	野味折鈔銀七錢九分一厘一毫,捕户採辦。麂皮、翎毛價銀九十二兩五錢九分七厘二毫二絲。河泊所魚油、翎、鰾折料價銀共一百五十一兩五錢一分一厘三絲六忽。
歲派	黃白蠟價銀五兩八錢三分。加派果品、牲口銀五兩三錢六分四厘。
雜辦	曆日紙張、舉人水手、上司府縣公費、春秋祭祀共銀三百三十五兩一錢六厘五絲。

	彭澤縣
戶口	男子成丁六千七百五十四丁,婦女大口六千四百一十三口。歲徵起存錢鈔銀共三十二兩六錢五分三厘一毫七絲三纖。門攤銀九兩七錢七分一厘九毫五絲。魚課銀三十九兩五錢九分六毫五絲九忽。
起運本色	夏稅京庫農桑絹一百五十六疋七尺六寸。秋糧南京倉米三千三百二十三石一斗七升,安慶府米三千五百九十三石八斗九升。
折色	夏稅折銀米麥五百石。秋糧京庫米二千一百九十九石八斗。顏料銀一十兩二錢二分三厘九毫。
存留本折	夏稅本府倉米麥五百六十一石九斗五升五合五勺。秋糧大各府祿米、庶儀祿糧、本府縣學倉米三千一石三斗八升六合,外本司庫折銀米九十七石八斗九升五合二勺。
額辦	弓箭弦條、神器、軍器、胖襖、褲鞋共銀二百一十一兩九錢六厘七毫八絲三忽二微。
歲辦	野味銀八兩,麂皮價銀一百九兩,里甲出辦。鳧鴨、翎毛折鈔銀二兩七錢二分,河泊所魚油、翎、鰾折料價銀共二百四兩三錢八分四厘七毫九絲九忽。
歲派	黃白蠟價銀六兩一錢八分。加派果品、牲口銀五兩七錢一分。
雜辦	曆日紙張、舉人水手、上司府縣公費、春秋祭祀共銀三百八十六兩八錢四分四厘八毫。

	德安縣
戶口	男子成丁四千九十九丁,婦女大口四千六百六十口。歲徵起存錢鈔銀共二十二兩四分四厘七毫八絲九忽九微一纖。門攤銀一十五兩四錢四分一厘七毫九絲九忽。
起運本色	夏稅京庫農桑絹二十九疋二丈五寸六分。秋糧南京倉米一千九百九十三石三斗七升,安慶倉米二千一百五十五石七斗八升。
折色	秋糧京庫米四百六十三石九斗五升。顏料銀二兩二錢四分五厘二毫。
存留本折	夏稅本府倉米麥六百一十九石九斗八升。秋糧大各府祿米、庶儀祿糧、本府縣學倉米一千八百石三斗二升三合六勺,外本司庫折銀米七斗三升三合三勺。
額辦	薦新茶芽三十六斤,茶戶採辦。弓箭弦條、神器、軍器、胖襖、褲鞋共銀八十一兩六錢四分一厘二毫八絲二忽二微。
歲辦	麂皮價銀九十一兩八錢,翎毛鈔銀一錢二分八厘五毫三絲五微,里甲出辦。
歲派	黃白蠟銀六兩一錢八分,加派果品、牲口銀五兩七錢一分。
雜辦	曆日紙張、舉人水手、上司府縣公費、春秋祭祀共銀三百二十四兩九錢九分三厘三□。

瑞昌縣	
戶口	男子成丁四千一百九十八丁，婦女大口四千一百八十口。歲徵起存錢鈔銀二十兩七錢七毫四絲一忽七微五纖。門攤銀二十兩八錢四分二厘。魚課銀三十四兩五錢二分二厘六毫五絲七忽七微。
起運本色	夏稅農桑絹六十疋一丈八尺六分。秋糧南京倉米一千七百九十二石六斗六升，安慶府倉米一千九百三十八石六斗九升。
折色	秋糧京庫米五百七十九石八斗。顏料銀三兩八錢九分六厘二毫。
存留本折	夏稅本府倉米麥五百六十九石六斗七升六合九勺。秋糧大各府祿米、庶儀祿糧、本府縣學倉米一千六百一十八石九斗三升一合四勺八抄，外本司庫折銀米七十九石四斗二升五合九勺。
額辦	薦新茶芽四十八斤，茶戶採辦。弓箭弦條、神器、軍器、胖襖、褲鞋共銀一百三十七兩八錢二分六厘五毫八絲三忽二微。
歲辦	翎毛折鈔銀二錢六分八厘五毫，捕戶採辦。麂皮價銀一百七十三兩四錢，里甲出辦。赤湖河泊所魚油、翎、鰾折價銀共二百三十六兩二錢七分四厘六毫。
歲派	黃白蠟價銀四兩四錢六分。加派果品、牲口銀四兩一錢二分四厘。
雜辦	曆日紙張、舉人水手、上司府縣公費、春秋祭祀共銀二百七十一兩七錢二厘一毫。加派協助德化縣銀六兩。

大庾縣

戶口	男子成丁三千五百六十九丁,婦女大口三千五百四十七口。歲徵起存錢鈔銀二十三兩七錢七分二厘八毫五絲一忽八微三纖。門攤、商稅銀二十二兩八錢七分九厘六毫九忽。
起運本色	夏稅農桑絹八疋二丈一尺五寸。
折色	秋糧南京舊例派剩折色米一千一百九十六石七斗六升。南京棉布折色米六百九十六石二斗三升。京庫官折米一千一百九十石一斗五升九合九勺。
存留本折	夏稅本府倉米麥四十九石六斗三升一勺。秋糧大各府禄米、本府縣學倉米二千六百八十八石一斗一升八合二勺七抄八撮,外本司庫折銀米一十八石七升五合九勺五抄七撮。
額辦	薦新茶芽三斤十三兩四錢九分,茶户採辦。弓箭弦條、神器、軍器、民七銀一百一十八兩一分五毫三絲三忽三微五纖。
歲辦	野味折鈔銀一錢二分,捕户採辦。
歲派	黃白蠟價銀五兩四錢九分。
雜辦	曆日紙張、舉人水手、上司府縣公費、春秋祭祀共銀四百七十二兩八錢七分一厘五毫。

南康縣	
戶口	男子成丁四千六百五十七丁,婦女大口五千五百六十七口。歲徵起存銀鈔銀四十四兩二錢八分一厘五毫八絲六忽七微。門攤、商稅銀六十八兩九錢三分三厘九毫九絲。
起運本色	夏稅農桑絹三十八疋二丈五寸六分七厘。
折色	秋糧南京派剩折色米三千六百五十一石六斗二升,南京棉布折色米二千一百二十四石四斗。京庫官折色一千三百二十三石三斗九升九合一勺四抄五撮。顏料銀一十五兩二錢九分二厘二毫。
存留本折	夏稅本府倉米麥八十一石六斗八升三合八勺。秋糧大各府祿米、本縣學倉米並贛州府倉米共八千二百二石一斗二升一合二勺五抄。
額辦	薦新茶芽四斤二兩八錢,茶戶採辦。弓箭弦條、神器、軍器、民七共銀二百四十五兩二錢六厘。
歲辦	野味折鈔銀二錢五厘[115]。
歲派	黃白蠟價銀一十兩六錢四分。
雜辦	曆日紙張、舉人水手、府縣公費、春秋祭祀共銀三百一十兩七錢三分九厘。

上猶縣	
戶口	男子成丁一千六十六丁,婦女大口一千四百七十七口。歲徵起存錢鈔銀二十四兩八毫六絲。門攤、商稅銀二十六兩六錢六分六厘八毫九絲七忽。
起運本色	夏稅農桑絹六疋一丈五寸七分。
折色	秋糧南京派剩折色米五百八十五石七斗。南京棉布折色米三百四十石七斗四升。京庫官折米七百九十五石九斗三升五合九勺一抄五撮。顏料銀九兩一錢九分六厘八毫。
存留本折	秋糧大各府祿米、本府縣學倉米一千三百一十五石五斗四升七合一勺二抄,外本司庫折銀米二石三斗四升七合九勺八抄三撮。
額辦	薦新茶芽八兩二錢五分,茶戶採辦。弓箭弦條、神器、軍器、民七共銀五十八兩二錢一厘九毫。
歲辦	野味、翎毛折鈔銀本縣無派。
歲派	黃白蠟價銀一兩六分[116]。
雜辦	曆日紙張、舉人水手、府縣公費、春秋祭祀共銀一百七十二兩三錢二厘五毫。

崇義縣	
戶口	男子成丁一千二百九十一丁,婦女大口一千二百八十一口。歲徵起存錢鈔銀一十三兩九錢九分二厘五毫一忽三微八纖。門攤、商稅銀六十四兩二錢九分三厘四毫一絲七忽。
起運本色	夏稅農桑絹二疋二丈六尺六寸四分八厘。
折色	秋糧南京派剩折色米八百六十五石四斗四升。南京棉布折色米五百三石四斗八升。京庫官折米四百五十八石七斗三合九勺七抄。顏料銀五兩三錢四毫。
存留本折	秋糧大各府禄米、本府縣學倉米一千九百四十三石八斗八升五合二勺二抄五撮。
額辦	薦新茶芽一斤七兩四錢六分,茶戶採辦。弓箭弦條、神器、軍器、民七共銀七十兩五錢九分一厘五毫六絲六忽六微五纖。
歲辦	野味折鈔銀七分二厘。
歲派	各部物料銀本縣無派。
雜辦	曆日紙張、府縣公費、春秋祭祀共銀一百七十兩六錢三分八毫。

贛縣	
戶口	男子成丁二萬五千二百一十二丁,婦女大口一萬五千七百六十一口。歲徵起存錢鈔銀一百四十五兩八分五厘一毫九絲八忽七微。門攤銀四十五兩五錢二分二厘六毫三絲三忽。魚課銀三兩二錢四分三厘一絲二忽二微。
起運本色	夏稅農桑絹三十三疋二尺九寸。秋糧兌淮米五千一十九石二斗六升,南京倉米二千八百四十三石八斗。
折色	秋糧過湖帶江三六銀八百七十二兩三錢一厘七毫二絲。兌折米五百九十石五斗。南京派剩米七百一十七石二斗。南京棉布折色米六百三十石二斗五升。京庫米五千五百一十六石四斗一升。顏料銀三十五兩三錢二厘三毫。
存留本折	夏稅本縣庫鈔三百八十八錠一貫九百一十三文。秋糧大各府禄米、本府縣學倉米二千三百九十一石七斗七升五合六勺,外本司庫折銀米六百三十五石四斗九升一合六勺。兌折剩銀一百七十二兩七錢四分九厘九毫[117]。
額辦	薦新茶芽一十一斤,茶戶採辦。弓箭弦條、神器、軍器、胖襖、褲鞋共五百五十六兩三錢二分八厘九毫五絲,加增弓張耗銀一十二兩八錢一分五厘七毫九絲。
歲辦	野味、翎毛折鈔銀四錢九分六厘。
歲派	黃白蠟價銀二十八兩八分[118]。加派果品、牲口銀三十五兩二錢一分四厘。
雜辦	曆日紙張、淺船料價、舉人水手、府縣公費共銀一千〔五百九十〕八兩一分一厘七毫一絲[119]。

	寧都縣
戶口	男子成丁一萬四千六百一十九丁，婦女大口一萬三百七十九口。歲徵起存錢鈔銀二百四十七兩五錢五分七厘八毫七絲四微七纖。門攤銀二十九兩七錢六分二厘四絲七忽。魚課銀二錢二分九厘七毫四絲三忽。
起運本色	夏稅農桑絹三十九疋五尺九寸。秋糧兌淮米六千七百七十九石二斗，南京倉米三千八百四十石六斗。
折色	秋糧過湖帶江三六銀八百二十八兩九錢四厘六毫四絲。兌折米七百九十七石六斗。南京派剩米九百六十六石六斗八升。南京棉布折色米八百五十一石二斗七升。京庫米四千六百七十五石五斗六升。顏料銀一十五兩六錢一分三厘四毫。
存留本折	夏稅本縣庫鈔五百三十七錠三貫九百五十五文。秋糧大各府祿米、本府縣學倉米三千二百三十石九斗五合八勺。兌折剩銀二百三十四兩六錢八分七厘四毫。
額辦	弓箭弦條、神器、軍器、民七、胖襖、褲鞋共銀六百二十五兩六錢九分三厘五毫九絲八忽七微，代辦會昌縣弓箭弦條銀八兩三錢八分五厘。
歲辦	野味折鈔銀二錢七分，麂皮銀八十一兩六錢。
歲派	各部物料銀一百一十七兩。黃白蠟價銀四十兩一錢四分。加派果品、牲口銀三十七兩一錢一分八厘，代派會昌、安遠、信豐三縣黃白蠟銀六兩三錢五分。
雜辦	曆日紙張、淺船料價、舉人水手、府縣公費、春秋祭祀共銀八百一十八兩七錢九厘，代編會昌等縣夫價、舉人水手等銀三百五十五兩六錢九分八厘。

雩都縣

戶口	男子成丁三千四百七十九丁,婦女大口二千一百三十五口。歲徵起存錢鈔銀四十八兩一厘七毫二絲。魚課銀四錢三分六厘八毫三忽。
起運本色	夏稅農桑絹三十四疋一丈七尺二寸。
折色	秋糧南京派剩折色米八百八十四石四斗七升。南京棉布折色米五百一十四石五斗六升。京庫官折米四百五十七石五升八合六勺。顏料銀五兩二錢八分九毫。
存留本折	夏稅本縣庫鈔八十二錠二貫五百八十二文。秋糧大各府禄米、本府縣學倉米一千九百八十六石六斗六升六合四勺四抄,外本司庫折銀米四百七十三石二升九合九勺。
額辦	弓箭弦條、胖襖、褲鞋共銀一百四十八兩二錢五厘,興國代編。
歲辦	翎毛折鈔銀一兩二錢,捕戶採辦,興國代編。
歲派	黃白蠟價銀五兩一錢五分,興國代編。加派果品、牲口銀九兩七錢五分九厘。
雜辦	曆日紙張、舉人水手、府縣公費、春秋祭祀共銀四百九十七兩八錢七分一厘四毫。

興國縣	
戶口	男子成丁五千三百九十九丁,婦女大口二千六百二口。歲徵起存錢鈔銀七十一兩九錢九分五毫七絲九忽五微七纖。門攤、商稅銀九十一兩二錢八分二厘二絲一忽九微。魚課銀四錢四分三厘五毫五絲九忽。
起運本色	夏稅農桑絹八疋二丈一尺三寸。
折色	秋糧南京派剩折色米三千二百石九斗九升。南京棉布折色米一千八百六十二石二斗四升。京庫官折米八百九十五石三斗二升二合四勺。顏料銀一十兩三錢四分五厘四毫。
存留本折	夏稅本縣庫鈔二百六十六錠四貫九百九十五文。秋糧大各府祿米、本縣學倉米並信豐縣倉米五千一百九十一石九斗二升九合二勺。
額辦	弓箭弦條、胖襖、褲鞋共銀三百一十一兩六錢一分五厘,代辦雩都縣弓張胖襖銀一百四(百)〔十〕八兩二錢五厘[120]。
歲辦	野味折鈔銀二錢九分二厘五毫,於用剩廩給銀內支解。翎毛鈔銀一錢八厘,代派雩都縣翎毛鈔銀一兩二錢。
歲派	黃白蠟價銀一十九兩五錢二分。加派果品、牲口銀一十八兩八分四厘,代派雩都縣黃白蠟銀五兩一錢五分。
雜辦	曆日紙張、淺船料價、舉人水手、府縣公費、春秋祭祀共銀四百三十二兩四錢一分三厘,代辦雩都縣舉人水手銀四兩六錢二分。

石城縣	
戶口	男子成丁二千七十四丁,婦女大口七百三十一口。歲徵起存錢鈔銀二十四兩八毫六絲。門攤銀二兩二錢八分七厘三毫五絲四忽。
起運本色	夏稅農桑絹五疋二丈一尺。
折色	秋糧南京派剩折色米一千七十四石四升。南京棉布折色米六百二十四石八斗四升。京庫官折米四百六十一石五升二合六勺。顏料銀五兩三錢二分六厘九毫。
存留本折	夏稅本縣庫鈔二百一十錠七百九十九文。秋糧大各府祿米、本縣學倉米並信豐縣倉米二千四百一十二石四斗四升二合。
額辦	弓箭弦條、胖襖、褲鞋共銀一百七兩五錢五分五厘,代編信豐民七銀三十四兩三錢九分。
歲辦	翎毛折鈔銀三錢六分,捕户採辦。
歲派	黃白蠟價銀三兩九分。加派果品、牲口銀二兩八錢五分五厘。
雜辦	曆日紙張、舉人水手、府縣公費、春秋祭祀共銀二百兩九錢一分三厘八毫。

龍南縣	
戶口	男子成丁二千二百四十三丁,婦女大口一千四百五十五口。歲徵起存錢鈔銀三十兩一厘七絲五忽。門攤銀一錢三分一毫一絲八忽。
起運本色	起運本色無。
折色	秋糧南京舊例派剩折色米一千一百五石三斗五升。南京棉布折色米六百四十三石六升。
存留本折	夏税本縣庫鈔九十四錠二貫三百六十五文。秋糧大各府禄米、本縣學倉米二千四百八十二石八斗一升六合一勺。本司庫折銀米二斗六升二合一勺。
額辦	薦新茶芽等項本縣無。
歲辦	野味、翎毛本縣無。
歲派	黃白蠟價銀一兩七錢二分。加派菓品、牲口銀一兩五錢八分六厘二毫三絲二忽六微五纖。
雜辦	曆日紙張、舉人水手、府縣公費、春秋祭祀共銀一百七十八兩七錢七分五厘四毫。

會昌縣	
戶口	男子成丁一千七百四十二丁,婦女大口六百五十七口。歲徵起存錢鈔銀一十八兩六毫四絲五忽。門攤、商稅銀一十三兩二錢三分九毫五絲。魚課銀三分七厘七毫。
起運本色	起運本色無。
折色	折色無。
存留本折	夏稅本縣府庫鈔一十七錠四貫四百四十五文。秋糧各府祿米、本縣學倉米一千五十八石二斗六升五合六勺。
額辦	弓箭弦條共銀八兩三錢八分五厘。
歲辦	野味無。
歲派	黃白蠟價銀二兩二錢三分。加派菓品、牲口銀二兩六分二厘。
雜辦	曆日紙張、舉人水手、府縣公費、春秋祭祀共銀二百一十四兩四錢二分二毫,加派家火銀二兩二錢三分。

	瑞金縣
戶口	男子成丁一千五百八十四丁,婦女大口九百七口。歲徵起存錢鈔銀一十八兩六毫四絲五忽。門攤、商稅銀二百九十五兩一錢八分三厘七絲四忽八微。魚課銀三錢。
起運本色	夏稅農桑絹一十五疋一丈九尺五寸。
折色	折色無。
存留本折	夏稅本縣庫鈔六十三錠六百二十文。秋糧各府禄米、本縣學倉米並安遠縣倉米一千五百四十四石五斗九升九合一勺五抄。
額辦	弓箭弦條、胖襖、褲鞋共銀四十八兩五錢一分五厘。
歲辦	翎毛折鈔銀四錢二分,里甲出辦。
歲派	黃白蠟價銀二兩七錢五分。加派菓品、牲口銀二兩五錢二分八厘。
雜辦	曆日紙張、舉人水手、上司府縣公費、春秋祭祀共銀一百六十兩八錢二分四毫。

安遠縣	
户口	男子成丁一千三百九十九丁，婦女大口一千三百二十五口。歲徵起存錢鈔銀二十四兩八毫六絲。門攤銀二分一毫七絲七忽。
起運本色	夏稅農桑折絹二疋。
折色	折色無。
存留本折	夏稅本縣庫鈔一十一錠九百六十九文。秋糧各府禄米、本縣學倉米五百三十九石六斗八升，外本司庫折銀米二斗七升二勺一抄。
額辦	薦新茶芽、藥材、弓箭無派。
歲辦	野味、翎毛無派。
歲派	黃白蠟銀一兩七錢〔二〕分[121]。加派菓品銀六錢二分四厘。
雜辦	曆日紙張、舉人水手、府縣公費、春秋祭祀共銀一百九十二兩九錢五分七厘四毫。

	信豐縣
戶口	男子成丁一千三百九十九丁,婦女大口一千三百三十五口。歲徵起存錢鈔銀二十四兩八毫六絲。門攤、商稅銀四兩一錢九分六厘四毫二絲六忽。
起運本色	夏稅農桑折絹二疋九尺三寸。
折色	折色無。
存留本折	夏稅本縣庫鈔四十四錠二貫六百五十六文。秋糧各府祿米、本縣學倉米一千九百八十五石七斗七升六合七勺,外本司庫折銀米一十七石三斗五升二勺。
額辦	弓箭弦條、神器、軍器、民七、胖襖、褲鞋共銀八十四兩六錢一分五厘。
歲辦	翎毛折鈔銀(二)〔三〕分六厘[122],里甲出辦。
歲派	黃白蠟銀(一)〔二〕兩四錢[123]。加派菓品、牲口銀二兩三錢一厘四毫九絲五忽。
雜辦	曆日紙張、舉人水手、府縣公費、春秋祭祀共銀二百五十九兩五錢五分七厘四毫。

通省糧額

一本省額徵 夏税 米、麥共八萬八千五十九石五升八合三勺二抄二撮。 起運 京庫折銀米六萬石，每石折銀二錢五分。京庫絲綿折絹八千二十五疋六尺八寸八分九厘，京庫桑絲折絹三千四百八十六疋二丈二尺一寸一分五厘，俱每疋折銀七錢。○南京庫苧布一千三百四十一疋二尺四寸，每疋折銀二錢。 存留 本司庫絲八（斤）〔千〕二百八斤一十五兩六錢三分六厘四毫，每斤無閏月折銀八錢四分四厘六毫六絲，有閏月折銀九錢一分四毫一絲六忽。○府縣倉米麥二萬八千五十九石五升八合三勺二抄二撮，每石折銀六錢。○各縣庫鈔六千八百七十三錠一貫五百三十一文，每麥一石准鈔五十貫，每五貫爲一錠，每錠折銀二分五厘。

一本省額徵 秋糧 官民米二百五十二萬八千四百五十八石二斗三升七合四勺七抄三撮，外收峽江縣民人謝層五等原隱射民米三十石四升四勺，通共實該官民米二百五十二萬八千四百八十八石二斗七升七合八勺七抄三撮。内除贛縣奏豁虛糧民米九十九石七斗四升一合四勺，又除豁貴溪縣邵真人墳域民米二石六斗七升五合。○益府奏豁護墳田地官米三十石八斗五升二合四勺，民米五十九石九斗二升五合。實派官民米二百五十二萬八千二百九十五石八升四合七抄三撮。○官米六十五萬六千八百五十八石四斗六升七合四勺九抄五撮。内除瑞金、安遠、會昌、信豐四縣官米四百八十六石六斗三升九合四勺，不派官庫折銀。又除南昌、新建、進賢、鄱陽四縣王莊官米三百六十二石七升七合五勺，不派起運，與瑞金等縣官米俱派存留外，實徵官米六十五萬六千九石七斗五升五勺九抄五撮。○民米一百八十七萬一千四百三十六石六斗一升六合五勺七抄八撮。内除真人府米二千二百二十五石五斗九升四合六勺，全派南京倉米，又除沙、逃、湖田、牛租、墳域、王莊不等米二萬五千四百二十八石一斗八升二合四勺四抄，不派起運，全坐存留外，實派民米一百八十四萬三千七百八十二石八斗三升九合五勺三抄八撮。起運兌軍米四十萬石。每石外加副米四斗，濕潤米一斗三升；過江過湖折色米一斗四升，每斗折銀六分，共八分四厘；三四折色米三斗四升，每斗折銀五分，共一錢七分；蘆席、松板、楞木共該銀七厘二毫四絲二忽，每石共銀一兩二分六厘二毫四絲二忽。嘉靖三十八年，改派過湖帶江折色米七升，折銀四分二厘，又三六折色米三斗六升，每斗折銀五分，共折銀一錢八分，與正、副、濕潤米及蘆席、松板、楞木，每石共折銀九錢九分四厘二毫四絲二忽。內除米五萬五千三百七十五石，每石折銀七錢，輸太倉銀庫外，扣剩銀二錢九分四厘二毫四絲二忽，(有)〔存〕貯司庫，名曰兌折米。此項原無定則，止聽部文開派。○淮安倉米一十七萬石，內本色米一十五萬六千四百七十一石七斗。每石外加副米四斗；濕潤米一斗三升；過江過湖折色米一斗四升，每斗折銀六分，共八分四厘二毫；又二升折色米二升，每升折銀五厘，共一分；蘆席該銀五厘六毫六絲七忽，每石共銀八錢七分四厘六毫七絲七忽。嘉靖三十八年改派過湖帶江銀四分二厘，連正、副、濕潤、二升折、蘆席，每石通折銀八錢三分二厘六毫七絲七忽。凡二項過江過湖米共七萬九千八百石。故事，隨糧徵運龍窟、吳城、進賢水次候兌，南京運船不過壩，領兌者全支過湖過江。其上江安慶、建陽等衛，與湖廣各衛領兌者，止給過湖。其江西總下領兌者，全扣不給，于水次扣爲行糧。若直隸、九江衛運船，止給過湖四升，餘米三升亦爲行糧，支餘者運回府縣倉存留他給。嘉靖二十一年，參議王公梃議水次近例俱改省城，自嘉靖二十一年爲始，過湖過江糧米每石通折徵銀六錢，併解布政司貯庫，如應兌過湖過江者，每石支銀六錢，代行糧者每石支銀五錢，扣支餘存司庫，以補新封禄米缺數。嘉靖三十八年，二項每石減過江米七升，止徵過湖折色銀四分二厘，故名過湖帶江銀。○顯陵、承天二衛折色米一萬三千五百二十八石三斗，每石折銀六錢。

○南京倉米四十七萬石，内本色三十一萬一千石。每正米一石，外加副米四斗，船、驢脚價折色米二斗六升，每升折銀五分，共一錢三分。通每石共銀八錢三分。又折色米一十五萬九千石，每石折銀六錢。嘉靖三十八年改派本色米三十四萬石，每石加副米三斗六升，船、驢脚銀一錢二分，共銀八錢。折色米一十萬三千七百九十石，每石折銀六錢。又安慶倉本色米一萬三千一百五石，舊派德化、湖口、彭澤、德安、瑞昌五縣，每石外加耗米五升，蘆席銀五厘，又船脚銀三分六厘五毫，内德安、瑞昌程途稍遠，每石加船脚銀一分三厘五毫，共船脚銀五分。折色米一萬三千一百五石，每石折銀五錢。○京庫苧布米三萬五千石。每米七斗，折布一疋，共折布五萬疋。内本色布四萬七千七百七十四疋，價米三萬三千四百四十一石八斗，每石徵銀三錢五分。嘉靖三十八年改派銀三錢五厘。折色布米一千五百五十八石二斗，每石折銀二錢八分五厘七毫一絲四忽二微九纖。折布二千二百二十六疋，每疋折銀二錢。○南京庫棉布米一十萬石，折布一十萬疋，共折銀三萬兩，每疋折銀三錢。嘉靖三十八年改派本色布一萬疋，價米一萬石，每石徵銀三錢五厘。折色布米九萬石，折布九萬疋，每疋折銀三錢。○南京庫苧布米四萬九千石，共折布七萬疋。内本色布三萬九千九千九百八十五疋，價米二萬七千九百八十九石五斗，每石銀三錢五厘，布每疋價銀二錢四分五厘。折色布三萬一十五疋，價米二萬一千一十石五斗，每石銀二錢八分五厘七毫一絲四忽二微九纖，每疋折銀二錢，准米七斗。嘉靖三十八年改派四萬九千石，折布七萬疋，每疋折銀二錢。○京庫折銀，内民折米二十四萬七千四百八十四石五斗五升一合四勺六抄五撮，沙塞米三萬八百六十八石六斗八升五合八勺四抄，新改重米三萬五千二百一十石四斗三升二合二勺。連前官米、牛租米，共九十七萬石，每石折銀二錢五分。嘉靖三十八年將沙塞、改重二項改派存留，復完民折三十一萬三千九百九十石二斗四升九合四勺五抄之額。○京庫銀硃、紫草、烏梅、銅、漆、錫、蠟等項,顏料米二萬五千一百一十五石八斗四升五合五勺四抄,每米一石折銀五錢。嘉靖三十八年改派各項顏料銀共七千五百八十兩三錢一分,俱於通省官米内派徵。 存留 大府禄米二萬石,内本色米四千石,折色米一萬六千石,每石折銀一兩。内除各大府税糧禄米免給,扣作本司庫銀。○各府舊額,並新封禄米八萬五百五十二石,每石折銀八錢。弘治十六年巡撫林公俊奏准共銀六千四百七十三兩五分六厘,於過湖餘銀支給。嘉靖三十八年改派米八萬八千石,每石徵銀一兩。仍以八放,餘二錢,以備新封銀數。○三司俸糧一千五百三十五石八斗四升,每石折銀八錢。○庶人、儀賓(録)〔禄〕米二萬四千石,每石折銀六錢。○府縣倉米一十五萬三千五十二石一斗三升五合五勺三抄三撮,每石徵銀六錢。嘉靖三十八年改派米一十四萬五千二百四十八石九斗八升四合一勺三抄三撮,每石徵銀五錢。○學倉米二萬九千七百二十石,每石折銀六錢。亦以五放,餘銀一錢,作新禄代過江米。○外本司庫折銀米二萬六千四百九十五石五斗六升六合一勺四抄。内王莊官民米三千五百石九斗二升六合三勺,免追扣,抵本年各王府位下禄米銀數,實徵〔沙〕、逃米二萬九百六十九石二斗六升六合八勺[124],青塘坎田米四百七十二石六斗六合,湖田米八百四石六斗一升八勺,牛租米三十三石六斗五升,墳域米五石三斗五升,升科官民米七百九石一斗五升六合二勺四抄。○各府庫租鈔三千一百二十三錠二貫九百一十五文,每貫折徵銀五厘。○穀折米一百石五斗九升二合六勺五抄。

　　 附 課程 本省男子成丁一百八十五萬七千四百三丁,婦女大口一百五十四萬四千四百四十七口。額徵無閏起存錢鈔銀共一萬四千九百一十四兩七錢五分三厘一毫三忽一微,有閏月該銀一萬六千一百二十三兩八錢六分一毫二絲一忽一微六纖。○門攤、商税課鈔銀六千四百四十八兩三錢八分六厘九毫五絲七忽六微三纖。○魚課銀八百四十四兩七錢九分四厘二毫七絲七忽五微。○舊額南、贛、吉三府食廣鹽二十萬引，稅入虔臺。餘各府歲食淮鹽二十八萬八千一百七十餘引，正引價赴邊中納，餘引價納運司，每引約銀一兩，通計該銀二十八萬八千一百七十餘兩。嘉靖三十七年於峽江縣小東門外設立橋關，譏察廣鹽，不得私下淮鹽界，上奏准添發淮鹽二十萬引，共四十八萬八千一百七十餘引。贛州廣鹽歲稅該銀二萬四千兩，以十分爲率，存留二分以備軍餉，八分解部濟邊。○歲額給路引九萬五千二百張，每引一張，解銀一錢，貯布政司解部，多寡不可定。

　　臬史氏曰：古之治天下者，其好生之德，厚下之心，靡所不庸其至，而於取民之際，經常度則纖悉周密。物任於土，則齊其盈縮，而不執其詘。弊生於狃，則防其萌蘖，而不使其流，殫畢心力以虞其郵。若此者非獨以足國需而快適意，使不窘匱也。國以民爲本，民以食爲天，雖堯舜之治世，爲之君者不能不藉取民以爲國經，雖五代之亂世，爲之民者未嘗不知奉上以爲職制。二者交致，而節紓優養，則上之柄實持焉。三代而降，茲道浸微。漢自文帝免租惜費，殿庭以布帷，宮飾不緣，積聚膩劇。其後耗敗，猶不缺於民，以永其世。晉氏暴起，胡氛昏翳，民用塗炭，(于)〔干〕令升歸其過於民事[125]，以無公劉、后稷之重民，深根固蒂。貞觀、開元之盛，至天下斷獄二十九人，外戶不閉，其功不細。而歐陽修歸其功於民事，以租庸調取民之法，乃三代遺畫焉。然則治亂之效，端可覩記。宋、元季世，庸君暴主常朘削極斂，用以資其奢，稱其欲。而興利之臣，又爲豐豫之語，以導其未萌。故民生不勝其求，則起而爲抗，抗而聚且不戢，則封疆不展，供億無由至，以窮促而亡其國者，往往而是也。豈非蒙於附地之理，忽於覆舟之戒，其最弱而愚者，乃所以最強而散，固未可以過損之道剝之也哉。古語曰：國之大事於是乎在，民之蕃庶於是乎生。有味其言之也。

　　高皇帝起民間，其於閭閻之豐凶札瘥，尤所關理。坐朝還宮，至手披民籍，接黎者，詢所疾苦。故於天下經制，凡所爲編定節度征徭，爲百世不易之法，誠跨前朝而垂後矩者。自吳元年以後，與僞楚相持於翼軫之郊,鄱湖之曲,揮戈瀝血之事劇于四方,故早歲於江西之民猶加意焉。洪武十四年江西戶一百五十萬,至二十四年則一百五十六萬五千,幾煩矣。而派夫則後於畿內在洪武七年,免租則多至全蠲在洪武四年,其燠休之意,以重民之故。抑亦以九江、鄱湖據南都上游,而其地南臨二廣,北接宣、揚,西控楚,東翼浙,爲中原一大都會哉。宣德間,永豐曾子良作亂,而江西大饑。富民曾希恭等出粟以賑,遣行人齎敕旌勞,其重若斯。而景泰間都御史韓公雍未幾來撫,更還賦法,履縣刊定,一盈縮,無不便者,民翕然安堵,蓄阜不窳瘵也。弘治癸亥間,儲蓄大抵又寡,而盜煩,巡撫林公俊奏募人納銀,七十兩者授七品散官,次以遞降,監生減之十之三,廩膳生員減十之二;不願冠帶願立表義坊者,出穀二百石。銀發縣糴穀,每十里積穀萬石,貯之倉,名曰常平。如秋成穀賤,六石糴,春夏穀貴,五石四斗糴,秋成五石糴,春夏四石五斗糴,省其餘以備耗。每衛積一萬石,所二千石。更勸社民各立義倉、義學、義塚,名曰阜俗三義。盡一義者書一義之門,二義、三義稱是。義倉之備,社中富民任其出穀,六百石或四百石,別儲一倉,極貧利一分,次貧利二分,春借秋還,轉相賙助。下戶部覆議,命俊行之。至正德壬申,華林盜起,明年姚源再作,漫延廣、饒數郡,後僅僅克之。民肩未息,而宸濠復叛。連年苦兵,生齒凋謝。巡撫王公守仁、巡按唐公龍先後奏蠲租,寬力役,市逆濠產,悉以代民運輸,而以其餘賑貧民。雖瘡痍復完,而經常一定之法,亦倉皇未之及也。

上御臨,天下晏然,江西猶無事,四十年休養,戶口益息,文物煩富。于斯時也,然大都物豐蠱萌,形影可見,而民所病與諸未善者,即閭閻不得達,達且不治,治亦格不行者,豈少也哉。先是,右布政蔣公曙欲酌民糧多寡以爲額,視地肥瘠以爲徵,法頗均。大抵民戶糧一石,以七錢五分爲輸。而嘉靖戊戌,巡撫胡公岳,與布政夏公邦謨、參議王公昺更定爲七則,大都亦不過酌多寡,視肥瘠而慮,視昔則密矣。第一則,若南昌、新建、豐城、進賢、奉新、靖安、武寧、寧州、高安、上

高、新昌、清江、新喻、新淦、峽江、廬陵、吉水、永豐、泰和、萬安、龍泉、
安福、永新、上饒、玉山、廣永豐、鉛山、弋陽、貴溪、臨川、金谿、崇仁、
東鄉、南城、南豐、新城、鄱陽、餘干、樂平、安仁、浮梁、德興、萬年、都
昌、建昌、安義、贛縣、寧都諸州縣，糧多又濱江，派起運、兌淮、南米，
每民米一石，加耗米四斗七升二合七勺七抄六撮六圭二粟，起運、京
庫、折銀、顏料、棉布、大各府禄米、存留倉糧，每石納本色正耗米一石
一升四合四勺五抄九撮二圭，折色銀二錢二分九厘一毫五絲八忽八
微。第二則，宜春、分宜、萍鄉、萬載四縣，糧科重，不令兌淮，止派起
運、南米，雖加耗，每石銀四錢九分五毫八絲五忽四微，而四縣猶以糧
重，故累奏。乃以原派吉安、安福二倉米減除，而用宜黃、樂安、永寧
三縣京庫苧布輕則派四縣，每石本色正耗米三斗一合六勺九抄四撮
六圭八粟，折銀三錢三分九厘七毫三絲九忽四微。第三則，德化、湖
口、彭澤三縣，雖濱江而糧故寡，不令兌軍，止派淮、安、南米，每米一
石加耗米二斗四升九勺二抄三撮九圭七粟，連棉布、折銀、存留、倉
學，每石本色正耗米五斗六升八合一勺三抄二撮二圭九粟，折銀三錢
三分六厘三毫九絲五忽八微四纖。第四則，廣昌、瑞昌、德安三縣阻
山，星子縣雖濱江而糧寡，皆不令兌淮，止派南米，每石加耗米二斗三
合九勺七抄三撮九圭四粟，連顏料、棉布京折、大各府禄米、存留、倉
學米，每石本色正耗米三斗八升六合八勺九抄二撮五圭八粟，折銀四
錢八厘五毫四絲六微八纖。第五則，宜黃、樂安、永寧三縣，阻山，不
令兌淮、南米，故無本色加耗，止派京折、棉布、顏料、禄米、存留倉米，
每石銀五錢二分六毫二絲九忽五微六纖。第六則，大庾、南康、上猶、
崇義、雩都、興國、石城、龍南諸縣，阻山且糧寡，不令兌淮、南米，故無
本色加耗，止派京折、禄米、存留、倉學米，每石銀六錢六毫二絲四忽
三微六纖。第七則，瑞金、信豐、安遠、會昌四縣，糧寡，不令起運，故
無加耗，止派倉學，每石折色銀六錢。已定議布下施行，然各縣田科
則不均，畝一斗者頗適中，而有至一斗八九升者，民猶以爲病。

　　故事，京庫、民折米三十萬，每石徵銀二錢五分，號爲輕則，而沙、逃米據其内三萬。嘉靖二十三年，巡撫虞公守愚下參議王公梴復議，凡一斗以下與一斗七合止者，如故派徵；斗一升以上，則餘數改與民折輕則，計三萬餘，與官、沙、逃絶同，謂之改重米，分派督徵。比南昌、新建二縣，猶稱附省差煩，不應視他縣爲詞。

　　嘉靖二十五年，巡撫都御史傅公鳳翔復檄下布政司改議，因糧之輕重以爲增損。惟奉新、高安、上高、新昌、萬安、豐城、新淦、吉水、龍泉、永新、進賢、靖安、武寧、寧州、安福、峽江、吉永豐、南豐、崇仁諸縣，每米一石，原派銀七錢四分七厘八絲八忽四微七纖，並宜春、分宜、萍鄉、萬載諸縣每石原派銀四錢八分一厘二毫，俱以田科重，仍舊不更。其田科猶輕，若新喻、泰和、南城、清江、廬陵、鄱陽、餘干、樂平、德興、浮梁、安仁、萬年、都昌、建昌、安義、廣永豐、弋陽、玉山、臨川、東鄉、新城、贛縣、鉛山、貴溪、金谿、寧都、上饒諸縣，每米一石，改納銀七錢四分六厘七毫二絲三忽一微七纖。德化、湖口、彭澤三縣，每石改納銀六錢六分四厘六毫八忽二微六纖。廣昌、星子、德安、瑞昌諸縣，每石改納銀六錢三分九毫八絲一忽七微一纖。永寧、宜黄、樂安三縣，每石改納銀五錢四分四厘九毫九絲三忽五微五纖。大庾、上猶、南康、崇義、雩都、石城、龍南、興國諸縣，每石改納銀六錢五分九厘六毫八絲三忽九微五纖。瑞金、信豐、安遠、會昌諸縣，每石改納銀六錢四分四厘。南昌、新建二縣，每石改納銀五錢八分七絲九忽五微三纖。皆以〔起〕運[126]、存留、本折雜定之。然南昌、新建故派南京本色米〔一〕萬六千餘石[127]，移於新喻等二十七縣，而是歲部〔檄下〕減輕南米銀九千五百六十餘兩[128]，又悉與南昌、〔新建〕[129]，於是各府以爲言。

　　嘉靖三十年巡撫吳公鵬更定之，南米復派二縣，而均減輕銀六千五百六十餘兩，以畀通省。南米故額八錢三分者，減除三分，刻載頒布。顧里甲、歲派、雜辦，多民間不盡知，且不與糧偕徵，則奸民納其急者而遺其緩，終不輸官，而有司於派時不能盡勾〔考〕[130]，吏緣爲奸，並均徭、力差募人者，執帖取諸民，其率常數倍。

嘉靖三十五年巡撫蔡公克廉乃倡議爲一條鞭法，統計一歲運京與留，及官所需額若干，通十年均派〔之〕[131]，總收其直於官，而以時給諸募人。其最病者，富民〔當〕金銀庫子[132]，給服縣官輒傾家。蓋縣官諸費取給於庫子，其廉者不至是，而過客治具酒食，或錢糧徵不及，輒令庫子借輸，不能悉還，雖廉或爲之，而徵銀在官，募人則庫子貧民，縣官束手無所措。公議一出，民翕然以爲便。然庫子不獨供縣官也，而凡庫藏銀錢皆其所守。徭中又有稱斗級者，亦倉支放滿乃得代。故民苦二役，雖募不肯應，即應者又懼其盜侵而逃，則貧無（藉）〔籍〕者不能償也，於是有司窮不能計。而公故議淮、益二府禄米，即令饒與建二府獨輸之，米石折銀一兩，他費不與，則二府苦獨重，稱不便，而一條鞭法革不施行矣。

先是，學倉糧收六而放以五，軍糧收五而放以四，皆存其一，以備不給。戶、工部不時有所需，兼歲之水旱不定，所謂雜辦者頗贏，於歲額以待之。然存其一者，與多編之贏不能悉查，則往往私縣官，而閭里椎髓苦不辦，又加困而病矣。明年丁巳，各縣往往告不給，而三殿火。大工興，復有加派。巡撫馬公森、巡按御史徐公〔紳〕以爲南京倉方米賤[133]，而支本色則困軍，江西方米貴，石八錢，而欲盡輸則困民，不若視近例，於江西二十六年應輸南京倉三十萬六千石俱徵銀[134]，八錢以〔五〕輸南京[135]，而以三留，通得銀九萬一千八百，以助大工，而罷派於民，甚便。乃會奏得請，准一年施行。而袁州民復告病，公通融稍減其南京本色、大府禄及存留米，而加以南京折色，與銀米去舊額每石四分，而民稍稍紓矣。然舊額，運莫重於兑淮，留莫重於禄米，而令過江湖餘銀以給禄則過重，而禄封歲增，亦苦不給。又明年，巡撫何公遷、巡按御史鄭公本立乃悉更定，減二兑米之過江者，每石七升，至銀二萬三千餘兩，以前改重、沙塞米運者與王莊銀牛米改留司庫以給禄，而以學縣倉米收六放五者餘一錢，加爲帶徵新禄。通留司庫於歲給禄有羨，改重、沙塞原在折銀三十萬内者，悉挖以與民，而折米之額自在，於是各縣皆均。他諸除淮、益派名，以革其自收，別新舊倉米，以免其混雜，均撫州、南昌舊額，以平其告争。會户部復將兑軍米扣折五萬，輸銀太倉，因名曰兑折米，綱維提揭，分析即於其間，運留〔自〕爲加減[136]，而派額備矣。而是歲《賦書》適成。然此皆其大都，即中丞、監司往往爲籌計不遺心力。

　　然民所以病非獨〔額〕也[137]，而其弊不可悉數。其〔大〕者[138]，初派時在糧額有輕重，而户、工部歲派或然加增無定準，派官不一察則，筭人悉散其重而執其輕者，懸空數以市於民，而二部下檄布政司，每省一分，則或每府一分，而其入吏與部輸者分之，官不知也。既派下，而縣官不察，民不知，吏因緣爲市，如舊額滿徵，而匿其新減之數，吏下於收頭，收頭取於民，而與吏共其贏，民不知也。既徵，而在官不以時入庫，則部輸者利以爲息，甚至用以爲市，田塗屋費。傍倚右勢，官不能追。即追，以其息募貧民居囷飲食之，而己坐享其利，官不得而詰也。未徵者在民則負固險遠，又或宦族，隸人不敢捕，急則以自運爲解，糧長亦不能誰何。而往往以見田爲沙塞不輸，同甲孤愚者畏官爲償無所控，民益困。歐陽修所謂一室去而四鄰俱盡者，豈獨唐人然哉。大較瑣煩不能盡，朝廷苦用不給，官苦負逋無所措手。故欲紓民，莫先均賦，均賦莫先去弊，去弊莫先精察，精察莫先任人。嗚呼，盡之矣。

校勘記

[1]據北圖膠卷補。
[2]據北圖膠卷改。

［3］據天一閣本補。

［4］據北圖膠卷補。

［5］天一閣本作“五萬二千一百石”。

［6］據天一閣本補。

［7］“褲”，原作“庫”。額辦項内以下所書之“庫鞋”，均應是“褲鞋”，統改，不再
　　出校。

［8］據天一閣本改。

［9］天一閣本作“四百七十九兩六錢七分三厘三毫”。

［10］北圖膠卷作“七十八兩二錢一分”。

［11］據北圖膠卷補。

［12］據天一閣本補。

［13］據北圖膠卷補。

［14］據天一閣本補。

［15］天一閣本作“七斤八兩”。

［16］北圖膠卷作“一萬三千一百二十九口”。

［17］［18］據天一閣本補。

［19］天一閣本作“二萬九千七百五十丁”。

［20］天一閣本作“九千五百七十四石二斗九升”。

［21］據天一閣本補，“折”字下當有“徵”字。

［22］據天一閣本補。

［23］此處殘缺，各本皆同，約計六行半，共二十六字。

［24］北圖膠卷作“二百三十三兩九錢六分八厘三毫八絲二忽八微五纖”。

［25］天一閣本作“五千二百五十石八升”。

［26］天一閣本作“三萬六千一百八十九口”。

［27］天一閣本作“七疋二丈六尺七寸六分”。

［28］據天一閣本補。全數天一閣本作“二千二百三十六兩九錢八分六厘八
　　毫”。

［29］北圖膠卷作“一千二百九兩四分八厘六毫五絲”。

［30］據天一閣本補。

［31］北圖膠卷作“三百兩七錢三分三厘一毫五絲”。

［32］據天一閣本補。

［33］據北圖膠卷補。

［34］北圖膠卷作“一十三萬八十丁,婦女大口五萬三千六百七十四口”。

［35］北圖膠卷作“三十三疋一丈三尺二寸二分”。

［36］據天一閣本補。

［37］天一閣本作“三百三十七兩八錢”。

［38］［39］［40］據天一閣本補。

［41］據北圖膠卷補。

［42］天一閣本作“四萬五千七百七十七丁”。

［43］天一閣本作“一十一疋一尺二寸”。

［44］據天一閣本改。

［45］天一閣本作“八百一十兩五分一厘”。

［46］“工部料價銀”等二十七字,天一閣本無。

［47］據北圖膠卷改。

［48］據天一閣本補。

［49］天一閣本作“二萬六千九百九十丁”,“一萬四千八十四口”。

［50］天一閣本作“一百二十一兩五錢四分三毫五絲五忽四纖”。

［51］據天一閣本補。

［52］天一閣本作“四千四百三十四石八斗七升五合二勺”。

［53］天一閣本作“二百九十六兩三錢三分五厘”。

［54］天一閣本作“七百三十六兩三錢五分一厘七毫一絲三忽”。

［55］天一閣本作“二百七兩二錢六分六厘二毫六絲六忽五微”。

［56］天一閣本作“三萬一千三百六十三丁”。

［57］據天一閣本補。

［58］北圖膠卷作“一十九疋二丈五尺”。

［59］天一閣本作“三百二十四兩八錢四分五厘六毫”。

［60］天一閣本作“三千二百三十六石五斗五升三合五勺”。

［61］天一閣本作“六百八十六兩六錢五分九厘五毫五絲”。

[62]據天一閣本補。

[63]天一閣本作“一萬二千五百三十一石六斗六升”。

[64]天一閣本作“二千一百七十七兩八錢六分五厘七毫三絲”。

[65]天一閣本作“一萬五千五百七十三石三斗三升”。

[66]天一閣本作“一百七兩八錢八分三厘九毫”。

[67][68]據天一閣本補。

[69]“加編東鄉縣支應銀三十一兩”十二字，天一閣本無。

[70]據天一閣本補。

[71]天一閣本作“四百五十八兩二錢四分七厘六毫”。

[72]天一閣本作“八千二百八十一石五斗四升七合六勺”。

[73]“白蠟銀一百一十八兩四錢四分一厘六毫”十七字，天一閣本無。

[74]“加派東鄉縣協濟銀三十一兩”十二字，天一閣本無。

[75]天一閣本作“二百九十兩三錢九分二厘”。

[76]天一閣本作“六千七百三十四石二斗五升”。

[77]天一閣本作“一萬五千九百四十石五斗”。

[78]天一閣本作“三千二百九石一升”。

[79]天一閣本作“三百八十二兩七錢九分二厘四毫一絲”。

[80]天一閣本作“五兩六錢七分九厘四毫七絲”。

[81]天一閣本作“三十八兩三錢八分八厘”。

[82]天一閣本作“八百四十六兩三錢六分八厘八毫五絲”。

[83]天一閣本作“三錢七分六厘七毫六絲二忽”。

[84]天一閣本作“一百五十一兩三錢九分二厘六毫”。

[85]天一閣本作“二百六十四兩八錢一分七厘”。

[86]天一閣本作“七百八石九斗”。

[87]天一閣本作“七千四百五十三石九斗九升”。

[88][89]據天一閣本補。

[90]本欄首書“各部物料銀本縣無”，末尾又書“各部物料銀”若干，互相牴牾。
　　北圖膠卷及天一閣本均同，不知何故。

[91]天一閣本作“九百三十四兩三錢一厘九毫四絲”。

[92]天一閣本作"一萬五千二百六十七丁"。

[93]據北大抄本改。

[94]天一閣本作"一萬六百二石七升"。

[95]據天一閣本補。

[96]據北圖膠卷改。

[97]天一閣本作"二百三十七兩二錢三分七厘三毫"。

[98]據天一閣本補。

[99]據北圖膠卷改。

[100]據北圖膠卷補。

[101]天一閣本作"一萬一千一百二十三石一斗三升"。

[102]北圖膠卷"汪"作"汪",疑爲"活"之訛。

[103]據北圖膠卷改。

[104]據北圖膠卷補;天一閣本作"八"。

[105]據天一閣本補。

[106]據北圖膠卷改。

[107]"庫"據天一閣本補,"斤"據北圖膠卷補。

[108]天一閣本作"婦女大口四百九十三口"。

[109]據天一閣本補。

[110]天一閣本作"二兩五錢三分二厘二毫"。

[111]天一閣本作"六十兩"。

[112]天一閣本作"三百二十七兩一錢一分五厘七毫一絲二忽五微"。

[113]據北圖膠卷補。

[114]據北圖膠卷改。

[115]天一閣本作"一錢五厘"。

[116]天一閣本作"二兩六分"。

[117]天一閣本作"一百七十三兩七錢四分九厘九毫"。

[118]天一閣本作"三十八兩八分"。

[119]據北圖膠卷補。

[120]據北圖膠卷改。

［121］據天一閣本補。

［122］［123］據北圖膠卷改。

［124］據天一閣本補。

［125］“于”爲“干”之訛。《晉書》無“于令升”，該書卷八十二《干寶傳》：“干寶字令升”。“歸其過於民事”，是卷五《孝愍帝本紀》“史臣曰”中所引干寶文章的主旨。

［126］［127］［128］［129］［130］［131］［132］［133］據天一閣本補。

［134］“二十六年”，天一閣本作“三十六年”，是。

［135］據北圖膠卷補。

［136］［137］［138］據天一閣本補。

江西省大志卷之二　均書

臬史　王宗沐　著

銀差	如各王府冠服料價、校尉、齋郎、擡册夫、膳夫、齋夫、牌枋、歲貢盤纏、馬匹、草料、工食、富户、柴薪俱徵銀解給之類。
力差	如各衙門門子、皂隸、聽差、解户、巡攔、廩給、鋪陳、金銀各庫子、館夫、防夫、斗級、禁子、弓兵、渡夫、鋪兵、船夫各項工食俱用人應役之類。
驛傳	如會同等館、固節等驛馬價，江、淮等衛馬、船水夫，俱徵銀解給者。本省屬各驛、遞、座、站船隻、水夫，俱用人應役者。以下二項[1]，即係銀力差内抽其重者別著之。
機兵	各州縣機兵，每名歲該工食銀七兩二錢，每百名内選精兵二十名，全給工食，十名徵銀解部，不必補役。又因省城增兵三百名，行今大縣扣銀十名，小縣五六名者，通解南昌府貯庫募兵，餘兵止給銀五兩二錢，追銀二兩貯庫，以作軍餉之用。

南昌縣

銀差	各王府冠服料價、校尉、齋郎、擡册夫、膳夫、齋夫、牌枋、歲貢盤纏、馬匹草料、工食、富户、柴薪等銀,共一千六百二十九兩一錢五分三厘二毫。
力差	各衙門門子、皂隸、聽差、解户、巡攔、廩給、鋪陳、金銀各庫子、館夫、防夫、斗級、禁子、弓兵、渡夫、鋪兵、船户各項,共六百五十三名,共銀五千九十六兩六錢。加增府縣學書手、正學書院門子,共該工食銀九兩七錢二分。
驛傳	額編固節、永定、白溝、金臺、翟城上馬共一十四匹,中馬一匹,下馬三匹。南京、江、淮衛馬船水夫四十五名,本省南浦、武陽、市汊、潯陽站船水夫,共一百五十三名,南浦遞運所座船水夫二百七十一名,共銀四千四百六十八兩八錢五分。武陽驛加夫十名,工食船鋪料銀八十五兩。
機兵	額兵一千名,每名銀七兩二錢,共銀七千二百兩。內選精兵二百四十名,徵解部銀八十名,徵募兵銀一十六名,餘兵六百六十四名,每名止給銀五兩二錢,外徵軍餉銀二兩,共銀一千三百二十八兩。

	新建縣
銀差	各王府冠服料價、校尉、齋郎、擡册夫、膳夫、齋夫、牌枋、歲貢盤纏、馬匹草料、工食、富户、柴薪等銀，共一千五百七十四兩一錢二分九厘二毫六絲。
力差	各衙門門子、皂隸、聽差、解户、巡攔、廩給、鋪陳、金銀各庫子、館夫、防夫、斗級、禁子、弓兵、渡夫、鋪兵、船户各項，共三百七十一名半，共銀一千四百三十一兩八錢五分。加增府縣學書手，共該工食銀四兩六錢八分。
驛傳	額編北京會同館、固節、永定、金臺、翟城上馬五匹，中馬一匹，下馬一匹。南京、江、淮衛馬船水夫六名，本省南浦、吳城站船水夫六十二名，南浦遞運所座船水夫一百五十六名，共銀二千一百一十六兩二錢九分。
機兵	額兵四百五十名，每名銀七兩二錢，共銀三千二百四十兩。内選精兵六十八名，徵解部銀四名，徵募兵銀七名，餘兵三百七十一名，每名止給銀五兩二錢，外徵軍餉銀二兩，共銀七百四十二兩。

豐城縣	
銀差	各王府校尉、廚役、齋夫、膳夫、牌枋、歲貢盤纏、富户、柴薪、馬丁、廩給、庫子等銀,共二千七百九十二兩八錢二分六厘六毫。
力差	各衙門門子、皂隸、聽差、解户、巡攔、廩給、鋪陳、金銀各庫子、館夫、防夫、斗級、禁子、弓兵、渡夫、鋪兵各項,共四百六十二名,共銀二千一百六十四兩七錢五分。
驛傳	額編北京會同館、固節、恒山、永定、白溝、翟城上馬共一十八匹,中馬三匹,下馬一匹。南京、江、淮衛馬船水夫一百一十一名,本省市汊、劍江、龍城、彭蠡站船水夫共一百八十四名,内四十名撥德化縣買馬,南浦、九江遞運所座、紅船隻水夫共一百八十五名,内五十八名撥湖口縣作長夫,共銀四千五百六十六兩九錢三分。
機兵	額兵五百五十名,每名銀七兩二錢,共銀三千九百六十兩,内選精兵一百一十名,徵解部銀五十五名,徵募兵銀一十一名,餘兵三百七十四名,每名止給銀五兩二錢,外徵軍餉銀二兩,共銀七百四十八兩。

	進賢縣
銀差	各王府廚役、齋夫、膳夫、牌枋、歲貢、水手、富戶、解戶、貼差、書手、工食、支應庫子、柴薪、馬丁、擡册夫，共銀一千二百六十五兩二錢一分六厘六毫。
力差	各衙門門子、皂隸、庫子、巡攔、館夫、防夫、斗級、禁子、弓兵、鋪兵各項，共三百五十七名，共銀一千五百三十八兩。
驛傳	額編北京會同館、恒山、永定上馬四匹，中馬一匹，下馬一匹。南京、江、淮衛馬船水夫一十五名，本省南浦、武陽、鄔子、潯陽站船水夫共一百三十四名，南浦、九江遞運所紅船水夫共八十九名，共銀二千一百九十三兩五錢七分。
機兵	額兵五百名，每名銀七兩二錢，共銀三千六百兩。內選精兵七十六名，徵解部銀三十八名，徵募兵銀八名，餘兵三百七十八名，每名止給銀五兩二錢，外徵軍餉銀二兩，共銀七百五十六兩。

奉新縣	
銀差	各王府校尉、齋夫、膳夫、牌枋、歲貢盤纏、富户、柴薪、馬丁、書手、工食等銀,共九百二十三兩八錢六分六厘六毫。
力差	各衙門門子、皂隸、聽差、解户、庫子、斗級、防夫、弓兵、鋪兵各項,共二百二十九名,共銀一千零七十四兩八錢。
驛傳	額編北京會同館、固節、西樂、翟城上馬五匹,中馬一匹,下馬二匹。南京、江、淮衛馬船水夫五十七名,本省樵舍、彭蠡、潯陽站船水夫共八十六名,南浦、九江遞運所紅船水夫七十四名,内五十九名撥彭澤縣作長夫,共銀一千九百四十四兩五錢。
機兵	額兵五百名,每名銀七兩二錢,共銀三千六百兩。内選精兵一百名,徵解部銀五十名,徵募兵銀一十名,餘兵三百四十名,每名止給銀五兩二錢,外徵軍餉銀二兩,共銀六百八十兩。

靖安縣	
銀差	齋夫、膳夫、歲貢盤纏、馬丁、擡册夫、牌枋等銀,共三百八十七兩六錢二分六厘六毫。
力差	各衙門門子、皂隸、禁子、庫子、斗級、隸兵、渡夫、鋪兵各項,八十二名,共銀二百八十三兩六錢。
驛傳	額編固節、涿鹿、西樂上馬共二匹,下馬一匹。南京、江、淮衛馬船水夫二十三名,本省樵舍、彭蠡、潯陽站船水夫共十一名,九江遞運所紅船水夫三十六名,共銀六百二十一兩五錢九分。
機兵	額兵二百三十名,每名銀七兩二錢,共銀一千六百五十六兩。內選精兵四十六名,徵募兵銀五名,餘兵一百七十九名,每名止給銀五兩二錢,外徵軍餉銀二兩,共銀三百五十八兩。

武寧縣	
銀差	柴薪、馬丁、齋夫、膳夫、牌枋、歲貢、水手、書手、工食、擡册夫等銀,共六百一十六兩七錢。
力差	各衙門門子、皁隸、聽差、解户、庫子、巡攔、弓兵、禁子、斗級、渡夫、鋪兵各項,一百八十一名,共銀五百四十四兩九錢。
驛傳	額編北京會同館、翟城驛上馬二匹,中馬一匹。南京、江、淮衛馬船水夫二十八名,本省南浦、彭蠡站船水夫共三十九名,南浦遞運所紅船水夫七十三名,共銀一千一百九十五兩一錢八分。
機兵	額兵二百四十名,每名銀七兩二錢,共銀一千七百二十八兩。内選精兵四十八名,徵募兵銀五名,餘兵一百八十七名,每名止給銀五兩二錢,外徵軍餉銀二兩,共銀三百七十四兩。

寧州	
銀差	各王府校尉、柴薪、馬丁、齋夫、膳夫、歲貢、水手、書手、工食、攅册夫、富戶、牌枋等銀，共八百三十五兩七錢九厘九毫。
力差	各衙門門子、皂隸、聽差、解戶、庫子、巡攔、禁子、弓兵、鋪兵、巡哨、水手、斗級、渡夫各項，共二百四十六名，共銀九百九十五兩六錢。
驛傳	額編涿鹿、鎮寧、恒山上馬三匹，中馬一匹，下馬一匹。南京、江、淮衛馬船水夫三十五名，本省潯陽站船水夫一十四名，南浦、九江遞運所紅船水夫共一百二十五名，共銀一千五百一十三兩三錢三分。
機兵	額兵四百四十名，每名銀七兩二錢，共銀三千一百六十八兩。內選精兵八十八名，徵解部銀四十四名，徵募兵銀九名，餘兵二百九十九名，每名止給銀五兩二錢，外徵軍餉銀二兩，共銀五百九十八兩。

高安縣

銀差	柴薪、馬丁、聽差、解戶、書手、工食、歲貢、水手、齋郎、校尉、廚役、齋夫、膳夫、富戶、擡冊夫等銀,共三千三百九十七兩七錢三分一毫。
力差	各衙門門子、皂隸、庫子、禁子、斗級、巡攔、弓兵、渡夫、鋪兵、橋夫各項,共三百三十五名,共銀一千三百六十七兩七錢。
驛傳	額編恒山、鄭城、歸義、宣化上馬九匹,中馬一匹,下馬三匹。南京、江、淮衛馬船水夫一百三十四名,本省潯陽站船水夫七名,九江遞運所座船水夫一百名,共銀二千七百七十七兩四錢一分。
機兵	額兵九百三十六名,每名銀七兩二錢,共銀六千七百三十九兩二錢。內選精兵一百六十名,徵解部銀八十名,徵募兵銀一十六名,餘兵六百八十名,每名止給銀五兩二錢,外徵軍餉銀二兩,共銀一千三百六十兩。

上高縣	
銀差	柴薪、馬丁、聽差、解戶、書手、工食、禁子、庫子、歲貢盤纏、牌坊、齋郎、校尉、攢冊夫、屠戶、富戶、齋夫、膳夫、廚役等銀,共一千七百三十七兩八錢八分七厘四毫七絲。
力差	各衙門門子、皂隸、庫子、斗級、巡攔、弓兵、鋪兵、橋夫、渡夫各項,共一百八十七名,共銀六百六十三兩八錢。
驛傳	額編鎮寧、阜城、樂城上馬六匹。南京、江、淮衛馬船水夫六十五名,本省彭蠡站船水夫六名,九江遞運所紅船水夫七十三名,內四名撥德安縣作長夫,共銀一千二百二十三兩六錢八分。
機兵	額兵四百二十八名,每名銀七兩二錢,共銀三千零八十一兩六錢。內選精兵八十六名,徵解部銀四十名,徵募兵銀九名,餘兵二百九十三名,每名止給工食銀五兩二錢,外徵軍餉銀二兩,共銀五百八十六兩。

新昌縣	
銀差	柴薪、馬丁、聽差、解户、書手、工食、庫子、禁子、歲貢、牌坊、校尉、擡册夫、屠户、齋夫、膳夫等銀，共一千五百九十兩九錢四分五厘二毫九絲。
力差	各衙門門子、皂隸、禁子、庫子、隸兵、斗級、巡攔、弓兵、鋪兵、渡夫各項，共一百五十八名，共銀六百零四兩二錢。
驛傳	額編阜城、樂城、白溝上馬三匹，下馬一匹。南京、江、淮衛馬船水夫六十五名，本省潯陽、彭蠡站船水夫共十五名，九江遞運所紅船水夫七十六名，内二名撥湖口縣作長夫，共銀一千二百三十三兩九錢九分。
機兵	額兵四百名，每名銀七兩二錢，共銀二千八百八十兩。内選精兵六十名，徵募兵銀六名，餘兵三百三十四名，每名止給銀五兩二錢，外徵軍餉銀二兩，共銀六百六十八兩。

宜春縣

銀差	柴薪、馬丁、書手、工食、廩給、庫子、擡册夫、齋夫、膳夫、歲貢盤纏、富户、牌坊、解户、校尉等銀,共一千零四十兩二錢四分四毫七絲。
力差	各衙門門子、皂隸、庫子、禁子、斗級、防夫、館夫、巡攔、弓兵、鋪兵、渡夫各項,共二百六十三名,共銀一千八十三兩七錢。
驛傳	額編南京會同館、鎮寧、金台上馬五匹,中馬一匹。南京、江、淮衛馬船水夫一百十三名,本省秀江站船水夫四十七名,共銀一千二百八兩七錢四分。
機兵	額兵五百三十六名,每名銀七兩二錢,共銀三千八百五十九兩二錢。內選精兵一百六名,徵解部銀五十三名,徵募兵銀一(千)〔十〕一名[2],餘兵三百六十六名,每名止給銀五兩二錢,外徵軍餉銀二兩,共銀七百三十二兩。

分宜縣	
銀差	柴薪、馬丁、齋夫、膳夫、歲貢盤纏、庫子、攢册夫、富户、書手、工食、牌枋、聽差、解户、校尉等銀,共八百九十四兩七錢一分七厘。
力差	各衙門門子、皂隸、禁子、斗級、庫子、館夫、防夫、渡夫、橋夫、鋪兵各項,共一百五十七名,共銀五百七十二兩。
驛傳	額編北京會同館、徑山上馬五匹。南京、江、淮衛馬船水夫五十七名,本省安仁站船水夫二十八名,共銀七百三十九兩七錢六分。
機兵	額兵三百八十五名,每名銀七兩二錢,共銀二千七百七十二兩。内選精兵七十六名,徵解部銀四十名,徵募兵銀八名,餘兵二百六十一名,每名止給銀五兩二錢,外徵軍餉銀二兩,共銀五百二十二兩。

萍鄉縣	
銀差	柴薪、馬丁、庫子、歲貢盤纏、齋夫、膳夫、巡攔、牌枋、富戶、擡册夫等銀，共九百三十一兩一錢九分八厘三毫七絲。
力差	各衙門門子、皂隸、庫子、禁子、斗級、弓兵、鋪兵各項，共二百六十六名，共銀九百六十五兩一錢。
驛傳	額編北京會同館、徑山上馬八匹，中馬二匹。南京、江、淮衛馬船水夫一百一十七名，本省安仁站船水手二名，共銀一千三十七兩八錢四分。
機兵	額兵六百一十八名，每名銀七兩二錢，共銀四千四百四十九兩六錢。內選精兵一百二十四名，徵解部銀六十名，徵募兵銀一十二名，餘兵四百二十二名，每名止給銀五兩二錢，外徵軍餉銀二兩，共銀八百四十四兩。

萬載縣	
銀差	柴薪、馬丁、聽差、解户、庫子、齋夫、膳夫、富户、歲貢盤纏、書手、工食、攅冊夫、牌枋等銀,共一千四十八兩六錢八厘六毫。
力差	各衙門門子、皂隸、禁子、斗級、館夫、渡夫、鋪兵、弓兵各項,共一百五十七名,共銀五百八十五兩二錢。
驛傳	額編白溝中馬一匹,下馬一匹。南京、江、淮衛馬船水夫一百三名,本省秀江、安仁站船水夫共四十三名,共銀九百五十兩三錢九分。
機兵	額兵四百五十六名,每名銀七兩二錢,共銀三千二百八十三兩二錢。內選精兵八十二名,徵解部銀四十五名,徵募兵銀九名,餘兵三百二十名,每名止給銀五兩二錢,外徵軍餉銀二兩,共銀六百四十兩。

清江縣

銀差	柴薪、馬丁、聽差、解户、書手、工食、校尉、廚役、屠户、齋郎、齋夫、膳夫、歲貢盤纏、擡册夫、牌枋、富户等銀,共一千二百二兩四分一厘四毫九絲四忽七微四纖。
力差	各衙門門(丁)〔子〕、皂隸、斗級、禁子、弓兵、庫子、巡攔、鋪兵各項,共二百五十三名,共銀九百八十四兩八錢。新增渡夫一名,門〔子四名,共〕銀四兩五錢[3]。
驛傳	額編永定、西樂、鎮定、東光、東源、銅城舊縣、安德上馬十五匹,中馬一匹,下馬一匹。南京、江、淮衛馬船水夫五十名,本省蕭灘站船水夫五十名,清〔江〕[4]、南康遞運所座、紅船水夫共一百四十二名,共銀二千四百七十五兩二錢四分五厘。
機兵	額兵八百名,每名銀七兩二錢,共銀五千七百六十兩。内選精兵一百四十名,徵解部銀七十名,徵募兵銀一十四名,餘兵五百七十六名,每名止給銀五兩二錢,外徵軍餉銀二兩,共銀一千一百五十二兩。

新喻縣	
銀差	柴薪、馬丁、校尉、書手、工食、廚役、齋郎、牌枋、富户、歲貢盤纏、齋夫、膳夫、擡冊夫、鋪排等銀,共一千七十一兩八錢五分三厘二絲六忽八微六纖。
力差	各衙門門子、皂隸、聽差、解户、弓兵、庫子、斗級、禁子、〔防〕夫[5]、館夫、鋪兵、橋夫、渡夫各項,共二百五十九名,共銀一千二百四十四兩一錢。
驛傳	額編永定、徑山、東〔光〕[6]、池河、鎮寧、銅城、莊山上馬十五匹,中馬一匹,下馬二匹。南京、江、淮衛馬船水夫二十五名,本省〔羅〕溪站船水夫五十名[7],清江、南康遞運所座、紅船隻水夫共二百九十二名,共銀四千八十九兩四錢六分。
機兵	額兵八百名,每名銀七兩二錢,共銀五千七百六十兩。内選精兵一百六十名,徵解部銀七十名,徵募兵銀一十四名,餘兵五百四十四名,每名止給銀五兩二錢,外徵軍餉二兩,共銀一千八十八兩。

新淦縣	
銀差	柴薪、馬丁、校尉、書手、工食、歲貢盤纏、廚役、〔牌枋〕[8]、攢册夫、齋夫、膳夫、庫子、富户等銀,共一千二百一十一兩五錢三分七厘六毫二絲七忽八微四纖。
力差	各衙門門子、皂隷、禁子、庫子、斗級、防夫、隷兵、館夫、巡攔、弓兵、鋪兵、渡夫各項,〔共二〕百〔七〕十五名[9],共銀〔一千〕四〔百八〕兩[10]。
驛傳	額編恒〔山〕[11]、西樂、徑山、太平、魚丘、安德、東光、阜城、白溝上馬一十八匹,下馬二匹,中馬一匹。南京、江、淮衛馬船水夫六十名,本省蕭灘、金川站船水夫共七十五名,清江、南康遞運所座、紅船水夫四十四名,共銀二千三百九十八兩九錢五分。
機兵	額兵八百名,每名銀七兩二錢,共銀五千七百六十兩。内選精兵一百四十名,徵解部銀七十名,徵募兵銀一十四名,餘兵五百七十六名,每名止給銀五兩二錢,外徵軍餉銀二兩,共錢一千一百五十二兩。

峽江縣	
銀差	柴薪、馬丁、校尉、廚役、齋郎、膳夫、齋夫、禁子、庫子、牌枋、歲貢盤纏、擡册夫等銀,共一千六百七兩七錢六厘四毫四絲四忽五微六纖。
力差	各衙門門子、皂隸、庫子、隸兵、斗級、渡夫、鋪兵、館夫各項,一百三十七名,共銀四百六十兩五錢。
驛傳	額編阜城、東光、西樂、徑山、太平、魚丘、安德、白溝上馬十四匹,下馬一匹,中馬一匹。南京、江、淮衛馬船水夫四十名,本省蕭灘、玉峽站船水夫共七十名,清江、南康遞運所座、紅船水夫三十七名,共銀一千八百一十一兩九錢。
機兵	額兵六百名,每名銀七兩二錢,共銀四千三百二十兩。內選精兵一百名,徵解部銀五十名,徵募兵銀一十名,餘兵四百四十名,每名止給銀五兩二錢,外徵軍餉銀二兩,共銀八百八十兩。

廬陵縣

銀差	柴薪、馬丁、聽差、解户、書手、工食、校尉、牌枋、齋夫、膳夫、歲貢盤纏、擡册夫等銀,共二千六百一十二兩六錢七分二厘四毫四絲六忽六微七纖。
力差	各衙門門子、皂隸、庫子、斗級、防夫、禁子、館夫、鋪兵、弓兵、巡攔、渡夫各項,四百二十一名[12],共銀一千二百五十兩七錢[13]。
驛傳	額編永定上馬五匹,中馬一匹。南京、江、淮衛馬船水夫一百名,本省螺川水夫五十名,螺川遞運所紅船水夫一百八十七名,共銀二千七百四十七兩〔二〕錢[14]。
機兵	額兵七百名,每名銀七兩二錢,共銀五千零四十兩。内(運)〔選〕精兵一百四十名,徵解部銀七十名,徵募兵銀十四名,餘兵四百七十六名,每名止給銀五兩二錢,外徵軍餉銀二兩,共銀九百五十二兩。

吉水縣	
銀差	柴薪、馬丁、齋夫、膳夫、聽差、解户、牌枋、歲貢盤纏、書手、工食、擡册夫、校尉、廚役富户、齋郎等項,共二千二百二十三兩九錢七分五厘三毫二絲[15]。
力差	各衙門門子、皂隸、斗級、庫子、禁子、〔渡〕夫[16]、弓兵、館夫、鋪兵各項一百二十五名,連加編支應斗級,及均來萬安縣支應巡攔銀,共一千二百七十五兩。
驛傳	額編鄗城、大柳上馬十二匹,中馬二匹。南京、江、淮衛馬船水夫五十一名,本省白沙站船水夫〔五〕十名,螺川遞運所紅船水夫八十〔五〕名[17],共銀一千九百〔九〕十六兩二錢五〔分〕[18]。
機兵	額兵六百名,每名銀六兩二錢,共銀三千七百二十兩。内選精兵一百二十名,徵解部銀三十名,徵募兵銀一十二名,餘兵四百三十名,每名止給銀四兩二錢,外徵軍餉銀二兩,共銀八百七十六兩。

永豐縣	
銀差	柴薪、馬丁、聽差、解户、書手、工食、牌枋、齋夫、膳夫、歲貢盤纏、擡册夫、富户、斗級、校尉等項,共一千一百三十九兩三錢三分六厘八毫一絲五忽九微四纖。
力差	各衙門門子、皂隸、庫子、禁子、隸兵、斗級、巡攔、弓兵、鋪兵各項,共一百九十二名,共銀〔七〕百三十七兩八錢[19]。
驛傳	額編關〔城上〕馬七匹,下馬〔一匹〕。南〕京、江、淮、濟川〔馬〕船水夫共三十四名[20],本省螺川遞運所紅船水夫九十二名四分,共銀一千二百二十六兩八錢二分。
機兵	額兵五百六十名,每名銀七兩二錢,共銀四千三十二兩。内選精兵一百零六名,徵解部銀五十六名,徵募兵銀(二)〔一〕十一名[21],餘兵三百八十七名,每名止給銀五兩二錢,外徵軍餉銀二兩,共銀七百七十四兩。

	泰和縣
銀差	柴薪、馬丁、書手、工食、齋夫、膳夫、校尉、牌枋、富户、歲貢盤纏、擡册夫等項，並均來萬安歲貢水手，共銀七百二十八兩四錢五分五厘九毫一絲一忽。
力差	各衙門門子、皂隸、聽差、解户、庫子、館夫、斗級、禁子、巡攔、鋪兵、弓兵、防夫、渡夫各項，二百二十四名，〔共銀九百二十七兩六錢〕[22]。並均來萬安縣皂口驛支應庫子四名，共銀一千五百七十五兩六錢。
驛傳	額編關城上馬一匹，中馬三匹，下馬二匹。南京、江、淮衛馬船水夫二十七名，本省白下站船水夫七十名，五雲、螺川遞運所紅船水夫七十二名，共銀一千二百九十九兩。五雲驛水夫五名，並均來永新縣厚編、螺川遞運所水夫銀一兩八錢四分，共銀一千六百七十八兩一錢[23]。
機兵	額兵四百四十三名，每名銀七兩二錢，共銀三千一百八十九兩六錢。內選精兵八十八名[24]，徵解部〔銀〕四十四名[25]，徵募兵九名[26]，餘兵三百零二名[27]，每名止給銀五兩二錢，外徵軍餉銀二兩，共銀六百零四兩[28]。

萬安縣	
銀差	支應、庫子共銀五百七十六兩。
力差	各衙門門子、皂隸、庫子、斗級、館夫、防夫、禁子、弓兵、渡夫、鋪兵各項，二百三十八名，〔共〕銀七百零五兩〔八〕錢八分〔九〕厘二毫四絲七忽六微[29]。
驛傳	額編保定、〔翟〕城上馬一匹，〔下馬〕一匹[30]。南京、江、淮衛馬船水夫一名，本省五雲、皂口站船水夫共九十八名，二分九厘七毫七絲五忽，共銀一千零四十〔四〕兩七錢六分六厘[31]。
機兵	額兵三百名，每名銀七兩二錢，共銀二千一百六十兩。內選精兵六十名，徵解部銀四名，徵募兵銀六名，餘兵二百三十名，每名止給銀五兩二錢，外徵軍餉銀二兩，共銀四百六十兩。

龍泉縣	
銀差	齋夫、膳夫、柴薪、歲貢、水手、富户、攢册夫、牌枋、校尉等項,共銀四百五十六兩六錢五分二厘一毫四絲五忽。
力差	各衙門門子、皂隸、斗級、庫子、禁子、橋夫、鋪兵、弓兵、渡夫、隸兵、巡攔各項,一百六十八名,共銀五百八十五兩二錢。
驛傳	額編本省五雲驛站船水夫一名半,五雲遞運所紅船水夫一百一十七名,五分八厘四毫七絲二忽,共銀九百六十一兩二錢五分七厘。
機兵	額兵三百名,每名銀七兩二錢,共銀二千一百六十兩。内選精兵六十名,徵解部銀四名,徵募兵銀六名,餘兵二百三十名,每名止給銀五兩二錢,外徵軍餉銀二兩,共銀四百六十兩。

安福縣	
銀差	柴薪、馬丁、齋夫、膳夫、富戶、牌枋、聽差、解戶、歲貢盤纏、書手、工食、擡冊夫、禁子、校尉、齋郎等項,共銀一千二百二十七兩五錢八分六厘三毫五絲六忽[32]。
力差	各衙門門子、皂隸、庫子、隸兵、渡夫、橋夫、鋪兵、斗級、巡攔、弓兵、圩夫各項一百九十〔七〕名[33],共銀七百零九兩二錢[34]。
驛傳	額編南京、江、淮衛馬船水夫七十三名。金臺〔驛〕中馬一匹,螺川〔驛〕水夫五十名,遞運所水夫九十名,共銀一千六百二十一兩五錢,加派銀三百九十兩四錢二分[35]。
機兵	額兵四百零一名,每名銀三兩六錢,共銀一千四百四十三兩六錢[36]。內選精兵八十名,外減退老弱八十名,增貼精兵,每名七兩二錢,餘兵二百四十名,每名止給銀三兩,共銀一百四十四兩六錢,其解部募兵軍餉銀兩,因兵數工食俱少,無編[37]。

永新縣	
銀差	柴薪、馬丁、聽差、解户、齋夫、膳夫、歲貢、水手、擡册夫、書手、工食、校尉、齋郎、鋪排、牌枋、富户等項,共銀一千二百零五兩二錢六厘一毫九絲七忽四微。
力差	各衙門門子、皂隸、禁子、斗級、庫子、鋪兵、巡攔、弓兵各項,二百一十二名,共銀六百八十五兩。
驛傳	額編關城下馬一匹。南京、江、淮、濟川馬船水夫共五十二名,五雲、螺川遞運所紅船水夫共一百七十八名,共銀一千七百二十九兩二錢四分九厘。
機兵	額兵二百五十四名,每名銀七兩二錢,共銀一千八百二十八兩八錢。内選精兵五十五名,徵募兵銀八名,餘兵一百九十一名[38],每名止給銀五兩二錢,外徵軍餉銀二兩,共銀三百八十二兩[39]。

永寧縣	
銀差	膳夫、牌枋、歲貢、水夫、擡册夫等項,共銀六十二兩一錢二分二厘九毫三絲三忽三微。
力差	各衙門門子、皂隸、禁子、斗級、庫子、鋪兵、弓兵各項,八十九名,共銀二百九十兩六錢九分一厘六毫五絲三忽二微一纖。
驛傳	額〔編鄜〕城[40]、金臺下馬一匹,中馬一匹。本省螺川、五雲遞運所紅船水夫二十六名,共銀三百一十七兩五錢二分五厘。
機兵	額兵一百三十一名,每名銀七兩二錢,共銀九百四十三兩二錢。內選精兵二十七名,徵募兵銀三名,餘兵一百一名,每名止給銀五兩二錢,外徵軍餉銀二兩,共銀二百零二兩。

臨川縣

銀差	柴薪、馬丁、歲貢盤纏、富户、齋夫、膳夫、民校、廚役、書手、工食、擡册夫、牌枋等項,共銀二千兩八錢五分一厘[41]。
力差	各衙門門子、皂隷、聽差、解户、禁子、庫子、斗級、防夫、巡攔、館夫、鋪兵、渡夫、鐘夫各項三百八十四名〔半〕[42],共銀一千六百九十兩二〔錢〕[43]。
驛傳	額編北京會同館、白溝、宣化、邾城、藤陽、界河、夾溝、睢陽上馬十八匹,中馬二匹,下馬三匹。南京、江、淮衛馬船水夫八十八名,本省孔〔家〕渡站船水夫二十七名[44],臨川遞運所紅船水夫二十六名,共銀一千八百三十五兩四錢五分。
機兵	額兵六百名,每名銀七兩二錢,共銀四千三百二十兩。内選精兵一百二十名,徵解部銀六十名,徵募兵銀一十二名,餘兵四百零八名,每名止給銀五兩二錢,外徵軍餉銀二兩,共銀八百一十六兩。

金谿縣	
銀差	夫牌、馬丁、校尉、富戶、擡册夫[45]、水手、齋夫、膳夫、牌枋、擡册夫等項,共銀六百八十六兩二錢四分八厘二毫五絲。
力差	各衙門門子、皂隷、禁子、庫子、斗級、館夫、渡夫、隷兵、鋪兵各項,一百六十二名,共銀〔六〕百六十九兩八錢[46]。
驛傳	額編北京會同館、白溝、阜城、桃山、夾溝、睢陽上馬十匹,中馬四匹。南京、江、淮衛馬船水夫五十四名,本省石門站船水夫四名,臨川遞運所紅船水夫〔四〕名[47],共銀九百二十五兩八錢四分。
機兵	額兵四百名,每名銀七兩二錢,共銀二千八百八十兩。內選精兵七十六名,徵解部銀三十八名,徵募兵銀八名,餘兵二百七十八名,(徵募兵銀八)〔每名止給銀〕五兩二錢[48],外徵軍餉銀二兩,共銀五百五十六兩。

崇仁縣	
銀差	柴薪、馬丁、齋郎、校尉、富户、庫子、廚役、鋪排、聽差、解户、歲貢盤纏、齋夫、膳夫、攢册夫、牌枋等項,共銀一千七百二十八兩三錢三分四厘四毫二絲。
力差	各衙門門子、皂隸、禁子、庫子、斗級、隸兵、巡攔、鋪兵、渡夫各項,一百一十一名,共銀五百二十一兩二錢[49]。
驛傳	額編北京會同館、宣化、固節、黃河東岸、利國上馬十一匹,中馬二匹,下馬一匹。南京、濟川、江、淮二衛馬船水夫共七十名,本省清遠站船水夫三十四名,臨川、九江遞運所紅船水夫共五十九名,共銀一千七百零三兩三錢三分三厘。
機兵	額兵四百名,每名銀七兩二錢,共銀二千八百八十兩。内選精兵七十二名,徵解部銀三十六名,徵募兵銀七名,餘兵二百八十五名,每名止給銀五兩二錢,外徵軍餉銀二兩,共銀五百七十兩。

宜黃縣	
銀差	柴(夫牌)〔薪、馬〕丁、校尉、廚〔役〕、(攞册)〔富户〕[50]、歲貢、水手、牌枋、齋夫、膳夫、攞册夫等項,共銀六百六十七兩二錢八厘三毫五絲。
力差	各衙門門子、皂隸、禁子、庫子、斗級、隸兵、巡攔、弓兵、鋪兵、渡夫各項,一百二十二名,共銀四百四十八兩四錢。
驛傳	額編北京會同館、徑山、金臺、〔翟〕城、藤〔陽〕、昌平、東〔源〕、黃河〔東〕岸上馬七匹[51],中馬一匹,下馬二匹。南京、江、淮、濟川馬船水夫共六十八名,本省孔家渡站船水夫一十三名,臨川遞運所紅船水夫十七名,金谿石門驛四名,共銀一千八十五兩五錢[52]。
機兵	額兵四百名,每名銀七兩二錢,共銀二千八百八十兩。內選精兵七十二名,徵解部銀三十六名,徵募兵銀七名,餘兵二百八十五名,每名止給銀五兩二錢,外徵軍餉銀二兩,共銀五百七十兩。

樂安縣	
銀差	柴薪、馬丁、校尉、牌枋、廚役、富户、聽差、解户、歲貢、水手、齋夫、膳夫、攤册夫等項,共銀七百六十八兩二錢一分四厘四毫[53]。
力差	各衙門門子、皂隸、防夫、禁子、斗級、庫子、弓兵、鋪兵、巡攔各項,二百一十四名,共銀七百九十五兩六錢[54]。
驛傳	額編北京會同館、白溝、金臺、銅城、大店上馬五匹,中馬一匹,下馬三匹。南京、江、淮、濟川馬船水夫共八十四名,本省石門站船水夫一十一名,臨川遞運所紅船水夫七名,共銀九百八十七兩四錢九分。
機兵	額兵四百五十名,每名銀七兩二錢,共銀三千二百四十兩。内選精兵九十名,徵解部銀四十五名,徵募兵銀九名,餘兵三百零六名,每名止給銀五兩二錢,外徵軍餉銀二兩,共銀六百一十一兩[55]。

東鄉縣	
銀差	齋夫、膳夫、校尉、廚役、馬丁、牌枋、擡册夫、歲貢、水手等項，共銀四百八十五兩四錢七分三厘一毫[56]。
力差	各衙門門子、皂隸、庫子、禁子、斗級、弓兵、鋪兵各項，一百九十一名，共銀六百九十三兩五錢[57]。
驛傳	額編北京會同館、宣化、金臺、界河、夾溝上馬五匹，中馬一匹。南京、江、淮、衛馬船水夫四十八名，本省潯陽站船水夫四名，本縣走遞夫五十二名，共銀九百零一兩四錢。
機兵	額兵四百名，每名銀七兩二錢，共銀二千八百八十兩。內選精兵八十名，徵解部銀四十名，徵募兵銀八名，餘兵二百七十二名，每名止給銀五兩二錢，外徵軍餉銀二兩，共銀五百四十四兩。

南城縣	
銀差	柴薪、馬丁、齋郎、校尉、富户、屠户、廚役、壇庫、典膳、齋夫、膳夫、歲貢、水手、禁子、擡册夫、牌枋等項,共銀一千九百三十七兩一錢九分三厘九絲四忽。
力差	各衙門門子、皂隸、聽差、解户、庫子、巡攔、斗級、隸兵、館夫、弓兵、鋪兵各項,三百四名,共銀一千一百七十二兩三錢。
驛傳	額編涿鹿、固鎮、玉莊、宣化上馬九匹。南京、江、淮衛馬船水夫一百五名,本省盱江站船水夫一十四名,盱江遞運所紅船水夫一十四名,内一十一名撥德安縣作長夫,共銀一千一百三十六兩二錢四分。
機兵	額兵六百名,每名銀七兩二錢,共銀四千三百二十兩。内選精兵一百二十名,徵解部銀六十名,徵募兵銀一十二名,餘兵四百八名,每名止給銀五兩二錢,外徵軍餉銀二兩,共銀八百一十六兩。

南豐縣	
銀差	柴薪、馬丁、歲貢、水手、齋郎、富户、廚役、禁子、齋夫、膳夫、擡册夫、牌枋等項,共銀一千五百五十七兩九錢八分四厘七毫一絲三忽。
力差	斗級、庫子各項,共九名,共銀六十四兩。
驛傳	額編瀛海、濠梁、紅心上馬六匹。南京、江、淮衛馬船水夫七十二名,本省旴江站船水夫六名,旴江遞運所紅船水夫二十四名,共銀一千一百一十一兩八錢四分。
機兵	額兵四百五十名,每名銀七兩二錢,共銀三千二百四十兩。内選精兵九十名,徵解部銀四十五名,徵募兵銀九名,餘兵三百六名,每名止給銀五兩二錢,共銀六百一十二兩。

新城縣	
銀差	柴薪、馬丁、校尉、廚役、富户、屠户、齋郎、禁子、齋夫、膳夫、歲貢盤纏、牌枋、攢册夫等項,共銀八百七十一兩二錢二分九厘一毫九忽。
力差	各衙門門子、皂隸、聽差、解户、庫子、斗級、弓兵、巡攔、鋪兵、渡夫各項,一百五十八名,共銀六百一十九兩四錢。
驛傳	額編紅心、固鎮、歸義、宣化上馬三匹,中馬一匹。南京、江、淮衛馬船水夫五十一名,本省旴江站船水夫二十名,旴江遞運所紅船水夫一十六名,共銀七百一十九兩五錢六分。
機兵	額兵四百五十名,每名銀七兩二錢,共銀三千二百四十兩。内選精兵九十名,徵解部銀四十五名,徵募兵銀九名,餘兵三百六名,每名止給銀五兩二錢,外徵軍餉銀二兩,共銀六百一十二兩。

廣昌縣	
銀差	柴薪、馬丁、歲貢、水手、齋夫、膳夫、禁子、牌枋、擡册夫等項,共銀三百八十八兩四錢五分九厘六毫一絲六忽。
力差	各衙門門子、皂隸、斗級、渡夫、庫子、鋪兵、隸兵、弓兵各項,一百六十九名,共銀五百九十八兩五錢。
驛傳	額編樂城、紅心上馬二匹。南京、江、淮衛馬船水夫二十二名,旴江遞運所紅船水夫四十六名,内九名撥德安縣作長夫,共銀六百五十三兩三錢六分。
機兵	額兵二百七十名,每名銀七兩二錢,共銀一千九百四十四兩。内選精兵五十四名,徵募兵銀六名,餘兵二百一十名,每名止給銀五兩二錢,外徵軍餉銀二兩,共銀四百二十兩。

上饒縣

銀差	柴薪、馬丁、歲貢、盤纏、齋夫、膳夫、撁册夫、庫子、富户、校尉、牌枋等項,共銀一千二百九十八兩七錢七分七厘七一絲一忽。
力差	各衙門門子、皂隸、防夫、庫子、斗級、巡攔、弓兵、禁子、館夫、橋夫、渡夫、鋪兵各項,三百一十三名,共銀一千一百三十八兩一錢。
驛傳	額編金臺、東源、新橋上馬五匹。南京、江、淮衛馬船水夫四十五名,本省葛陽站船水夫四十六名,上馬二匹,中馬二匹,下馬一匹,驢二頭,廣信遞運所紅船水夫四十九名,共銀一千三百二十一兩二分。
機兵	額兵四百名,每名銀七兩二錢,共銀二千八百八十兩。内選精兵八十名,徵解部銀四名,徵募兵銀八名,餘兵三百零八名,每名止給銀五兩二錢,外徵軍餉銀二兩,共銀六百一十六兩。

	玉山縣
銀差	柴薪、馬丁、歲貢盤纏、齋夫、膳夫、富戶、庫子、校尉、牌枋等項,共銀一千六十三兩七錢七分七厘七毫一絲一忽。
力差	各衙門門子、皂隸、禁子、庫子、弓兵、斗級、巡攔、館夫、防夫、鋪兵、渡夫各項,一百六十九名,共銀六百六兩二錢。
驛傳	額編金臺、昌平上馬三匹。南京、江、淮衛馬船水夫五十名,本省懷玉、葛陽站船水夫二十二名,上馬二匹,中馬二匹,下馬一匹,驢共七頭,廣信遞運所紅船水夫四十二名,共銀一千八十九兩四分。
機兵	額兵三百二十名,每名銀七兩二錢,共銀三千三百六十一兩六錢。內選精兵六十六名,徵解部銀四名,徵募兵銀七名,餘兵二百五十一名,每名止給銀五兩二錢,外徵軍餉銀二兩,共銀五百零二兩。

永豐縣	
銀差	柴薪、馬丁、歲貢、盤纏、齋夫、膳夫、富户、校尉、牌枋、攢册夫等項,共銀七百七十八兩七錢七分七厘七毫一絲一忽。
力差	各衙門門子、皂隸、庫子、斗級、禁子、防夫、巡攔、弓兵、鋪兵、渡夫各項,一百五十八名,共銀五百四十四兩三錢。
驛傳	額編金臺、昌平、新橋上馬三匹。南京、江、淮衛馬船水夫四十四名,本省懷玉、鵝湖、車盤站船水夫十六名,上馬一匹,中馬三匹,下馬二匹,廣信遞運所紅船水夫二十八名,共銀八百一十一兩七錢二分。
機兵	額兵三百二十四名,每名銀七兩二錢,共銀二千三百三十二兩八錢。內選精兵四十八名,徵募兵銀五名,餘兵二百七十一名,又除一百六十二名扣銀給平洋坑兵月糧,餘一百九名,每名止給銀五兩二錢,外徵軍餉銀二兩,共銀二百一十八兩。

	鉛山縣
銀差	柴薪、馬丁、富户、歲貢盤纏、齋夫、膳夫、庫子、校尉、牌枋、攢册夫等項，共銀一千〔一〕百二十五兩七錢七分七厘七毫一絲一忽[58]。
力差	各衙門門子、皂隸、庫子、弓兵、禁子、斗級、館夫、巡攔、防夫、渡夫、鋪兵各項，一百九十四名，共銀七百一兩八錢。
驛傳	額編新橋、白溝上馬三匹，中馬一匹。南京、江、淮衛馬船水夫五十一名，本省車盤、鵝湖、懷玉中馬共四匹，上馬一匹，驢共七頭，站船水夫九名，廣信遞運所紅船水夫三十六名，共銀九百七十六兩四錢三分八厘八毫。
機兵	額兵二百八十〔五〕名[59]，每名銀七兩二錢，共銀二千五十二兩。内選精兵六十名，徵募兵銀六名，餘兵二百一十九名，每名止給銀五兩二錢，外徵軍餉銀二兩，共銀四百三十八兩。

弋陽縣	
銀差	柴薪、馬丁、歲貢盤纏、齋夫、膳夫、富户、校尉、牌枋、擡册夫、庫子等項，共銀一千三十四兩七錢七分七厘七毫一絲一忽。
力差	各衙門門子、皂隸、庫子、禁子、弓兵、斗級、巡攔、館夫、鋪兵、渡夫各項，一百七十八名，共銀六百五十三兩五錢。
驛傳	額編藤陽、臨城、槐水上馬共三匹，中馬一匹。南京、江、淮衛馬船水夫五十一名，本省葛溪、鵝湖二驛上馬二匹，中馬一匹，下馬三匹，驢四頭，葛溪驛站船水夫三十三名，蔗溪、廣信遞運所紅船水夫共四十五名，共銀一千一百一十八兩二錢六分[60]。
機兵	額兵四百零四名，每名銀七兩二錢，共銀二千九百八兩八錢。内選精兵八十名，徵解部銀四十名，徵募兵銀八名，餘兵二百七十六名，每名止給銀五兩二錢，外徵軍餉銀二兩，共銀五百五十二兩。

貴溪縣	
銀差	柴薪、馬丁、歲貢盤纏、齋夫、膳夫、富户、校尉、廚役、牌枋、擡册夫、庫子等項,共銀一千一百六兩七錢七分七厘七毫一絲一忽。
力差	各衙門門子、皂隸、庫子、禁子、防夫、弓兵、斗級、巡攔、館夫、鋪兵、渡夫各項,三百一十四名,共銀一千一百五十一兩三錢。
驛傳	額編北京會同館、昌平、郱城上馬三匹。南京、江、淮衛馬船水夫一十五名,本省葛陽、車盤、懷玉、葛溪四驛上馬六匹,中馬一匹,下馬二匹,驢二頭,懷玉、葛溪、鄱溪三驛站船水夫七十四名,鄱溪遞運所紅船水夫四十名,共銀一千三百四十一兩六錢八分。
機兵	額兵四百三十〔九〕名[61],每名銀七兩二錢,共銀三千一百六十兩八錢。内選精兵九十名,徵解部銀四十五名,徵募兵銀九名,餘兵二百九十五名,每名止給銀五兩二錢,外徵軍餉銀二兩,共銀五百九十兩。

鄱陽縣

銀差	柴薪、馬丁、齋郎、校尉、廚役、舍人、書手、工食、庫子、齋夫、膳夫、歲貢盤纏、牌枋、攢册夫等項,共銀三千三百二十二兩二錢六分六厘六毫。
力差	各衙門門子、皂隷、斗級、庫子、館夫、防夫、禁子、弓兵、鋪兵、渡夫各項,四百四十八名,共銀一千六百六兩六錢。
驛傳	額編北京會同館、白溝、鄭城、汾水、歸義、涿鹿上馬十四匹,中馬二匹,下馬二匹。南京、江、淮衛馬船水夫五十七名,本省龍城、芝山、彭蠡站船水夫共五十二名,鄱陽、九江遞運所紅船水夫共二百二十九名,内一百三十六名撥德化縣作長夫,共銀三千三百五十四兩三錢。
機兵	額兵六百名,每名銀七兩二錢,共銀四千三百二十兩。内選精兵一百二十名,徵解部銀六十名,徵募兵銀十二名,餘兵四百八名,每名止給銀五兩二錢,外徵軍餉銀二兩,共銀八百一十六兩。

餘干縣	
銀差	柴薪、馬丁、庫子、齋郎、廚役、禁子、齋夫、膳夫、歲貢盤纏、富户、牌枋、擡册夫等項,共銀一千八十四兩四錢六分六厘六毫。
力差	各衙門門子、皂隸、防夫、庫子、隸兵、斗級、館夫、弓兵、鋪兵、渡夫各項,二百七十八名,共銀九百二十七兩三錢。
驛傳	額編北京會同館、涿鹿、鄚城上馬七匹,中馬二匹,下馬一匹。南京、江、淮衛馬船水夫三十八名,本省龍城、彭蠡、芝山、紫雲、龍津站船水夫共五十八名,薌溪、鄱陽、九江遞運所紅船水夫共一百二十六名,共銀二千一百三十四兩三錢七分二厘七毫。
機兵	額兵五百三十名,每名銀七兩二錢,共銀三千八百一十六兩。內選精兵一百六名,徵解部銀五十二名[62],徵募兵銀一十名,餘兵三百六十四名,每名止給銀五兩二錢,外徵軍餉銀二兩,共銀七百二十八兩。

樂平縣	
銀差	柴薪、馬丁、校尉、庫子、鋪排、屠户、廚役、牌枋、歲貢盤纏、齋夫、膳夫、擡册夫、富户等項,共銀二千一百六十五兩九錢六分六厘六毫。
力差	各衙門門子、皂隸、防夫、禁子、庫子、斗級、巡攔、弓兵、鋪兵、渡夫各項,二百三十一名,共銀八百五十四兩。
驛傳	額編北京會同館、涿鹿、瀛海上馬十一匹,中馬一匹,下馬一匹。南京、江、淮衛馬船水夫五十五名,本省芝山、彭蠡、龍城、龍津、紫雲水馬站船水夫共七十一名,鄱陽、廣信、菴溪、九江遞運所紅船水夫共一百三十一名,共銀二千四百九十七兩六錢〔六〕分九厘三毫[63]。
機兵	額兵五百名,每名銀七兩二錢,共銀三千六百兩。内選精兵一百名,徵解部銀五十名,徵募〔兵〕銀一十名[64],餘兵三百四十名,每名止給銀五兩二錢,外徵軍餉銀二兩,共銀六百八十兩。

浮梁縣	
銀差	柴薪、馬丁、齋郎、鋪排、屠户、校尉、廚役、齋夫、膳夫、歲貢盤纏、巡攔、牌枋、富户、擡册夫等項，共銀一千一百五十五兩三錢六分六厘六毫。
力差	各衙門門子、皂隸、弓兵、庫子、斗級、渡夫、鋪兵一百八十四名，共銀五百五十六兩四錢。
驛傳	額編北京會同館、歸義、鄭城上馬共三匹，中馬一匹，下馬二匹。南京、江、淮衛馬船水夫四十六名，本省龍城、芝山、龍津、紫雲水馬站船水夫共三十七名，鄱陽、九江遞運所紅船水夫共七十六名，共銀一千四百一十一兩三錢二分。
機兵	額兵三百五十名，每名銀七兩二錢，共銀二千五百二十兩。内選精兵五十名，徵解部銀三十五名，徵募兵銀七名，餘兵二百三十八名，每名止給銀五兩二錢，外徵軍餉銀二兩，共銀四百七十六兩。

	德興縣
銀差	柴薪、馬丁、庫子、校尉、歲貢盤纏、牌枋、齋夫、膳夫、擡册夫等項,共銀六百三十七兩四錢六分六厘六毫。
力差	各衙門門子、皂隸、弓兵、禁子、斗級、庫子、防夫、渡夫、鋪兵各項,一百五十九名,共銀五百三十七兩二錢。
驛傳	額編北京會同館、汾水上馬共五匹,中馬一匹。南京、江、淮衛馬船水夫四十六名,本省龍津、芝山站船水夫共三十名,鄱陽、九江遞運所紅船水夫共六十一名,共銀一千二百三十六兩七錢六分。
機兵	額兵三百名,每名銀七兩二錢,共銀二千一百六十兩。內選精兵六十名,徵募兵銀六(十)〔名〕[65],餘兵二百二十四名,每名止給銀五兩二錢,外徵軍餉銀二兩,共銀四百六十八兩。

安仁縣	
銀差	齋夫、膳夫、歲貢盤纏、柴薪、校尉、庫子、巡攔、聽差、解户、牌枋、擡册夫、富户等項共銀四百一十三兩八錢六分六厘六毫。
力差	各衙門(子門)〔門子〕、皂隸、禁子、庫子、館夫、斗級、鋪兵、渡夫各項,一百二十四名,共銀四百五十一兩八錢。
驛傳	額編北京會同館、樂城上馬共三匹,中馬一匹,下馬一匹。南京、江、淮衛馬船水夫二十六名,本省芝山、紫雲水馬站船水夫一十六名,中馬二十二匹,鄱陽、九江遞運所紅船水夫一十四名,共銀九百五十一兩五錢七分。
機兵	額兵三百五十七名,每名銀七兩二錢,共銀二千五百七十兩四錢。内選精兵七十(兩)〔名〕[66],徵解部銀三十名,徵募兵銀七名,餘兵二百五十名,每名止給銀五兩二錢,外徵軍餉銀一兩,共銀五百兩。

	萬年縣
銀差	柴薪、馬丁、庫子、校尉、廚役、齋夫、膳夫、齋郎、歲貢盤纏、富户、牌枋、擡册夫等項,共銀七百六十兩七錢六分六厘六毫。
力差	各衙門門子、皂隸、禁子、庫子、斗級、弓兵、鋪兵、渡夫各項,一百六十名,共銀五百四十一兩五錢。
驛傳	額編北京會同館、金臺、邾城、瀛海上馬共五匹,中馬一匹,下馬一匹。南京、江、淮衛馬船水夫三十二名,本省龍津、芝山驛站船水夫三十八名,鄱陽、鄱溪、九江遞運所紅船水夫共八十一名,共銀一千四百三十六兩二錢□分七厘五毫。
機兵	額兵五百名,每名銀七兩二錢,共銀三千六百兩。内選精兵一百名,徵解部銀五十名,徵募〔兵〕銀一十名,餘兵三百四十名,每名止給銀五兩二錢,外徵軍餉銀二兩,共銀六百八十兩。

南康府屬

	星子縣
銀差	齋夫、膳夫、歲貢盤纏、禁子、牌枋、擡册夫等項,共銀二百八十五兩一錢八分一厘六毫七絲五忽[67]。
力差	各衙門門子、皂隸、哨船水手、隸兵、庫子、斗級、鋪兵各項,一百一十七名,共銀二百六十二兩三錢[68]。
驛傳	額編槐水下馬一匹。南京、江、淮衛馬船水夫一十三名,本省匡廬站船水夫一十八名,南康遞運所紅船水夫一十八名,俱撥德安縣作長夫,共銀三百九十兩六錢一分。
機兵	額兵二百六十〔四〕名,每名銀七兩〔二〕錢[69],共銀一千九百兩八錢。內選精兵三十八名,徵募兵銀四名,餘兵二百二十二名,每名止給銀五兩二錢,外徵軍餉銀二兩,共銀四百四十四兩。

都昌縣	
銀差	柴薪、馬丁、禁子、庫子、齋夫、膳夫、歲貢、水手、牌枋、擡册夫等項,共銀七百六十九兩七錢二分九厘五毫七絲九忽九微七纖[70]。
力差	各衙門門子、皂隸、防夫、庫子、斗級、館夫、哨船水手、禁子、弓兵、鋪兵、渡夫各項,二百四十六名,共銀一千九百六十四兩三錢[71]。
驛傳	額編鄱城上馬一匹。南京、江、淮衛馬船水夫六十四名,本省團山站船水夫三十三名,九江遞運所紅船水夫五十四名,内一十四名撥德化縣,四十名撥湖口縣,俱作長夫,南康遞運所紅船水夫八十一名,内三十三名撥德安縣作長夫,並買馬座船水夫三十名,紅船水夫一十八名,德安縣長夫二十三名,買馬夫一十名,共銀一千七百四十四兩一錢。
機兵	額兵五百一十二名,每名銀七兩二錢,共銀三千六百八十六兩四錢。内選精兵四十四名,徵募兵銀五名,餘兵四百六十三名,每名止給銀五兩二錢,外徵軍餉銀二兩,共銀九百二十六兩。

建昌縣	
銀差	柴薪、馬丁、禁子、庫子、歲貢、水手、富户、齋户、膳夫、牌枋、攢册夫等項,共銀一千六百四十一兩五錢六分九厘八毫二絲五忽。
力差	各衙門門子、皂隸、防夫、庫子、館夫、哨船水手、斗級、隸兵、弓兵、鋪兵、迎送館船水手、渡夫各項,二百七十九名,共銀九百四十五兩五錢。
驛傳	額編鄛城上馬一匹,中馬半匹。南京、江、淮衛馬船水夫五十二名,本省匡廬、彭蠡站船水夫八十五名,南康遞運所紅船水夫一百一十名,内四十五名撥德安縣作長夫,並買馬座船水夫三十五名,紅船水夫三十一名,德安縣長夫二十五名,買馬夫二十名,共銀一千九百四十三兩一錢。
機兵	額兵五百七十〔五〕名[72],每名銀七兩二錢,共銀四千一百四十兩。内選精兵七十名,徵解部銀五名,徵募兵銀七名,餘兵四百九十三名,每名止給銀五兩二錢,外徵軍餉銀二兩,共銀九百八十六兩。

安義縣	
銀差	柴薪、馬丁、歲貢、水手、齋夫、膳夫、牌枋、擡册夫等項,共銀五百九十二兩七錢三分三厘二毫[73]。
力差	各衙門門子、皂隸、防夫、庫子、館夫、哨船水手、禁子、弓兵、斗級、鋪兵、渡夫各〔項〕,一百五十四名半,共銀六百八十三兩三錢[74]。
驛傳	額編鄗城中馬半匹。南京、江、淮衛馬船水夫三十名,本省匡廬、團山、潯陽、彭蠡站船水夫共四十名,内一十名撥德化縣作長夫,南康遞運所紅船水夫六十一名,内二十五名撥德化縣作長夫,並買馬座船水夫一十五名,紅船水夫二十一名,德安縣長夫一十五名,買馬夫一十名,共銀一千六兩三錢六分。
機兵	額兵三百九十八名,每名銀七兩二錢,共銀二千八百六十五兩六錢。内選精兵五十二名,徵募兵銀五名,餘兵三百四十一名,每名止給銀五兩二錢,外徵軍餉銀二兩,共銀六百八十一兩[75]。

	德化縣
銀差	柴薪、馬丁、歲貢、水手、齋夫、膳夫、牌枋、富戶、擡册夫等項，共銀二百四兩六錢三分一厘九毫。
力差	各衙門門子、皂隸、庫子、攔夫、禁子、斗級、弓兵、巡船水手、鋪兵、渡夫、橋夫各項，三百一名，共銀八百九十五兩一錢。
驛傳	額編南京、江、淮衛馬船水夫二十五名，本省潯陽站船水夫九名，共銀二百一兩五錢。
機兵	額兵一百五十名，每名銀七兩二錢，共銀一千八十兩。

德安縣	
銀差	柴薪、馬丁、歲貢、水手、齋夫、膳夫、庫子、牌枋、富户、攢册夫等項,共銀六百四十四兩九錢九分二厘四毫四絲五忽三微三纖。
力差	各衙門門子、皂隸、館夫、巡攔、巡船水手、禁子、庫子、斗級、鋪兵、弓兵、渡夫各項,〔一〕百五十九名,〔共銀〕五百六十兩三錢[76]。
驛傳	額編南京、江、淮衛馬船水夫二十四名,本省潯陽站船水夫一十二名,撥回本縣買馬恊濟長差,共銀二百二十二兩。
機兵	額兵一百五十名,每名銀七兩二錢,共銀一千八十兩。

瑞昌縣	
銀差	柴薪、馬丁、歲貢、水手、庫子、齋夫、膳夫、牌坊、擡册夫等項,共銀一千六百七十五兩七錢。
力差	各衙門門子、皂隷、庫子、巡船水手、禁子、斗級、鋪兵、渡夫各項,一百三名,共銀二百八十四兩八錢。
驛傳	額編南京、江、淮衛馬船水夫二十五名,本省潯陽站船水夫九名,共銀二百一兩五錢。
機兵	額兵一百五十名,每名銀七兩二錢,共銀一千八十兩。

	湖口縣
銀差	柴薪、馬丁、庫子、齋夫、膳夫、歲貢、水手、牌枋、擡册夫、湖夫等項,共銀一千一百九十四兩六分二毫五微七纖。
力差	各衙門門子、皂隸、庫子、哨船水手、斗級、隸兵、禁子、館夫、弓兵、鋪兵、渡夫各項,二百八十名,共銀九百三十三兩六錢。
驛傳	額編南京、江、淮衛馬船水夫五十二名,本省彭蠡站船水夫一十一名,共銀四百零三兩。
機兵	額兵一百五十名,每名銀七兩二錢,共銀一千八十兩。

彭澤縣	
銀差	柴薪、馬丁、歲貢、水手、庫子、齋夫、膳夫、牌枋、湖夫、擡册夫等項,共銀一千八十三兩二錢一分三厘九毫七忽八纖。
力差	各衙門門子、皂隸、庫子、哨船水夫、禁子、館夫、斗級、鋪兵、弓兵、渡夫各項,二百八十八名,共銀一千零二兩七錢。
驛傳	額編本省龍城、彭蠡站船水夫共四十二名,共銀三百五十七兩。
機兵	額兵一百五十名,每名銀七兩二錢,共銀一千八十兩。

大庾縣

銀差	柴薪、馬丁、庫子、牌枋、擡册夫等項,共銀六百五十八兩三錢三分三厘三毫三絲三忽三微三纖。
力差	各衙門門子、皂隸、庫子、隸兵、禁子、斗級、館夫、巡攔、弓兵、鋪兵各項,一百八十六名半,共銀六百三十四兩七錢。
驛傳	額編橫浦、小溪上馬共五匹,中馬二匹,驢共十頭,橫浦遞運所紅船水夫一十四名,中站車夫四十二名,共銀四百九十九兩二錢四分。
機兵	額兵四百八十名,每名銀七兩二錢,共銀三千四百五十六兩。

南康縣	
銀差	柴薪、馬丁、庫子、齋夫、膳夫、歲貢盤纏、擡册夫、牌枋等項,共銀一千七百五十兩九錢九分一厘六毫。
力差	各衙門門子、皂隸、禁子、庫子、斗級、巡攔、館夫、防夫、隸兵、弓兵、鋪兵、渡夫各項,二百九十九名,共銀一千九十九兩五錢。
驛傳	額編小溪、橫浦站船水夫共九十三名,上馬一匹,中馬共二匹,下馬共三匹,驢三頭,橫浦遞運所紅船水夫二十九名,車夫八十六名,中站車夫二十五名,共銀一千五百一十九兩九錢四分。
機兵	額兵五百五十名,每名銀七兩二錢,共銀三千九百六十兩。

上猶縣	
銀差	柴薪、馬丁、齋夫、膳夫、歲貢、水手、牌枋、擡册夫等項,共銀二百二十六兩一錢。
力差	各衙門門子、皂隸、禁子、庫子、隸兵、斗級、巡攔、弓兵、鋪兵、渡夫各項,九十五名,共銀三百三十一兩七錢。
驛傳	額編橫浦站船水夫一十二名,橫浦遞運紅船水夫二十二名,共銀二百五十二兩九錢二分。
機兵	額兵二百六十名,每名銀七兩二錢,共銀一千八百七十二兩。

崇義縣	
銀差	柴薪、馬丁、齋夫、膳夫、歲貢盤纏、牌坊、擡册夫等項，共銀二百二十七兩五錢八分。
力差	各衙門門子、皂隸、禁子、庫子、隸兵、斗級、弓兵、鋪兵、渡夫各項，共一百三十九名，共銀四百九十三兩三錢。
驛傳	額編橫浦站船水夫八名，中馬二匹，橫浦遞運所紅船水夫二十七名，車夫八名，中站車夫八名，共銀三百六十九兩。
機兵	額兵二百七十五名，每名銀七兩二錢，共銀一千九百八十兩。

贛縣

銀差	柴薪、馬丁、校尉、富户、齋夫、膳夫、庫子、歲貢、水手、擡册夫、牌坊、橋子等項,共銀一千二百二十二兩四錢二分二厘六毫。
力差	各衙門門子、皂隸、斗級、庫子、禁子、弓兵、鋪兵、渡夫、鐘夫各項,四百三名,共銀一千三百七十二兩。
驛傳	額編南京、江、淮衛馬船水夫五十名,本省(九)〔水〕西、攸鎮、九牛、南埜站船水夫共一百二十七名,上馬三匹,中馬三匹,下馬二匹,驢五頭,水西、橫浦遞運所紅船水夫共五十三名,共銀一千八百六十六兩八錢八分。
機兵	額兵六百一十名,每名銀七兩二錢,共銀四千三百九十二兩。

寧都縣	
銀差	柴薪、馬丁、書手、工食、庫子、齋夫、膳夫、擡册夫、歲貢、水手、牌枋等項,共銀一千七百四十一兩六錢五分六厘六毫。
力差	各衙門門子、皂隸、庫子、禁子、巡攔、館夫、防夫、斗級、隸兵、弓兵、鋪兵、渡夫各項,二百六十二名,共銀九百二十六兩一錢。
驛傳	額編南京、江、淮衛馬船水夫五十名,本省〔攸〕鎮、〔水〕西[77]、南埜站船水夫共一百三十二名,上馬三匹,中馬三匹,下馬二匹,水西、橫浦遞運所座、紅船水夫共一百九十一名,共銀二千四百二十二兩五錢六分。
機兵	額兵九百名,每名銀七兩二錢,共銀六千四百八十兩。

興國縣	
銀差	柴薪、馬丁、庫子、牌枋、齋夫、膳夫、擡册夫、歲貢、水手、橋子等項,共銀八百四十六兩六錢六分四厘六毫。
力差	各衙門門子、皂隸、防夫、禁子、斗級、館夫、庫子、弓兵、鋪兵、渡夫、巡攔各項,一百九十六名,共銀六百八十七兩五錢。
驛傳	額編南京、江、淮衛馬船水夫五十名,本省水西、攸鎮、小溪、九牛、横浦、南塾站船水夫共六十一名,下馬一匹,水西、横浦遞運所紅(紅)船水夫[78],共一百四十一名,共銀一千五百三十三兩三錢六分。
機兵	額兵五百五十二名,每名銀七兩二〔錢〕,共銀三千九百七十四兩四錢。

雩都縣	
銀差	柴薪、馬丁、歲貢、水手、齋夫、膳夫、牌枋、擡册夫等項,共銀三百五十九兩八錢二分。
力差	各衙門門子、皂隸、禁子、斗級、庫子、弓兵、鋪兵、渡夫各項,一百八十五名,共銀六百三十一兩三錢。
驛傳	額編本省水西、攸鎮、南埜站船水夫,共三十一名,共銀二百六十三兩五錢。
機兵	額兵四百七十名,每名銀七兩二錢,共銀三千三百八十四兩。

信豐縣	
銀差	柴薪、馬丁、齋夫、膳夫、歲貢、水手、牌枋、擡册夫等項,共銀三百五十五兩一錢一分六厘。
力差	各衙門門子、皂隸、庫子、隸兵、禁子、斗級、弓兵、鋪兵、渡夫各項。一百三十一名,共銀四百五十一兩三錢。
驛傳	額編本省水西、攸鎮、小溪站船水夫共三十六名,共銀二百二十一兩。
機兵	額兵四百五十名,每名銀七兩二錢,共銀三千二百四十兩。

石城縣	
銀差	柴薪、馬丁、歲貢、水手、齋夫、膳夫、牌枋、擡册夫等項,共銀三百五十六兩二錢九分二厘。
力差	各衙門門子、皂隷、禁子、庫子、斗級、弓兵、鋪兵、渡夫各項,九十三名,共銀三百二十五兩六錢。
驛傳	額編水夫馬價無。
機兵	額兵四百八十四名,每名銀七兩二錢,共銀三千四百八十四兩八錢。

會昌縣	
銀差	齋夫、膳夫、歲貢、水手、馬丁、牌枋、校尉、擡册夫等項,共銀二百二十六兩六錢八厘。
力差	各衙門門子、皂隸、禁子、庫子、斗級、弓兵、鋪兵、渡夫各項,一百六十八名,共銀五百七十八兩五錢。
驛傳	額編水夫馬價無。
機兵	額兵四百名,每名銀七兩二錢,共銀二千八百八十兩。

瑞金縣	
銀差	歲貢、水手、柴薪、馬丁、齋夫、膳夫、牌枋、攢册夫等項,共銀三百五十二兩五錢六分八厘。
力差	各衙門門子、皂隸、禁子、庫子、隸兵、斗級、鋪兵、渡夫、弓兵各項,一百二十八名,共銀四百四十七兩一錢。
驛傳	額編水夫馬價無。
機兵	額兵四百五十名,每名銀七兩二錢,共銀三千二百四十兩。

龍南縣	
銀差	柴薪、馬丁、歲貢、水手、齋夫、膳夫、牌枋、校尉、擡册夫等項,共銀三百五十三兩九錢四分。
力差	各衙門門子、皂隸、禁子、庫子、斗級、弓兵、鋪兵各項,八十八名,共銀三百四十一兩二錢。
驛傳	額編水夫馬價無。
機兵	額兵四百八十名,每名銀七兩二錢,共銀三千四百五十六兩。

安遠縣	
銀差	齋夫、膳夫、歲貢、水手、牌枋、富戶、擡册夫等項,共銀一百五十兩九錢八分。
力差	各衙門門子、皂隸、庫子、斗級、隸兵、禁子、弓兵、鋪兵各項,一百一十九名,共銀四百三十七兩。
驛傳	額編水夫馬價無。
機兵	額兵四百八十一名,每名銀七兩二錢,共銀三千四百六十三兩二錢。

　　臬史氏曰:余次《均書》,未嘗不卷書而起,復廢而嘆也,嗟乎! 古治不可復見矣。自衣革茹毛之風遠,則用臚於奢侈,耗端見矣。國初兵興,百需草創,每師行日費千金,然山澤利空,多棄不治,免租輒數年,而用不聞困。今太平久、經費有程,如江西見無干戈餽運之擾,而官患不給,民患不供,僅僅卒歲,若不能爲國。自有司而上,與夫夫役、驛兵之屑碎,無絲毫不取諸民,而猶以爲不辦,何也? 夫水壅則流溢,刀割則鋒鈍。萬金之家,歲入應千,令之〔日〕持牛酒餉客[79],則不能具,而匹夫匹婦一簪之資,猶足以富自給。其欲之廣狹者,乃其用之所爲豐歉也與? 然今當求其故矣[80]。

　　三軍之衆統於一將,其强弱之形,不謀而自合也。萬斛之舟,制於一柁,其折旋之便,不令而自行也。百里之邑,天子拜令於庭,生死屈伸,惟其所裁,三年而課績,無不得其志,則宜無不可爲利。然當創業之時,人人各思奮才智自見,因用之以爲民上,其爲慮艱,其爲憂遠,艱則不侈,遠則不輮,已方于于,民方睢睢,無負於官,而又久任,若之何其以病民也。承平既久,上下縟於彌文,而略於民事,仕進華於津要,而遲於令守,雖朝廷以是獎進之,褒嘉之,然不安之意,苟且之所由生,苟且之心,鹵莽之政所從出,由是則費且無經矣。由是則不畏民嵒矣,由是利其去而資之,不復自檢察矣,若之何其不以爲民病也。余嘗次廣昌何公文淵行實,見其當時爲溫守七歲,條上不便數事,得徑施行,入覲奏績,宣宗予之宴,且贈以詩。是時同遣者凡八人,皆稱名臣。嗟乎! 若使其民事則略,令守則遲,亦安能收是效以耀於世哉。

　　守令重他不舉,道其可見者。每歲編差銀力,各有輕重,甚至懸絶數倍者,縣官視戶上下以爲次,其戶之力與差適,則十年之息可以無事,即不〔幸〕浮其力[81],則家由以傾,而一歲之計失,百年之故,其爲利害豈有量哉。故撫、按、監司與民相懸,起意發令即善,下有司施行,故無得徑及者。守令朝發而夕至,家諭而户曉,聲華之馳驟,文采之宣圄，視夫揎摛而煦燠，惇厖而宜民者，非有先後大小，而士常後此而先彼者，則世變之趨漸也。董仲舒曰："郡守、縣令，民之師帥，所使承流宣化也。故師帥不賢，則主德不宣，恩澤不流。"[82]王嘉曰："孝文時，吏居官者或長子孫，以官爲氏，倉氏、庫氏，則倉庫吏之後也。其二千石長吏，亦安官樂職，然後上下相望，莫有苟且之意。其後稍稍變易，又數改更政事，司隸、部刺史察過悉劾，發揚陰私，吏或居官數月而退，送故迎新，交錯道路，中材苟容求全，下材懷危內顧，二千石益輕賤，吏民慢易之。"[83]左（椎）〔雄〕告漢（明）〔順〕帝曰："愚所謂守相長吏有顯效者，可就增秩，勿移徙，非父母喪不得去官，吏職滿歲乃得辟舉。"[84]大抵無慮明王聖哲，未有不由斯軌而能臻治理者也。今有司，或令下不入目，付之吏制其遲速高下，次者繞一省輒廢去，擇其易者塞責，僥倖且去，民不見德，亦不見怨。次者強幹精敏之資，足以自致於理而稍驚於時，則工文移以市於上。而其最號強幹精敏者，則其爲空文益工，監司、巡察莫之詰也。而貪且暴者不在是焉。故必有循良之心者，其視民如子，一不得所，若痌瘝刺膚，要在拔去。其於空文稍寡，而嘿嘿悶悶，民將大庇焉。則費不廣而民藏富，差不陂而民懷均。往張全義尹洛，民語曰："張君無他嗜好，惟見佳麥良繭則笑爾。"[85]全義不足道也，而意近於嘿嘿悶悶者。余姑附於此。

　　或曰：諸經費視今志可知也，豈皆不急可罷者耶？不可罷，不取於民則安辦？近且徭有提編者，其若之何？應之曰：余所謂重守令者，非謂其能不費也，而民之應徭者，亦非故盡不供也。余往言之，要在有情而得達，達即治，治即行，斯已矣。鄭方偪、簡間，晉楚爭駕，犧牲玉帛待盟二境，環鄭之疆不出千里，而計其郊勞贈賄之馳候，不啻數倍。公孫僑爲之，外無失辭，而辟田疇，教子弟，循循撫鳩，中不失其所以爲國，爭先王之貢於申之會，楚人不敢憚焉。而終僑之身，鄭未嘗病。彼豈不取諸民者耶。提編若五年，則六年皆編之，而收其直以佐軍興。至六年則以七年者應役，而通十年，則一年復浚於通邑，其於加賦,夫亦朝三暮四而已。夫財猶水也,要在導之而已,若必加賦,此蘇長公所謂盡用衰世苟且之法,宜民之困而積至貧且盜也。唐肅宗時,新失河北,國經未定,師旅方勤,德宗之季,兩度播遷,一襦不給,然使劉晏、韓滉為之,歲漕關中,與百貨之入於內帑者,不下數百萬,而百官沿邊與軍興之費皆給焉,而寶應、興元賴以攸濟。考晏所施行時,京師鹽暴貴,詔取三萬斛以贍關中,自揚州四旬至都,人以為神。至湖嶠荒險處,所出貨皆賤弱,不償所轉,晏悉儲淮楚間,貿銅易薪,歲鑄緡錢十餘萬。其措置纖悉如此,諸道巡院皆募駛足,置驛相望,四方貨殖低昂,及它利害,雖甚遠,不數日即知。是能權萬貨重輕,使天下無甚貴賤而物常平。滉朝京師,度汴,以二十萬緡給劉玄佐,若不經意者,夜退與部官筭及秋毫。故司一邑者必有通融之法,然後足以蘇疲民,而司國計者必有轉運之才,然後足以供乏用。因其所有而處之,悉其所藏而估之,是亦括財而已,非理財也。括財用於天下,猶不可以為善國,而括財用於守令,則民困且逃,卒於亂,非余所聞也。

一條鞭法:凡里甲、均徭,通計十歲所總存留、起運為額,應募、應加者增其數,不輪甲,通一縣共徵之。帖下民戶,備載十歲諸色課程、糧稅、徭役所應納之數于上。歲分六限,凡上納、完輸與給募,皆縣官自支撥募人,不親至民戶。蓋輪甲則十年一差,驟多易困,今一年稍稍辦,力均易輸且給,總在官諸募人,不可復加取於民,而民如一限輸完,可閉戶而臥,無復叫呼之吏矣。考《松江志》載《周文襄公年譜》有云:公每府通計一歲田糧,及支撥總數,以秋糧正米為則,定為加耗,徵完如數支撥。若干為存留,若干為起運,凡夏稅、馬草、農桑絲絹、逃絕、積荒、坍江、陷海、包納之數,與夫織造、供應、軍需等費,悉于是取之,故民歲賦外,漠然不見他役之及己,而官府無復科率之擾。織造、軍需,今之里甲也;供應,今之支應庫子、廩給庫子也。其所載加耗之例又云:華亭每正糧一石,加米七斗,上海加米八斗,凡夏稅麥、

豆、食鹽、義役等項，悉于此支撥。其後止加六斗，至五斗止。夫義
役，今之均徭也，而所謂加耗，今帶納之差銀也。此其故案，施行有驗
可覆也。余於《賦書》載所以不行之故，大抵過慮，在各縣金銀庫子與
斗級，然未詳也。用一緩二，古之三徵，亦一歲之法。今糧差通徵，分
爲六限，亦用一緩二之遺意也。夫十年而輸一兩，不若一年而輸一錢
爲輕且易也。且人皆安目前，孰能一年而積一錢，以待十年輸耶！是
宜當差之歲，賣產鬻兒者相比也。均徭之法，每歲通縣徭銀，數一定
不可復減，而各甲丁糧多寡不一，甲之丁糧多，則其年派銀數輕；丁糧
少，則其年派銀數重，固已不均。而所當之差，又復不齊，有編銀一兩
而止納一兩者，有加二、加四、加五、加七八者，有倍納、有四五倍、七
八倍者，有十倍、有百倍者。今合民間加納之銀，俱入在官正派之數，
輕重通融于一縣，苦樂適均于十甲，募人不損其役值，徭戶不苦于偏
累，固便。金銀庫子、正編之銀一兩，費輒倍數百兩，各邑雖不盡同，
大約不相遠。今令縣給銀募人，革定名徭編之舊，照司府庫子之例，
取徭編銀，爲募人工食之費，止令巡守，不管收支，其收支則以委諸縣
架閣庫吏，縣無架閣庫者，則以他冗吏爲之。徭戶親當，則入役初，常
例費已不貲，而誅求于上，需索于下，靡有紀極。今以吏司之，則毫末
必稟命于官，需索者固不得行，而誅求者亦將少歛，以時得代，不苦久
候查盤，吏有身役，固不得竊庫銀而逃。倉中斗級，有親充、有募充，
徭戶親充，固當償所折耗；募人代充，而徭戶亦不免償者，蓋募人止爲
看守，而查盤之折耗使費，皆徭戶自持。夫彼守而此償，是教之使盜
耳。今募有家籍者充之，於工食外歲加腳費，查盤折耗俱責之，則必
不自盜，而耗自少。年終必更，無復歲久湮爛，此又甚便。其號次難
充者，如各驛廩給庫子、鋪陳庫子、看監禁子諸役。廩給庫子舊例徭
戶親充，客使人挾勢需索，不啻數倍。今改議徭戶編銀解府，驛官領
銀供應，客使人知官支有程，不可得多，即用無濫，且稍稍有餘。鋪陳
庫子，每名設如歛銀四兩，而用必十倍者，蓋初役常例已七八兩，而看

守、扛擡每名必以四人充當。鄉民勢有不能,必至募役,工食亦十七八兩,而又損失補償,故費無量。今量驛繁簡,每名酌爲加其直給,令驛官臨時顧扛役,不及再動驛夫,而無事則貯之官。禁子舊皆顧役,而號稱難充者,則買刑具賠販耳。今刑具官編工價給造,不取辦禁子,止令守囚食起居,斯無所累。他諸其事煩,不可悉道。大約通徵,附秋糧,不褻出名目,奸吏無所措其手,而人知帖所載,每歲並輸,可省糧長、收頭諸費,固不可勝利矣。然事每每以更革大,不敢決議。而又行之須造冊甲歲起,斯不偏碍,此在定計,久之民相安而享其便也。此法不行,其次莫若於造冊之歲,另爲十段一冊,以貯縣。其法如一里十(里)〔甲〕^[86],共萬石糧,則一甲各千石,通融齊〔一〕^[87],每歲編徭,據以定差,庶乎多寡輕重適均。蓋人戶丁糧附冊有懸絕者,人利其甲糧多者愈趨之,則寡者益寡,不勝而至於逃。而甲糧多者,非勢豪則奸書滑手。十段均平之,即逃絕虛米皆以分配,則大戶小民更相休息,此亦以濟冊(藉)〔籍〕奸弊之窮,爲守令利民之大法也。凡法無皆利者,無皆弊者,得其人則皆利,失其人則皆弊。語曰:斷而後行,鬼神避之。今欲聚襜而謀,爲一定百利之法者,三代以來無是也。

校勘記

[1]"以下二項",按本欄語意,"下"當爲"上"之訛。

[2]據天一閣本改。

[3][4][5][6][7][8][9][10][11]據天一閣本補。

[12]天一閣本作"四百二十二名"。

[13]北圖膠卷作"一千二百五十七兩七錢"。

[14]據天一閣本補。

[15]北圖膠卷作"二千二百一十三兩九錢七分五厘三毫二絲"。

［16］［17］［18］［19］［20］據天一閣本補。

［21］據天一閣本改。

［22］據天一閣本補。

［23］“五雲驛”以下四十一字,天一閣本無。

［24］天一閣本作“六十八名”。

［25］天一閣本作“徵解部銀四名”。

［26］天一閣本作“徵募兵七名”。

［27］天一閣本作“餘兵三百六十四名”。

［28］天一閣本作“共銀七百二十八兩”。

［29］［30］［31］據天一閣本補。

［32］天一閣本作“共銀一千五百四十六兩五錢八分六厘三毫五絲六忽”。

［33］據天一閣本補。

［34］天一閣本作“共銀六百五十八兩八錢”。

［35］二“驛”字據北大抄本補。又北大抄本“中馬”作“上馬”。而天一閣本自金
　　　臺驛以後作“本省螺川站船水夫五十名,螺川遞運所紅船水夫九十二名,共
　　　銀一千零一十一兩九錢二分”。

［36］天一閣本作“每名銀七兩二錢,共銀二千八百八十三兩六錢”。

［37］“外減退”以後天一閣本作“徵解部銀四十名,徵募兵銀八名,餘兵三百七
　　　十三名,每名止給銀五兩二錢,外徵軍餉銀二兩,共銀五百四十六兩”。

［38］天一閣本作“徵募兵銀五名,餘兵一百九十九名”。

［39］天一閣本作“共銀三百九十八兩”。

［40］據天一閣本補。

［41］天一閣本作“共銀一千七百兩五錢五分一厘”。

［42］據天一閣本補。

［43］據天一閣本補“錢”字。又,天一閣本作“共銀一千五百二十三兩六錢”。

［44］據天一閣本補。

［45］“夫牌”、“擡册夫”北圖膠卷及天一閣本均作“柴薪”、“歲貢”。

［46］［47］據天一閣本補。

［48］據北圖膠卷改。

[49]天一閣本作"一百一十二名,共銀四百七十四兩三錢"。

[50]均據北圖膠卷改。

[51]均據天一閣本補。

[52]天一閣本作"臨川遞運所紅船水夫九名,共銀一千二十兩五錢"。

[53]天一閣本作"共銀八百五十四兩八錢"。

[54]天一閣本作"共銀七百一十二兩八錢"。

[55]天一閣本作"共銀六百一十二兩"。

[56]天一閣本作"共銀四百八十九兩四錢七分三厘一毫"。

[57]天一閣本作"一百七十六名,共銀六百六十九兩七錢"。

[58][59]據天一閣本補。

[60]北圖膠卷作"共銀一千二百一十八兩二錢六分"。

[61]據北圖膠卷補。

[62]天一閣本作"徵解部銀五十三名"。

[63][64]據天一閣本補。

[65]據北圖膠卷及天一閣本改。

[66]據北圖膠卷改。

[67]天一閣本作"共銀二百九十兩五錢六分九厘八毫二絲六忽"。

[68]天一閣本作"共銀四百五兩四錢"。

[69]均據北圖膠卷補。

[70]北圖膠卷作"共銀七百六十六兩七錢二分九厘五毫七絲九忽九微七纖",天一閣本作"共銀一千一百三十八兩三錢二分九厘五毫七絲九忽九微七纖"。

[71]天一閣本作"共銀九百一十兩五錢"。

[72]據北圖膠卷補。

[73]天一閣本作"共銀六百七十兩八錢六分六厘六毫"。

[74]天一閣本作"一百六十五名半,共銀七百五兩三錢"。

[75]天一閣本作"共銀六百八十二兩"。

[76][77]據天一閣本補。

[78]衍一"紅"字。依寧都縣例,上一"紅"字似應爲"座"。

［79］據北圖膠卷補。

［80］"今當"天一閣本作"余常"。

［81］據天一閣本補。

［82］見《漢書》卷五十六《董仲舒傳》。

［83］見《漢書》卷八十六《王嘉傳》。引文有删節。

［84］見《後漢書》卷六十一《左雄傳》。引文有删節。"雄"誤作"椎"，"順帝"誤作"明帝"。

［85］見《舊五代史》卷六十三《張全義傳》注引《洛陽搢紳舊聞記》，原文爲"大王惟見好蠶麥即笑爾"。

［86］據天一閣本改。

［87］據天一閣本補。

江西省大志卷之三　藩書

臬史　王宗沐 著

淮府		
一世	二世	三世
淮靖王	淮康王	淮安懿世子
太祖四代孫。 仁宗第七子,洪熙二年封。		清江端裕王追封端王。
		南康王
		德興莊僖王
		順昌王
		崇安王
	鄱陽懷僖王薨絕。	
	永豐恭和王	永豐懷順王
四世	五世	六世
淮王端王第一子,薨絕。		
淮王端王第二子。	〔淮〕王[1]	淮世子
		建昌王
		金華王
		華容王
	高安王	

續表

淮府		
四世	五世	六世
	上饒王	載填封鎮國將軍。
	吉安王	
	廣信王	
	嘉興王	
	紹興王	
祐祠南康王第一子，封鎮國將軍。	南康王〔襲封南康王。〕[2]	
	厚㷉	
	厚爅俱封鎮國將軍。	
德興王德興王第一子，襲。	德興王德興王第一子。	
	厚㷰德興第二子。	
	厚爥俱封鎮國將軍。	
順昌王順昌王第一子。	厚(焰)〔焰〕順昌王第一子。[3]	
	厚糟俱封鎮國將軍。	
崇安王崇安王第一子。		
永豐王永豐懷順王第一子。	永豐王	載址
		載坫
		載𡓾俱封鎮國將軍。
祐枇永豐懷順王第二子，封鎮國將軍。	厚炘	

續表

淮府		
四世	五世	六世
	厚爐	
	厚烊俱封輔國將軍。	載埫
		載堎
		載墾
		載墁
祐楝永豐懷順王第三子,封鎮國將軍。	厚煊封輔國將軍。	載垪
		載埻
		載壆
		載垎
	厚婉	
	厚烽	載垺
		載堤俱封奉國將軍。
七世	八世	九世

益府		
一世	二世	三世
益端王 太祖六代孫，憲宗第四子，成化二十三年封，弘治八年之國。	**益莊王** 嘉靖二十年冊封，立十五年。嘉靖三十五年薨，絕。	
	益王 正德八年封崇仁王，嘉靖三十七年改封益王。	**載增** 嘉靖八年封爲長子，嘉靖二十五年故。
		載壖
		載坑
		載塲
		載壞 俱封鎮國將軍。
	金谿莊惠王	**金谿王** 嘉靖三十三年襲封。
	玉山恭安王	
四世	五世	六世
翊鈏 封益世孫。		
翊銕 封輔國將軍。		
翊鑒 冠帶庶人。		
翊鍾 封輔國將軍，俱載增子。		
翊鏃		
翊鏶		
翊鍑 以上俱載壖子。		

續表

益府		
四世	五世	六世
翊鎯		
翊鎂俱載坑子。		
翊鋌		
翊銜		
翊錙		
翊銓		
翊鏉俱載堪子。		
翊鉦		
翊鍗俱載壞子。		
翊鑠金谿王子。		

故寧府		
稱寧府，以康靖之前不可廢；稱故，以別於淮、益也。		
一世	二世	三世
寧獻王 太祖高皇帝之子，初封大寧，後從太宗文皇帝起兵靖難，徙封江西。	寧惠王	寧靖王
		瑞昌恭僖王
		樂安昭定王
		石城恭靖王
		弋陽榮莊王
	臨川康僖王	臨川恭順王
	宜春安簡王	宜春宣和王
		奠埦
四世	五世	六世
寧康王 靖王第一子。	宸濠誅絕。	
鍾陵王 靖王第二子，革爵。	宸㴏〔封鎮國將軍。〕[4]	拱楷
		拱樤俱封輔國將軍。
	宸灑封鎮國將軍。	拱枌
		拱櫻
		拱樳俱封輔國將軍。
	宸涓封鎮國將軍。	拱檔
建安簡定王 靖安王第三子。	建安莊順王。	建安王 嘉靖三十六年襲封。

續表

故寧府		
四世	五世	六世
		拱橷
		拱栀俱封鎮國將軍。
	宸洪封鎮國將軍。	拱樋
		拱梾
		拱椴
		拱桴俱封輔國將軍。
	宸浧封鎮國將軍，故。	拱挈
		拱楸
		拱枳俱封輔國將軍。
	宸涂	
	宸溫俱封鎮國將軍。	
瑞昌榮安王瑞昌恭僖王第一子。	瑞昌悼順王	瑞昌王爲宸濠事，故。
		拱橷封鎮國將軍。
	宸沮封鎮國將軍。	拱櫻
		拱桃
	宸潜追封鎮國將軍。	拱榦
		拱棟
		拱榛

續表

故寧府		
四世	五世	六世
		拱本俱封輔國將軍。
	宸潲封鎮國將軍,故。	拱橞
		拱楇
		拱柛
		拱材
		拱椑
		拱梃俱封輔國將軍。
	宸渥封鎮國將軍。	拱糖
		拱棳
		拱樹
		拱柠
覲鏀瑞昌恭僖王第二子,封鎮國將軍,故。	宸沖	拱橸
		拱析
	宸渠封輔國將軍。	拱枘
		拱椵
		拱稻
		拱榣俱封奉國將軍。
	宸淞封輔國將軍,故。	拱欀封奉國將軍,故。

續表

故寧府		
四世	五世	六世
	宸浣_{封輔國將軍，宸濠事，送鳳陽，回府故。}	拱榫_{庶人，故。}
樂安温隱王_{樂安昭定王第一子。}	樂安靖莊王	樂安王_{嘉靖三十八年薨。}
		拱㭎
		拱榮
		拱棠
		拱楠_{俱封鎮國將軍。}
	宸㵲_{封輔國將軍，宸濠事，解京，故。}	拱榕
		拱枇
		拱棓〔送〕鳳陽，後回府住。[5]
	宸瀾_{封輔國將軍，宸濠事，解京，故。}	拱榟
		拱櫹
		拱柿_{俱庶人。}
覲鍾_{樂安昭定王第五子，封鎮國將軍，爲宸濠事，送鳳陽故，絶。}		
覲鍊_{昭定王第六子，封鎮國將軍，故。}	宸㶚_{封輔國將軍，宸濠事，解京，故。}	
覲鋌_{昭定王第七子，封鎮國將軍，爲宸濠事，故。}	宸潛_{封輔國將軍，宸濠事，送鳳陽，故。}	大哥_{庶人，送鳳陽，送回隨府居住。}

故寧府		
四世	五世	六世
		紹祖
		榮祖
		華祖
		元壽
		元春
	宸沉封輔國將軍，為宸濠事，降庶人，送鳳陽府高牆。	
	宸泣封輔國將軍，為宸濠事，降庶人，住高牆。	
覲鉎昭定王第八子，封鎮國將軍，為宸濠事，降庶人，送鳳陽。回府追封。	宸灂封輔國將軍，故。	拱楇封奉國將軍。
		拱枌俱封奉國將軍。
	宸灝封輔國將軍。	拱彙
		拱杶
		拱樆
		拱棧
		拱松俱封奉國將軍。
	宸漁封輔國將軍，故。	拱栢封奉國將軍。
石城端隱王石城恭靖王第一子，封鎮國將軍，追封石城王。	石城王封石城王，薨。	拱棧封鎮國將軍，故。

續表

故寧府		
四世	五世	六世
		拱椐
		拱𣗪
		拱梳
		拱楷俱封鎮國將軍。
	宸潤端隱王第三子,封輔國將軍,故,追封鎮國將軍。	拱梧
		拱櫩
		拱椬
		拱杖
		拱枋
		拱柄俱封奉國將軍。
	宸泙封輔國將軍,故,追封鎮國將軍。	拱樑
		拱桓
	宸浦封鎮國將軍,故。	拱櫃
		拱枂
	宸漣封輔國將軍,故。	拱樫
		拱橕俱封輔國將軍。
	宸浮封鎮國將軍,故。	拱棡
		拱概

故寧府		
四世	五世	六世
		拱櫺
		拱橪
		拱橉
		拱柑
		拱樟
		拱櫥
		拱樏
		拱潞
		拱栢俱封輔國將軍。
覲鉛恭靖王第五子,封鎮國將軍,故。	宸薀	
	宸瀜	
	宸浹俱封輔國將軍。	拱橦
		拱櫨
		拱橲俱封奉國將軍。
	宸江	
	宸澤俱封輔國將軍。	拱棏
		拱扐
		拱栯

續表

故寧府		
四世	五世	六世
		拱样
		拱梓
		拱楝
		拱樑
		拱椋
		拱栳俱封奉國將軍。
覲鏈端隱王第六子，封鎮國將軍，故。	**宸㵰**封輔國將軍，故。	拱梧
		拱棉
		拱櫃
		拱椴俱封奉國將軍。
	宸泗封輔國將軍。	拱樣
		拱杓
		拱栈俱封奉國將軍。
	宸濇封輔國將軍。	
覲鉉王第七子，封鎮國將軍，宸濠事，降庶人，故後追封。	**宸渝**封輔國將軍，故。	
	宸泔庶人，故。	
弋陽僖順王弋陽榮莊王第一子。	**弋陽莊僖王**	**弋陽端惠王**

故寧府		
四世	五世	六世
		拱樟
		拱朴
		拱檀
		拱琢
		拱框俱封鎮國將軍。
	宸澳	拱樽
	宸颯俱封鎮國將軍。	拱枊
		拱楅
		拱檜
		拱槟俱封輔國將軍。
覲鐸臨川恭順王第一子,故。	宸瀨	拱槌封鎮國中尉。
宜春懷簡王宜春宣和王第一子。	宜春康僖王	宜春王爲宸濠事,解京,故。
		拱械爲宸濠事,解京,故。
	宸洰封鎮國將軍,宸濠事,降庶人,故。	拱槫
		拱楇
		拱楠俱封輔國將軍,宸濠事,降庶人。
		拱橈庶人。

續表

故寧府		
四世	五世	六世
	宸淏追封鎮國將軍。	拱梾
		拱栻
		拱枡
		拱橔俱封輔國將軍。
	宸灝封輔國將軍，降庶人，故。	拱櫕
		拱柭俱庶人。
覲鑛宜春宣和王第二子，封鎮國將軍，宸濠事，降庶人，故。	宸澧	
	宸漣	
	宸汲	
	宸沂	
	宸湅封輔國將軍，降庶人，故。	
覲鑰宣和王第三子，封鎮國將軍，宸濠事，降庶人，本府住，故。	宸湯封輔國將軍，降庶人，故。	
	宸凉封鎮國將軍。	拱枇
		拱檪俱封奉國將軍。
	宸湀庶人。	

續表

故寧府		
四世	**五世**	**六世**
覲鉴奠埭第一子,封輔國將軍,故。	**宸遂**封奉國將軍,故。	**拱櫢**封鎮國將軍。
		拱櫟
		拱楫俱封鎮國中尉。
	宸浝封奉國將軍,故。	**拱㮡**
		拱櫛
		拱㭶俱封鎮國中尉。
	宸汶封奉國將軍,故。	**拱根**
		拱格俱封鎮國中尉。
	宸渾封奉國將軍,故。	**拱樸**
		拱柵
		拱〔檴〕[6]
		拱㭶俱封鎮國中尉。
	宸浩封奉國將軍,故。	
	宸灑封奉國將軍,故。	
覲鈉奠埭第二子,封輔國將軍。	**宸濱**封奉國將軍,故。	**拱桱**
		拱棕俱封鎮國中尉。
	宸潚封奉國將軍,故。	**拱桳**
		拱梗

續表

故寧府		
四世	五世	六世
		拱榀
		拱椒俱封鎮國中尉。
	宸淤封奉國將軍,故。	拱穎
		拱櫃
		拱栒俱封鎮國中尉。
	宸減封奉國將軍,故。	拱槍封奉國中尉。
	宸沂封奉國將軍,故。	拱桀
觀鉺奠埦第三子,追封輔國將軍。	宸溇	拱橙封鎮國中尉,故。
	宸源俱封奉國將軍。	拱梳
		拱槐
		拱橦
觀鑽奠埦第四子,封輔國將軍,故。	宸涪封奉國將軍。	拱槁
		拱李
	宸澗封奉國將軍,故。	
	宸瀬封奉國將軍,故。	拱杙封鎮國中尉。
七世	八世	九世
多燗建安王長子。		
多烺拱橦子,封奉國將軍。		

續表

故寧府		
七世	八世	九世
多兇鍾陵拱楝子,封奉國將軍。		
多燦	大哥	
	四哥	
	幸哥	
	丙哥	
多焌俱瑞昌拱枡子,爲宸濠事,送鳳陽,故。		
多�	謀塾	
	謀(墟)〔墢〕[7]	
	謀圬	
	謀垟俱封奉國將軍。	
多燈	謀坷	
	謀垟俱封奉國將軍。	
多㶇		
多熑俱拱樛子,封輔國將軍。		
多燷		
多煤俱拱櫻子,俱封奉國將軍。		
多柑	謀增	

續表

故寧府		
七世	八世	九世
	謀塘	
	謀堁俱封鎮國中尉。	
多㶷	謀㽅封鎮國中尉。	
多焇		
多焠		
多煝俱拱桃子，俱封奉國將軍。		
多煺		
多煙俱拱榦子，俱封奉國將軍。		
多燆		
多燭		
多炊		
多烀俱拱㮨子，俱封奉國將軍。		
多熣		
多燗		
多炷俱拱林子，俱封奉國將軍。		
多炵		
多烔		

續表

故寧府		
七世	八世	九世
多爟		
多耿		
多烇俱拱樓子，封奉國將軍。		
多炟		
多炨俱拱樀子，俱封奉國將軍。		
多熑		
多熄		
多燃		
多烿俱拱枏子，俱封奉國將軍。		
多熇		
多爤		
多燼		
多燾俱拱材子。		
多㷒		
多烊		
多㶼俱拱椑子。		
多煴		

續表

故寧府		
七世	八世	九世
多炅		
多燩俱拱榶子。		
多焲拱(侵)〔梫〕子。[8]		
多烇		
多爙俱拱樹子,以上封奉國將軍。		
多焢拱椯子。	謀埈封輔國中尉。	
多炫		
多焞俱拱析子。		
多炘		
多炟俱拱枘子。		
多燉拱梞子。		
多煡拱榣子。	謀墇	
	謀堉	
	謀墊俱封輔國中尉。	
多熿		
多烊俱拱榣子。		
多烄拱櫰子,以上俱封鎮國中尉。	謀垾	
	謀埩	

故寧府		
七世	八世	九世
	謀墨俱封輔國中尉。	
多粘拱桽子,庶人。		
多㷅嘉靖三十三年授封。		
多焰封鎮國將軍。		
多烙未食禄,俱樂安王子。		
多羨拱栘子。		
多煨		
多炳		
多㷙		
多焜		
多燔		
多爒俱拱榮子。		
多烰		
多㙟		
多炊		
多煩俱拱棠子。		
多熛		
多烶		
多燭		

續表

故寧府		
七世	八世	九世
多㸑		
多熿俱拱楠子,以上俱封輔國將軍。		
多爐拱枇子。		
多燚		
多㸑俱拱棓子。		
多怦拱樟子。		
多烔拱櫹子。		
多炮		
多燤		
多焲		
多炫俱拱柿子,以上俱庶人。		
多富		
多安俱宸潛大哥子,俱庶人。		
多爦拱楮子,封鎮國中尉。		
多燾石城拱棧子。		
多戭		
多烟俱拱杷子。		

續表

故寧府		
七世	八世	九世
多㷒拱橴子。		
多炷拱梳子。		
多熅拱楷子,以上俱封(封)〔輔〕國將軍。[9]		
多炥	謀墝	
	謀塊	
多煏	謀境	
多烴		
多熄		
多燦俱拱楷子。		
多焊	謀垙	
	謀坿	
	謀墐	
	謀堂	
多焻	謀瑜	
	謀塔以上俱封鎮國中尉。	
多烻		
多熺		
多烽		

續表

故寧府		
七世	八世	九世
多荧		
多烆俱拱櫚子。		
多煻		
多炻		
多熖俱拱梃子。		
多煜		
多烻		
多㲉		
多熆		
多炬		
多烎		
多熖俱拱枋子，以上俱封奉國將軍。		
多煙		
多烽		
多烱俱拱柄子。		
多燠		
多烕		
多爅		

續表

故寧府		
七世	八世	九世
多烘俱拱祿子。		
多炏		
多烱俱拱桓子。		
多㷖		
多烔俱拱欏子,以上俱封奉國將軍。		
多煩拱樫子。		
多炡拱橝子,以上俱庶人。		
多煥		
多熯俱拱欄子。		
多爌		
多炲		
多煿		
多熭		
多烮		
多煐俱拱槩子。		
多燂		
多㷊俱拱棷子。		
多熄拱樴子。		

續表

故寧府		
七世	八世	九世
多烕拱柑子,以上俱封奉國將軍。		
多煖		
多爔俱拱種子。		
多煬		
多熞俱拱樚子。		
多熱拱樨子。		
多焂拱棏子,以上俱封鎮國中尉。		
弋陽王弋陽端惠王第一子,嘉靖三十年襲封。		
多榮拱檀子。		
多煐		
多爍		
多燗俱拱椓子,以上俱封輔國將軍。		
多煇		
多煦		
多燸		
多煍		
多燢俱拱樽子。		

故寧府		
七世	八世	九世
多燇拱柹子。		
多焯拱榰子。		
多煌		
多炡		
多爆俱拱檜子。		
多烘		
多爁俱拱㯉子,以上俱封奉國將軍。		
多熿		
多㷉		
多炓		
多熔俱臨川拱槌子,以上俱封輔國中尉。		
多㶲		
多炕俱宜春拱棶子。		
多㵣		
多煋俱拱栻子。		
多㷫		
多燐		
多爌俱拱柈子。		

續表

故寧府		
七世	八世	九世
多煿拱橄子,以上俱封奉國將軍。		
多燧		
多燈		
多熿		
多（爐）〔爐〕俱拱欙子。[10]		
多㶳		
多熠		
多烓俱拱櫟子。		
多炌		
多燼		
多煓		
多熮		
多烕俱拱楫子。		
多烑		
多熇		
多炯俱拱根子。		
多煨		
多煤		

故寧府		
七世	八世	九世
多灼俱拱樸子。		
多㰟拱柵子。		
多炳		
多斅		
多烴俱拱梳子。		
多焯		
多熵俱拱樬子。		
多烯拱棕子。		
多焆拱樀子。		
多烷拱榆子，以上俱封輔國中尉。		

封制

親王禄米歲一萬石，內本色米二千石，折色八千石，每石折銀一兩。郡王並鎮國將軍禄米歲一千石，內本（米色）〔色米〕五百石，每石折銀八錢，折色五百石。淮、益二府每石折銀三分，共該銀一十五兩。弋陽各府每石折鈔七貫五百文，每貫折銀一厘一毫四絲二忽，共鈔三千七百五十貫，折銀四兩二錢八分六厘二毫五絲，又每石折銅錢一十五文，共折錢七貫五百文。○輔國將軍禄米歲八百石，內本色四百石，折色四百石。淮、益二府折銀一十二兩。弋陽各府折鈔三千貫，折銀共三兩四錢二分九厘，銅錢六千文。○奉國將軍禄米歲六百石，內本色三百石，折色三百石。淮、益二府折銀共九兩。弋陽各府折鈔二千二百五十貫，折銀共二兩五錢七分一厘七毫五絲，銅錢四貫五百文。○鎮國中尉禄米歲四百石，內本色二百石，折色二百石。淮、益二府折銀六兩。弋陽各府折鈔一千五百貫，折銀共一兩七錢一分四厘五毫，銅錢三千文。○輔國中尉禄米歲三百石，內本色一百五十石，折色一百五十石。淮、益二府折銀共四兩五錢。弋陽各府折鈔一千一百二十五貫，折銀共一兩二錢八分五厘八毫七絲五忽，銅錢二貫二百五十文。以上本色俱折銀八錢。○庶人本色食米歲七十石，寡婦庶女食米歲二十四石，俱每石折銀六錢。○各府縣主、儀賓禄糧歲一百五十石，內本色六十石，每石折銀五錢，折色九十石，折鈔二千七百貫，折銀三兩零八分六厘二毫，折銅錢五貫四百文。○郡君、儀賓禄米歲一百石，內本色米四十石，折色六十石，折鈔一千八百貫，折銀二兩五分七厘四毫，折錢三貫六百文。○縣君、儀賓禄米歲七十五石，內本色米三十石，折色四十五石，折鈔一千三百五十貫，折銀一兩五錢四分三厘五絲，折錢二貫七百文。○鄉君、儀賓禄米歲五十石，內本色米二十石，折色三十石，折鈔九百貫，折銀一兩二分七毫，折錢一貫八百文。以上本色俱折銀五錢。

《藩書》成之歲，淮、益二府並弋陽各府郡王、鎮、輔、奉國將軍、中尉及養贍妃嬪夫人共計三百八十八位，春季該支本色禄米銀二萬二千五百零五兩三錢二分六厘，計歲通共該銀九萬零二十一兩三錢四厘。○各府庶人共六十位，寡婦、庶女六十一位，春季該支本色禄糧銀八百四十二兩一錢，通計歲該銀三千三百六十八兩四錢。○各府縣主、郡君、縣君、鄉君、儀賓共二百一十一位，又喪偶縣主、郡、縣、鄉君、儀賓三十六位，春季共該支本色禄糧銀三千九十三兩一錢八分八厘七毫五絲，通計歲該銀一萬八千三百七十二兩七錢五分五厘。

梟史氏曰：三代之封，夏殷尚矣。周公相武王，履天下之籍，立七十一國，姬姓獨居五十三人，天下不稱偏焉，而荀卿以爲大儒之效，何也？蓋王者理天下不能獨治，襃功分土，更置犬牙，幹枝相屬，所以爲公天下之具，而骨肉同姓，顧可儉之，使其無茅土羨禄，養生送死，以爲親愛之具哉？此所以爲武周之心也。顧時有所必變，勢有所偏重，而仁義之道兼行於其間，則扶植防閑，不使其僭侈，以抵於法，而又爲可繼之制，以遂其親親之心，而不至於窮，斯則道之難也。草昧之初，支庶不煩，其後螽斯麟趾，漸至數十倍。太平宴安，情竇日泰，此時之所必變者。適千里者，十金之資，十人共之則適。而有所加，則有所薄，加不已而至無以分，則將益金，不然無以自給，此勢有偏重者，裁制之謀，近於綦間，而曠蕩之澤，涉於懈弛。惟夫張而不弦，寬而不綏，斯則制變救弊，而惟英君信相能權之者也。

高皇帝初定天下，洪武三年始封十王，大約儀衛規畫，下天子一等，而沿邊大封盡齊、晉、秦、楚、蜀、粤之地，其後諸庶再封，比將軍者合四十九，而同姓之籍，視前代爲隆矣。是時訓導葉居升不解帝意，上封事謂：分封太侈，他日裁之則生怨，有七國之釁；任之則不掉，有尾大之憂。至引漢、晉之事以〔明〕之[11]。其後漢、齊之變，若與居升語合，不知亦一時之會，而帝意居升不解也。西漢之事，賈誼語之矣，至今以爲得。然劉澤叫呼，諸吕側目，而齊兵出駐，則北軍倚重。安劉之功,孰維之哉！晉氏之難,女主擅朝,權臣濁腐,蠹自中生,彼倫、囧者,非難本也。唐、宋孤弱,卒於無附,居今志古,得失可鏡矣。況本朝之制,食租不親斷轄,與漢、晉大異。顧所以爲慮者,非一時創造之所能悉,而事久變形,亦俟後之粉飾,圖以補之爾。江西三大府,先後並建,皆天子骨肉。淮、益僅僅奉法,無大冒于祖訓焉。而寧濠則滔天不逞,社稷幾危阽矣。所以然,亦以僭侈不裁;請求每遂,生其野心。彼其初亦以爲厚之,而其後則遂不可禁,此所以爲仁義之道,當兼行於其間者也。

先是宣德元年,更定宗藩禄米品級,後二年寧王權奏乞南昌附郭灌城鄉,俾子孫得耕種自給。章皇帝與權書曰:"所喻欲得灌城一鄉田土與庶子耕牧,朕不惜。今户部言,灌城之田一千六百一十七頃六十餘畝,鄉民所賴,以足衣食。庶子郡王自有歲禄。若從叔祖所言,百姓失業,必歸怨朝廷,故撥田之喻,不能曲從。"其後權復上書,謂:"親親不當分品級,高皇帝朝賀祭廟,將軍與諸王同班,靖江世子兄弟將軍,但群臣相見行君臣禮,不宜變,臣不避斧鉞,誠望赦免。"上復與書曰:"承喻以禄米定品級非舊制,忿切之情,溢於言表。再三披閱,駭愕良深,將軍與諸王同班,考祖訓及禮制皆不載。且天無二日,民無二王,群臣與靖江府將軍前皆行君臣之禮,是天下紛紛多君也。今叔祖輒有不避斧鉞,乞爲赦免之説,何冤何抑,而忿恨不平? 覽畢以示公、侯、伯、五府、六部文武大臣,咸謂叔祖意非在此,蓋托此爲名耳。不然,何以宣德元年八月之事,而至今始發也。予已悉拒群臣之言不聽,或復不謹,非獨群臣有言不已,天下之言皆將不已,是時雖欲全親親之義,有未易能。"權奉書懼,語塞。是時非上優容,則幾不免,而其後終身無絓罔,得謚爲"獻",亦有懲也。

弘治十六年,濠請易宮瓦以琉璃,得請,畀引銀二萬餘兩爲治具。巡撫林公俊言:"江西公私匱〔竭〕[12],人民滋困,盜賊不息,引錢雖無預於民,不知積存僅二萬七千餘兩,今益府宮殿蟻蠹,計修蓋費約三萬餘兩,淮府造墳,順昌、崇安王、將軍起第,支五千三百餘兩,後來尚未可計,他諸儒學傾頹,預備倉穀數少,官軍俸糧支尚缺四萬四千餘石,皆仰給於是。臣嘗見寧府完美堅緻,金碧燦煌。古者采椽不斲,茆茨不剪,土堦贊堯,卑宮贊禹,儒服紀河間,樂善紀東平,湘州之約儉,鎮西之輕財。聖帝明王所以揚盛休,垂後美者,端亦在是。寧府移封之初,不用琉璃,豈亦慕采椽茆茨之盛,崇古儉質,示樸以垂憲哉。今歷百年,傳數世,一旦無故而遽改之,孝子順孫所不爲。況性習難静易動,難儉易奢,操之猶懼,或放縱之,何往不流。王春秋方富,不務身心,而規規循常文采之間,以毀前人法則,臣未知其可。"奏上,濠意稍戢。往天順間,寧以罪革去護衛。正德初,賄劉瑾得復。比瑾敗,復革去。而伶人臧賢者,方幸用事,濠釁萬金於賢家,擬復請。時大臣多不可,乃瞰廷試士,持大臣右己者一二人,卒從中下之,得復護衛。由是羽翼就,而反意決。參政胡公世寧暴其惡,御史范公輅忤意,咸逮下錦衣獄,謫戍邊。群臣莫敢發者,然流言道路籍籍而事端見。御史蕭淮等復舉奏。己卯,遣大臣顏頤壽等爲書諭之。未至,濠懼。己卯六月,乃定反,殺巡撫孫公璲、副使許公逵,發兵指南都,破南康、九江,攻安慶不克,而贛州巡撫王公守仁合伍知府兵,從上流下,破南昌,搗其巢。濠聞還兵,遇于黃家渡,擒之。是時雖於社稷無所撓,而江以右其(无)〔先〕吞噬[13],繼殺戮,不可勝計。其詳見《寶書》,而死傷瘡痍亦已敝矣。

　　濠平,寧府廢,而弋陽、建安、樂安三郡王皆免,復封如故。是時事倉卒,新失王,無所統,以弋陽攝,稱曰管理府事,統體若大王者。再世則樂安、建安爭次,及事上,禮部議謂:"濠反,其國名已除,若云管理府事,是顯除其國,而陰存其名。以郡王鈐束郡王,禮與親王等,是不與其名,而陰與其實。名不正,固宜爭。今三府各自相攝,宗儀等,而凡奏請,得各自達。餘以支屬鍾陵附建安,石城、瑞昌附樂安,臨川、宜春附弋陽便。"奏可。

　　是時天下一家,餘二百年,天派蕃庶,往往撫臣告不給者,牘載公車。即江西以十三郡之力給諸藩,而借(布)〔商〕税[14],兌軍餘,諸種種猶不給。封制:親王禄萬石,郡〔王〕、鎮國將軍千石[15],次以遞減。而先是弘治癸亥,奏定萬石者支米二千石,每石折銀一兩,千石者五百石,以遞降居半分給,米石銀八錢,而皆以其餘折鈔,著爲例。然亦不給,而派於民户者,冠服、婚喪、屋料屑瑣,不啻米鹽,而往往乞請不已也。嘉靖壬子,因天下中尉求女封,禮部乃上奏,略曰:洪武初,封親、郡王、將軍纔四十九,女九;至永樂間,增封親、郡王、將軍四十一、女二十八,通百二十七位爾。而當時本色禄米已不能全給。潘府纔六千石,秦府、魯府、唐府各五千石,代府三千石,遼府、韓府、伊府各二千石。岷府一千五百石,肅府僅七百石。慶府雖七千五百石,而郡王中分之故,無滿萬石者。蓋天派日衍,征租有限,祖宗預計必然如此。今各親、郡王、將軍、中尉計九千八百二十八,女計九千七百八十三,通一萬九千六百一十一,其位數多國初一百五十倍,後尚未艾,而親王本色禄米又無不給萬石者,計天下歲供京師米四百萬石,而各處禄米凡八百五十三萬石,視輸京師之數,不啻倍之,皆國初所未計者。即如山西存留米一百五十二萬石,而宗室禄米三百一十二萬;河南存留八十四萬三千石,而宗室禄米一百九十二萬。是二省之糧即無水旱蠲免,不少升斗,猶不足以供禄米之半。況官吏俸給、軍士糧皆取其中,如之何其能供! 先是,嘉靖九年,豐林王台翰奏,欲定限郡王、將軍、中尉子女,其限外之數止給冠帶口糧。台翰亦郡王也,豈獨不欲富而言此,亦以有司不能全供,必數懷觖望,有司缺乏,未能辦給,而宗室勢欲全得,必數受侵侮,政令因之阻隔,國計無由充足,不若使各受冠帶月糧,許其如民間應制舉、商吏,各治生爲兩利也。今中尉女爲祖免親,不宜復封。奏可。於是始損中尉女婿封,但稱宗婿,而令得比民間業制舉,事不甚乖舊制,而通計歲所省,天下無慮萬數,固不啻矣。禮部二奏,皆歐陽文莊公筆。

　　始者,令著宗藩不得市民田,固懼侵擾。然利在,群趨冒者多。而奸民甲乙争,不勝,甲以産獻宗室,則乙者無所措,而糧差屬原户不除,貧民益困,周府將軍安湜奏,下户部,令天下各查王府田,比民間編差輸糧,匿不報及派且不納者,田産還復官,而罪其管莊者,發戍邊。江西益府田故寡,又皆邇葬兆,市以守護者,得特旨免。而其餘饒州、南昌悉理,附册以季禄折留司庫爲輸。是時,給事中王公鳴臣同有是奏。而鳴臣猶欲於各王禄,以地之米價貴賤爲差。謂江西、四川、湖廣、廣西米賤,不當視周、秦諸府。部議合莊事施行,而折米議下撫、按,勘未報也。

　　考今志江西所牒係禄者,亦不及周、秦諸封十之五,而猶凛凛若此。天下憂深慮遠之臣無慮大小,語藩封未嘗不欲建一長策,爲可繼之制,以遂天子親親之心,而不至於窮,而事未易言也。江右固名地,始者寧之移是也,固擇欲得之,爲其文物聲〔名〕可以保國也[16]。寧獻王博雅,通精百家,不啻白首經生,以故其餘韻時有讀書高雅者,視天下諸封猶多。倘朝廷稍調停其禄秩,而令其秀者視唐、宋故事,與科制除官,不抑其志,則必有爲國家宣力者。然事制大與不給之故,皆非臣下所得而議矣。

　　附宗學私議　宗室蕃衍,其麗不億,根厚枝繁,按之前代未有,自非祖宗深功厚德,何以有此。然禄糧不繼,撫臣往往告乏,而犯法益衆。憲臣往往參題,而部院制法防流,臺諫陳言救弊,無所不至,然終未有能建不拔之策,以漸收服馴之效者,其故在於未治其本也。夫根本之不圖,議法之未備,而徒於其末流,旋加補緝,是無怪乎其能稍彌於東,而復出於西,議及於此,而復遺於彼也。夫人生有欲,不學則不知道,而治人有術,無教則不能齊。故周公憂伯禽之驕,則常抗世子之法;漢高知趙王之幼,則爲立强梗之師。至於庶民,閭里愛其子與孫者,未嘗不聘明士而授之經史禮儀,何者? 蓋習漸薰陶,則禮義浹治，必其服習既久，而猶有不率者，然後稍以法制繩之。譬之治水，既清其源，尤防其濫，則雖有排擊崩潰之勢，而猶可收隄防彌伏之功也。

祖宗開創之時，諸府並建，時位號未蕃，法制因略，而今則且數十倍於舊矣。夫事不素教，既無以興起其禮義之心，富貴豢養，復有以滋其驕慢之性。而憸夫讒人，又從而倡導其間，以爲憑藉依倚之地，是以侈肆莫約，妄踰無紀，甚或椎埋匿奸，殺人奪市，嘯群聚衆，遊治挾妓，至於不可殫述者，無所不至。參治懲戒之牘，交於公車；橫肆侵淩之苦，徧於里巷。若是者，非所以復其性也。大府統攝既衆，〔其〕勢反有所不行[17]，而長史等官，又不能皆賢，其於請名、請封，又不能無所需索於其間。貧者假貸以爲賄，則日積怨聲，强者自持而不行，則工謀挾訐。是以在官司則似困於禄米之多，而在宗藩則番有不及之歎。其原在無專官以統之，而無以察其情，若是者非所以使之得其所也。夫不復其性，而欲使其不悖於行，不得其所，而欲使其無撓於法，則在治民且不可，而況於宗室乎？平居棄之而不教，而及其罹於罪也，則重以法裁之，是在治民且不可，而況于天子之親親乎？

比觀時事，天下之可慮，莫大於宗藩，知根本之病，所當急圖，法制之疏，所當亟變。細推利害，莫若凡宗室除親王不論外，其有王府去處，別立宗學，每學中爲祖訓之堂，東西爲箱，略仿儒學，設官五員，鑄印分爲四齋，即擇宗室中之有學行者爲之，而題其銜曰署某處宗學事，將軍、中尉以時集宗室於其中，讀書習禮，而別請專敕，詳議條款，授憲臣以提督之責，凡有不率教者，輕則宗學官傍立，責治於堂下，又稍重則提督徑革禄米示罰，又重則參題處治。而凡一妃一妾必鳴于宗學，申提督官如制批允，方許聘娶，生子則報于宗學，申于提督官，處查係批，允某氏所生，方爲准理。每季終，提督官類行長史衙門具題，喪祭房價，悉依此例。凡經提督開准，而長史衙門抑勒者，參呈治罪，重則以贓問革。其有分齋所屬不率於教者，罪連齋官。提督官與署學事者，分居東西箱。凡宗室於宗學及提督官長揖，而宗學及長史於提督官依儒學體。其有果能篤學修行者，提督官歲終類呈撫按衙門，請敕獎勵，及或以罰住禄米移賞。没則宗學之傍設爲宗賢祠，以祀之。其宗學升黜聚散，俱於祖訓堂下，稍同儒學。如是既有學以教之，而又有專官以統理之，賢否分明，人各自勵，薰陶積漸，自能興起改行，以務爲修飭。而或者以爲宗室之尊，似不可屈體於有司；累朝未行，似不可變亂〔於〕今（日）[18]。殊不知臨之以師道，而非治以官府之法，則臨雍拜老，雖天子而不以爲卑；導之義禮，而非徒恃法制之詳，則救弊持盈，雖創始而不以爲亂。官專則事必集，法信則人知警，於其教之之中，而即寓約之之法。即夫裁之之義，而亦所以爲全之之仁。上焉者，就學而益明，中焉者，畏威而寡罪。是豈徒以姑紓天下燃眉之急，而亦所以固本支百世之傳。因變慮防，計無急於此者。粗舉大略，得大人君子才識憂時者，思其不及而增其未備，見諸行事，則數歲之後，天下之受兹福者，有不待繩法，而凜凜之憂可杜矣。署廣西按察司事時著。

校勘記

[1]據天一閣本補。

[2]據北圖膠卷補。

[3]據北圖膠卷改。

[4]據天一閣本補。

[5]據本頁宸潛、大哥條補。

[6]據天一閣本補。

[7]據北圖膠卷改。

[8]據天一閣本改。

[9]據北圖膠卷改。

［10］據北圖膠卷改。

［11］［12］據天一閣本補。

［13］［14］據天一閣本改。

［15］［16］［17］據天一閣本補。

［18］據北圖膠卷補、删。

江西省大志卷之四　溉書

臬史　王宗沐 著

源	凡大水出某山,流而合於江湖者。其小水僅可溉者,併於下塘格。
隄	累土石爲之,所以捍水者,凡曰圩,曰塍,曰岸,曰壩,曰壟,曰洲,皆別名。
塘	掘地土爲之,所以瀦水者。凡曰陂,曰堰,曰堨,曰溪,曰輪,曰泉,曰港,曰圳,曰池,曰潭,皆別名。

南昌縣

源	西洛水在城南七十里,自旴、汝東北,入武陽水。 武陽水在城東南四十里,源出旴江,經臨川入南昌界東南五十里,號武陽渡,又東北,入鄱湖。
隄	灌城鄉歲有等五圩,鍾陵鄉富有等十七圩,南昌鄉康樂等十圩,歸德鄉西城等七圩,乾封鄉長樂等十圩,長定鄉廣利等二圩,南鄉歲收等十二圩,北鄉萬石等十一圩,東鄉安豐等六圩,西鄉通濟等六圩,舒家等二堨。
塘	南昌鄉廟前等二港,乾封鄉鯨魚塘一湖,南鄉注魚等三湖,車湖一塘。

	新建縣
源	蜀水在城南六十里,一名筠河,自瑞州高安入境,與章江合流。 瀑布水在城西六十里,源出西山,狀如玉簾。宋歐陽修論水,以洪州瀑布泉爲第八。 吳源水在城西三十里,乃西山風雨池之餘波也。
隄	南鄉利順等十圩,丘家等十七墙,北鄉十全等七圩,沙溪口等三墙,善政鄉大企等十一圩,西湖南等三墙,五諫鄉永豐等八圩,昌邑鄉下閏澤等二圩,西鄉楊葉山小河一壩,上閏澤等十六圩,東官一墙,東鄉豐利等十七圩。
塘	南鄉官圳等六塘,黃坊一〔陂〕[1],盡忠鄉駱陂等三陂,大城等四塘,東港等二堨,東江等三堰,李吕塘一圳,北鄉新橫等二陂,黃池等四塘,貞陂一港,流〔汊〕等二圳[2],善政鄉彭陂等三堨,白石崗一圳,五諫鄉魏家等二塘,淇頭一潭,南藥一湖,昌邑鄉下閏澤一陂,西鄉新塘一陂,東鄉楊家等三塘。

豐城縣

源	劍水其源自庾嶺西來,抵處經惶恐灘,下過廬陵、清江、合宜春江,繞邑之西北,爲劍水,東流過南昌入湖。 豐水在邑南一百二十里,出杯山永豐界,東北流過中溪,環邑之南,爲腰帶水,又東會富水,合流至小港口,入河。 雲韶水在縣東,源出撫州旴水,東北流經縣東界,八十里自大港口,入河。 槎水在邑南八十里,自候峰發源,西流經黃金橋故汊,至烏石岡,隨地築堰者三十餘所,灌溉之利,民甚賴之。
隄	在城六坊背江關門圩一塴,登仙鄉鴉鵲等六塴,梅仙鄉花湖渡一圩,盧家一塴;奉化鄉沿湖等二塴;折桂鄉孫家埠圩一塴;正信鄉青洲寒婆園等三圩,袁家渡等五塴;宣風鄉柘園等十七塴,洞頭一圩;長豐鄉返至埂等三塴,桑洲一圩。
塘	登仙鄉大塘等二塘,典琴一陂,楓林一港;梅仙鄉官陂一陂;劍池鄉出蛇等四陂,官店一塌;長樂鄉史家一陂;奉化鄉流陂等二陂;會昌鄉鄧山等三陂;大順鄉社林等二陂;廣豐鄉鴉鵲一溪,板陂一〔陂〕[3],神樹一港。正信鄉傳家等二陂,黃梅等四塘,徐茫等三湖,宣風鄉麓塘等〔六〕塘[4],螺夾一陂,長豐鄉塔藍一陂。

進賢縣	
源	阮澤水在縣東南五里,源發槲山下,(匪)〔匯〕于藏溪灣[5],旋九曲,沿通濟橋流入鄱湖。
隄	十七都煖〔泉〕(廟)〔壩〕[6],三十一都港南圩。
塘	在城六隅泮宮等十三塘。一都至十都,晏家等九十三陂,茭塘等四百二十一塘。常湖等二港;十一都至十八都,凌湖等三十九陂,白家等一百一十七塘。二十二都至三十都,黃家等八十二塘,張陂等二十九陂。三十一都至三十七都,紫塘等六十八塘,紫陂等三十四陂,趙家一圳。

奉新縣	
源	龍溪水在縣西二十里,源發藥(主)〔王〕山^[7]。流經縣界,縈回數里,合馮水。
隄	隄無。
塘	善從鄉蒲陂等十陂,鄭州等二堨;建康鄉鷩羊等十二陂,綠溪一塘;北鄉界竹等十六陂,顯教等十塘;師姑一堨;南鄉瓦陂等十八陂,湖塘等二塘,埈陂等二堨;同安鄉歷郎等九陂;奉新鄉官莊等二十一陂,西岡一圳,涂坊等二堨;新安鄉雷陂等八陂;新興鄉石下等二十九陂,故縣一塘,故縣一堨;法城鄉車坪等十六陂,查村上一港;進城鄉黃土等二十五陂;奉化鄉東坑等二十五陂,上富一圳;甘坊一堨;南鄉團陂等四陂。

靖安縣	
源	艾脩水經流城下,入彭蠡。
隄	靖安鄉〔黑〕州圩[8]。
塘	靖安鄉吴陂等十三陂,湖尾等四塘,灌州一湖,院塲等八堰,脩源山等十六泉;南義鄉烏沙等十一陂,河田等六堰,西坑山等十三泉;招賢鄉馬頭等二陂,〔石〕堰等二堰[9],獨石等二塘,東江山等二十五泉;長安鄉量過等六陂,沙陂等二堰,冷水等二塘,破岡山等五泉,烏石車四等五輪;羡門鄉石崖等二十四陂,小文等九堰,樵山等六塘,漠源坳山等二十〔二〕泉[10],況婆等一十一輪。

武寧縣	
源	艾脩水經流城下,入彭蠡。
隄	隄無。
塘	一都至十都,瞿陂等四陂,住前等三十三塘,三港等四堰。十一都至十九都,視田等三陂,港〔北〕等三十八塘[11]。二十三都至三十都長樂等一陂,舒家等二十七塘。三十一都至四十都,遼陂等十陂,楊田等二堰,塘山等七塘。四十二都至五十都,早陂等二十四陂,楊田等三十三塘。五十一、五十二都,大注等二陂,黃水等十塘。

寧州	
源	艾脩水源發於仁鄉,在州治西一百八十里,流于武寧、建昌,至彭澤入湖。
隄	隄無。
塘	泰鄉一都至八都,穿石等一百二十四陂,石壟等一百六十三塘。安鄉九都至十四都,徐家等一百四十三陂,顧宅等七十四塘。奉鄉十五都至十九都,梅坑等一百零三陂,靈山坳等七十九塘。武鄉二十一都至三十三都,查湖等一百七十九陂,山口等一百三十二塘。高鄉三十四都至三十八都,車墢等七十六陂,柿樹等一百零六塘。崇鄉四十一都至五十五都,梁家等八十一陂,義坑等九十四塘。仁鄉五十六都至六十六都,〔長田〕等五十八陂[12],彭〔大〕等五十八塘[13]。西鄉六十七都至七十三都,大陂等六十八陂,自然等二十七塘。

高安縣

源	蜀江水一名錦水,自袁之萬載發源,至上高合新昌水入江,經府城東,入章貢,至南昌入鄱湖。 曲水在縣南九十里,源發蒙山,流出潦滸口,東入贛江。 穩泉水在縣南三十里鈞山東北,沸湧出于平田,自三十六陂流經曲水橋,入清江界,合贛水。 鍾口水在邑南三十七里,發源荷出,入蜀江。梁時,人于此獲古鍾。 華陽水在邑西南七十五里,源出新喻縣界,流入蜀江。
隄	二都沿江圩,十三都鹽湖圩,四十一都白馬墻。
塘	一都至十都,鄭伏等一百零二陂,鄭伏等一百三十八塘,一堨,沙埠等五圳,上郎一潭。十一都至二十都,新陂等八十六陂,〔高〕櫟等九十五塘[14],楊家灘等二圳。二十一都至三十都,黃山等五十八陂,九家等四十六塘,鹽圳等三圳。三十一都至四十都石橋等四十八陂,麻塘等十三塘。四十一都至四十六都,牛角等三十六陂,黃家等二十塘。

	上高縣
源	六口水在縣北一十里，自上夫西流，發源歷陽樂花陂，至六口入江。 章舍水在邑東北三十里，源自新昌黨田塘浦，經黃塘至廣樂城頭入江。 易樂水在邑西南一百二十里，自乾陀嶺發源，經永平至紫府口，入蜀江。 白竹港水自新昌高嶺發源，至白竹港入江。 山湖橋水在邑東南五里，源出普潤泉，(統)〔流〕經石步頭下[15]，合元豐橋水，至山湖橋入江。
陡	黃村團庵前墻〔等〕義上團楊樹墻[16]、社官墻。修仁團思心墻、坑橋墻。
塘	何陂等團，城下黃家等一百三十七陂，烏石等六十五塘，大泉等十一泉，宋湖一所。

新昌縣

源	西溪水自寧州發源,至縣一百五十里,回繞而東,入上高。 東溪自東北奉新界,入上高。 鹽溪在縣西門,自分寧縣發源,流入上高。方塘溪自黃檗山發源,流入上高。分鄉嶺溪自縣北發源,流入上高。西磜溪自縣北經天寶,達步仙橋。枯竹溪自縣東出湖城橋,入高安私谿港。
隄	隄無。
塘	一都至十都,賽口等七十四陂,冷水等三十塘。十一都至二十都,丁家等七十七陂,荷塘〔等〕五十七塘[17]。二十一都至三十都〔百〕丈等四十四陂[18],小坑等十四塘。三十一都至四十一都,含湖等三十五陂,蘇田等十四塘。

袁州府屬

	宜春縣
源	秀江水在城北門外,源出萍鄉羅霄山,東流至城下,澄湛深碧,又三百里,過分宜、新喻,至臨江府合大江。 清瀝江在邑西南六十里,源出老山,山頂有瀑數派,一派瀉山下為此江,過鞏溪,又過了山,分二派:一為官陂水,一為古江。又分二派:一為司谿江,一為新江。會為麟橋江,入于秀江,流出合大江。 九曲水在邑城外五里,自明村發源,縈紆九折,出赤橋,入秀江。
�;隄	化北鄉卜山壋。
塘	韶均鄉徐陂等十陂,楊羅坭等三〔塘〕[19],〔仁孝〕鄉黃土等七陂[20],塔下一塘。歸化鄉增陂等二十陂,栗源等四塘。化南鄉都陂等二十七陂,泉源(寺)〔等〕二十二塘[21]。薦裏鄉郎中等三十二陂,苦蕎一塘。薦外鄉郎中等六十四陂,泉源等十三塘。石裏鄉前茅等十六陂,灌塘等五塘。石外鄉叔翁坑等二十八陂,牛仔等六塘。修仁鄉板陂等二十七陂。集雲鄉白沙等十八陂。信義鄉蕉宗等八陂,上林等十四塘。遷喬鄉乾陂等七陂,燈籠橋等十五塘。善和鄉楊陂等十陂,羅坭等九塘。化北鄉歐陽等二十九陂,輪塘等十七塘。 附:袁州衛一都沙石等十二陂,梅塘等十塘,水圳二圳。

	分宜縣
源	縣前江即秀江,水澄徹環抱,亦曰清源渡。 介溪水在縣北十五里化全鄉,發源界塘,渟匯清徹,中有巨石平坦,冬夏不竭,溉田千餘畝,順流東南十餘里至㹩江,會秀江水,流入大江。 汊江水在邑南五十里,左自仰嶺源,右自黃真人台下發源,旋繞至大清里泉江山下,二水相夾,出安福同橋、廬陵板陂,至吉水同江,聚入大河。
隄	隄無。
塘	神龍鄉芒陂等十七陂,餘家等十七堰,泉塘一塘。招賢鄉石崖等四十二陂,東邊等九堰。豐樂鄉楊家等十六陂,蘇田等五堰。化泉鄉長山等十一陂,土陂等十堰,鯉子等七塘。(懦)〔儒〕林鄉小陂等五十三陂[22],新堰等三堰,大泉等七塘。彰善鄉過路等六十四陂,桑墻等二堰,大塘等十一塘。挺秀鄉小陂等二十一陂,大源一堰,篦塘等五塘。文標鄉王陂等二十三陂,洞前一堰,不離等六塘。旌儒鄉陳陂等六十五陂,石陂一堰,大塘等二十一塘。清教鄉塘坵等六十五坵,新塘等十六塘。

萍鄉縣

源	羅霄水在邑東南四十里,源發羅霄山,分二派,東流合盧溪水,西流出本縣,合湘東江,入醴陵。
隄	隄無。
塘	觀化鄉斂陂等四十一陂,扶充等五十一塘。遵化鄉木陂等七十四陂,山塘等八十二塘。歸聖鄉袁家等十六陂,橫塘等三十一塘。安樂鄉泉蕩等五十一陂,冷水等二十四塘。桂華鄉小社等七十陂,何林等七十五塘。永寧鄉小陂等五十八陂,夏家等二十四塘。欽風鄉干陂等二十三陂,澗塘等十一塘。 附:袁州衛左湘東一都路石等七陂,井坑等八塘。右湘東一都南段等六陂,荒塘等八塘,長圳一圳。

萬載縣	
源	龍江水在縣北五里,源出縣西一百二十里金鍾湖,下流入瑞州境。 石洞水在縣西南二十里,源出竹山洞,北流過楊河山,合白沙水下南浦橋,至縣學前,過雙虹橋,西入龍江,出上高。 康樂水在縣東北三十里,源出謝山,東流至丘江,合龍江水出上高。
隄	隄無。
塘	懷舊鄉龍江車等四十二陂,殷家等二十九堰,赤砵等四塘。萬載鄉潭堰等十八堰,麥初等二塘,石澗一圳。進城鄉羅家等十四堰。歐桂西鄉福塘等三塘,公堰等二十一堰,謝陂等二十四陂。歐桂東鄉潭頭等九堰,大塘一塘。 附:袁州衛一都塔下等十九陂。三都田圳上等四陂。五都河樹灣等六陂。七都江下等九陂。三十一都楊樹隴等八陂。三十二都橋頭等六陂,鄧家等十一塘,高家等五圳,泉源一處。

清江縣

源	蕭水在邑西五里,源出棲梧山及烏塘,合流而爲蕭水,中有灘,曰蕭灘,下流至南昌府境入江。 塗水在邑南三十里,源發茂村鄉,流經紫淦山,至清江鎮入江。 贛水在城南,源出豫章南壄縣,西北過贛縣東,又西北過廬陵縣西,又東北過石陽縣西,又東北過新淦縣西,又北流入大江。 清江水在城南,自固本堤成,贛袁二水合流東下,壅不能泄。宋趙希愷、趙師古相繼築砌堤岸,水方順道。國朝知府戴瑤、尚晉、吳叙、徐問以次修築,民賴以安。
陂	思賢鄉(大)〔六〕都、小林州等二圩岸[23],龔家一壩。建安鄉八都荷葉等三壩。修德鄉十七都至二十都龍潭口等九圩岸。崇學鄉二十二都至二十九都蛟壟一壟,小市等六圩岸。建安鄉二十八都至三十二都大河頭等三圩岸,大橋一壩。茂材鄉三十都河水東一圩岸,雷家一壩。
塘	思賢鄉一都至六都,敢陂等三十陂,小里等一百五十四塘,凌湖皮家二湖。建安鄉七都至十一都,大陂等十九陂,白竹等一百零八塘,泉湖等七湖,長湖尾等六圳。修德鄉十二都至二十都,茶芽等六陂,段塘等一百零三塘,白湖等二十湖,江湖等六圳。崇學鄉二十一都至二十九都,白江等二十七陂,聶墓等一百零三十八塘,鹿景等二塌,小呼等六湖,官圳等六圳。建安(縣)〔鄉〕二十八都至三十二都[24],大禾等十陂,斥塘等十九塘,橫埈等二十七湖,楊婆一圳。茂材鄉三十都至三十八都,石墳等四十七陂,堰塘等二塘,聶湖等九湖。

新喻縣

源	穎江水在縣南八十里,源自蒙山,匯於新橋,達於清江,至華陽江口合渝。 同水源自分宜縣同村閣嶺,去縣八十里,東流入縣界,南流一百八十里入安福界。
隄	登豐鄉一都四圖墻一條。擢秀鄉十七都七圖圩岸一。
塘	登豐鄉寶華觀邊等三十陂,白竹等六塘,張家等三湖,馹橋一堰。振藻鄉土疇等四十五陂,淳塘等二十二塘,旱天等三湖,長湖等二圳。擢秀鄉宋家等四十陂,新塘等三十八塘,長湖等三湖,黃蓮〔一〕堰[25]。安和鄉下陂等十八陂,表湖尾等二十五塘,水圳等二圳。昇蒙鄉左陂等七陂,上祿等三塘。昇平鄉嚴陂等四十六陂,上塘等二十五塘,蒙山鄉甘陂等五陂,樂塘等八塘。崇教鄉上步等四十一陂,雙塘等三十五塘,漪塘等二圳。長樂鄉楓樹等二十七陂,荷塘等十五塘。鍾山鄉按陂等三十五陂,劉藍等二塘。仁孝鄉歐陽等二十八陂,鄭家等八塘,黃富一圳。

新淦縣	
源	泥江水在縣南一十里,一名泥溪,源出樂安縣,流入縣境二百里,達於清江。 象江在縣南五十里,源出新喻縣界,東流三十里,入於清江。 豐水在縣南一百三十里,自廬陵西北流入府界,達於贛江。
隄	善政鄉二都龍窟圩岸。登賢鄉四十一都新市圩岸。
塘	善政鄉一都至三都,(于)〔羊〕陂等六陂[26],湖塘等四塘,張家等四湖,長圳等二圳。太平鄉十八都至二十一都,鹿貽等九陂,黃塘等六塘,湖圳一圳。欽風鄉二十二都至二十八都,牢陂等十陂,余家等二圳,山泉一泉。修德鄉二十九都至三十六都,長陂等十二陂,小泉一泉。登賢鄉三十七都至四十四都,磊陂等十二陂,桂塘等七塘,鄭家等三湖,小溪一溪。安國鄉四十四都至四十九都,湖陂等二十一陂,堯家等十九塘,山泉一泉。

峽江縣	
源	峽水源自贛發,經吉安流下,合諸水匯于淦,達於清江。 澅水在縣北二十里,合新喻界頭水,東流入清江。
隄	揚名鄉西一都上下壋、黃狗壋、流源壋。玉笥鄉東四都石陂壋。
塘	揚名鄉五坊至西十三都,高溪等三十六陂,村頭等六塘,西田一港。善政鄉東一都至二都,新陂等二十八陂。玉笥鄉東三都至十都,道人橋等四十七陂,南塘等三塘。安國鄉西二都至五都,劉公等十九陂,注塘一塘。斷金鄉西四都至九都,武陵等二十五陂。

廬陵縣

源	贛水其源有二：章貢二水北流，至贛縣始合，故謂之贛。三百里至萬安縣，折而東，六十里逾泰和，東北流八十里，經邑界以達郡城東，經墨潭而下吉水，過臨江至南昌，而匯于彭蠡。 神岡山水在邑西南，其源有二：一自袁州萍鄉縣羅霄山發，一百八十里至安福縣，又東流八十里與永新水合；一自永寧之蔣山、鵝嶺二水，通於永新。其間有邕水、禾水、抱陂、秀水、琴停、黃陂、瀘水、郭水、毛停、同水、清溪、更生、王江諸水，皆經此入於贛江。
隄	隄無。
塘	坊廓鄉小陂等二十三陂，觀塘等七堰，罕塘等四百四十六塘，官圳等六十一圳，噴珠一池。儒林鄉凍頭等三十三陂，長潦等十二堰，新塘等三百七十三塘，龍家等三湖，渾田等八十九圳，汶塘一泉。永福鄉藍村等四十九陂，石頭州等四堰。安平鄉西源等三十三陂，杜頭等十二堰，村背等二百四十六塘，廟前等二圳。宣化鄉凍頭等二十三陂，蔣山等一堰，李家等九十八圳，古塘等二百八十塘。儒行鄉王家等一十五堰，廟下等十三陂，廟前等三百九十八塘，水圳等六圳。淳化鄉湖陂等二十三陂，龍源等三堰，坪湖等二湖，坪湖等九十五塘，樓前等三圳，延福鄉青山等五十二坡，泉水等二堰，黃泥等一百七十五塘，上桑園等九圳。

吉水縣	
源	永豐水在縣城南,其源自撫州樂安、贛州寧都、興國三縣界發,其間有麻江、黃竹渡、搖步、永寧、龍門、永豐、白水、陽豐、廬陵峽、烏江諸水,皆會於此,入贛江。 張家渡水在縣東南,源出永昌鄉,其間有盧江、河口、分陂、幽溪、皂江、義昌、王江、明德、瀟瀧諸水,皆經此入於贛江。 同江水在縣西北六十里,源出袁州分宜、安福、廬陵之境,其間有楓子江,柿陂、何胡石水,皆經此入於贛。
隄	隄無。
塘	仁壽鄉巷下等一百五十九陂,蛟龍潭等二堰,清水等一百七十一塘。折桂鄉廉等一百九陂,濠坑等二百三十四塘,竹條山一泉。文昌鄉白沙等六十九陂,官堰等六堰,潭村等二百二十九塘。中鵠鄉和尚等七十陂,曾龔等二堰,匀埠等二百二十五塘,石坑等二泉。同水鄉大坪等七十七陂,葦子等九十九塘。

永豐縣	
源	恩江水源自撫州樂安、贛州寧都、興國三縣界發,其間合麻江諸小水,流出吉安女江門,入贛江。
隄	隄無。
塘	龍雲鄉一(部)〔都〕至七都[27],胡家等二〔百〕二十五陂[28],潭江等七十二塘,小陂等九堰,石羊一湖。興平鄉八都至十五都,楓陂等一百五十陂,長蛇等十七塘,楓陂等十堰。遷鶯鄉十六都至二十五都,高(坡)〔陂〕等一百五十九(坡)〔陂〕,新陂等六十二塘,牛峒山等十三堰,劉家等三圳。網埠壩上一湖。永豐鄉二十六都至三十七都,菜草坪等一百六十七陂,繼田等三十七塘,夏家源等十三堰。明德鄉三十八都至五十三都,胡家等一百八十一〔陂〕[29],樟樹等四十塘,煙江等十八堰,晦溪一溪。

泰和縣		
源	雲亭江水在縣南,一名繒水,源發興國縣界,西北流至珠林入贛江。 牛吼江水源自龍泉拔鐵山發,其間有清江、蜀水、禾溪、橫江諸水,皆經此入於贛江。 仙槎江水源發興國縣界小窰嶺,西北流,其間有大蓬江水、仁善江水,皆經此入贛江。
隄	隄無。
塘	一都至十都,嚴頭等二十七陂,曾灌等九十三塘,九曲等五圳。十一都至二十都,金鍾等二十五陂,綠窗等三十九塘,坳下等三泉,死圳等二圳。二十一都至三十都,馬陂等三十三陂,轉坑等四十六塘,康家等二圳。三十一都至四十都,東路官等二十七陂,五通坑等五十四塘,下陂等四圳,泉窟等二泉。四十一都至五十都,高隴等三十三陂,細草等一百一十一塘,石頭等十二圳,清塘一港,晏底等七湖,土城濠一池。五十一都至六十都,土陂等四十三陂,社塘等七十三塘,黃茅磜等二十二圳,官湖等二湖。六十一都至七十都,蕎坪等十六陂,廟前等四十五塘,石灰等四圳,鯣鹹等九泉。

	萬安縣
源	皂口江水在縣南六十里,其源出贛縣三龍,經上造、下造而流入贛江。 上橫江水在縣西北六十里,其源自龍泉潭溪發,經泰和牛吼江入于贛江。 梁口江水在縣〔南〕八十里[30],其源自西平涇發黃塘,南流入贛江。 城江水在邑西北六十里,源自蕉源山發,經南州觀,合盧溪,經兩江口流入贛江。
隄	隄無。
塘	一都至〔十都,密溪等五〕十九陂[31],城壇等八〔十五塘〕[32]。十一都至二十都,龔家等四十〔一〕陂[33],牛山等一百二十六塘。 二十一都至三十都,葫蘆等四十二陂,〔松〕楊等一十二塘[34]。 三十一都至三十四都,黃塘等一十三陂,匡昉一塘。

龍泉縣	
源	遂水在縣南,其源有左、右二溪。左溪一出自郴之桂陽堀渡,一出自南安上猶之大林,至南江口始會,經西莊稅之西,與右溪水合。右溪之源出自衡之茶陵沴陽,經雙溪坑至西溪口,由渡口而東,歷十八四灘,乃入贛江。
隄	永興鄉八都上遇隄岸。
塘	興賢鄉龍武岡等八陂,下坑等四塘。光化鄉蔴團園等一十四陂,蛇塘等四塘。永興鄉沙坵、賴源等一十六陂,池塘坑等六塘。崇德鄉新陂等二十三陂,村頭坳一塘。順政鄉羅團等六陂,山溪一塘。

安福縣	
源	江水自袁州萍鄉縣廬蕭山發源,距縣一百八十里,合三小江東流,繞縣北與永新縣水相合,出本府神崗山入聚大江。
隄	三都五圖官圳上壋。五都一圖泉眼壋。二圖大板壋。四十七都五圖黃柏壪上泉壋,用家泉壋。
塘	〔一都至〕十都[35],溢流等三十二陂,沙塘等四十四塘,羅家等七圳。十一都至二十都,洋陂等二十五陂,龍家等十三塘。二十一都至三十都,葛礐等十八陂,前神等九塘,小陂等六堰。三十一都至四十都,新陂等二十一陂,山地等十九塘,小泉等四泉,近江等五圳。四十一都至五十都,舒陂等五十二陂,桐木等七十三塘,龍泉等二堰,源陂水等三圳,坑邊等二泉。五十一都至六十都,冷渴等三十七陂,官塘等八十八塘,苦茗等七圳,淺陂等三堰。六十一都至六十九都,西嚴坑等七十二陂,棗坑等二十八塘,要陂等二堰,野水火等五圳。

永新縣	
源	江水自百丈峒發源,至潞江口芟田,與永寧水合流,入本縣城南江口,接安福水,合吉安大江。
隄	隄無。
塘	太平鄉石橋等二十三陂,大江嶺等二十七塘。禾山鄉浣溪等二十九陂,朱沙等二十八塘。登豐鄉張村等二十四陂,涸塘等二十五塘。西安鄉雙江口等二十二陂,塗塘等二十五塘。安仁鄉升方等二十四陂,陳家等七塘。西亭鄉琴亭堂等十五陂,郭家等七塘。霸封鄉老鴉等四十三陂,吳家等十六塘。才德鄉袍陂等十三陂,上塗等十五塘。景福鄉東陂等五陂,橫江等五塘。積慶鄉官陂等十二陂,曾家等三塘。思賢鄉龍陂等十陂,白竹等二十四塘。義和鄉長湖等七陂,石塘等十塘。

永寧縣	
源	漿山水自湖廣茶陵州界漿山發源,東流出雙江口至回碧亭。 拐湖水自龍泉縣界發源,流入拐湖礨頭,合回碧亭。 鵝嶺水自永新縣界發源,西流經縣治南下,至回碧亭,三水共會,出小江山,縈回一百八十餘里,下接永新水,合吉安大江。
隄	隄無。
塘	蕉陂區一保橋頭等五陂,上梘等二塘。五保皋陂等六陂,石盤頭一塘。九保麻沖等四陂。龍溪區二保烏陂等四陂,黃花等二塘。四保庵背等四陂,荷花一塘。瓦岡區六保石橋等六陂,藕塘一塘。七保泗下等二陂,雙了一塘。八保聶陂等六陂,魚任一塘。

臨川縣

源	臨水在城西一十里,其源自崇仁巴山,西北行三十里與寶唐諸水合,曲折而下,經臨川山,下流至西津與汝水會,達于大江。 汝水其源上接盱江,流經金谿縣,曲折行百餘里,東流合豫章水,其上流之分派,自千金之陂西流至郡城東,抱城而北,合宜黄、崇仁二縣水,流至南昌界,合豫章水入鄱陽湖。
隄	民賢鄉四十五都西圖黄家墻,積善鄉九十一都二圖墓橋陂壩。
塘	臨汝、長寧、靈臺、招賢、盡安五鄉,花林等一百一十八陂,胡家等一百四十三塘,張家等七堨,朱家塘等二十六湖,吳家等四渡,游家一池,顏家等六港,南櫃等二堰,徐婆等二潭,水圳等二十三圳。民賢、長樂、延壽、崇德、積善五鄉,筋竹等二百零四陂,艾塘等二百五塘,長湖等五十六湖,操家等三港,長湖北岸等一十四圳,黄泥等二堨,東溪二溪。長安、新豐二鄉,遊陂等四十二陂,鄭家等五十四塘,窟寨等五圳,小港一港,南源等四湖。

	崇仁縣
源	羅山水源出羅山。流派之大者二：一自暗坑出，沿流入寶唐水；一自東塔出，沿流入大港，合臨水入江。 西寧水源出華蓋山東北趾，由雷霹石、椒林沿流而下三百里，東北至縣西，與寶唐水合入江。 寶唐水源出寶唐山，下流合臨水入大江。
隄	隄無。
塘	一都至十都，險口等三十四陂，湖頭、聚水等四湖，淇湖等二塘，萬金一圳。十一都至十九都，石下等三十一陂，沙坵一塘，新陂一堰。二十一都至二十八都，祝家等一十七（塘）〔陂〕，江拗等三塘，巴山、百丈等三堰，桃源一圳。二十都至三十九都，嚴家等二十三陂，南莊等十圳，旱坑一塘。四十一都至四十九都，白陂等二十一陂，遊天段等七圳，新塘等十七塘，破港一湖。五十都至五十六都，上官等四陂，陳步等三塘，梓陂一圳。

樂安縣	
源	鰲溪水源出芙蓉山,東流三十里至縣,西流與贛水合。 遠溪水在縣南一百八十里,源出曹溪烏麻洞,三分至招攜,合烏水以入贛江。 大溪水源出華蓋山,經南村達烏江,下合永豐流入贛江。
隄	隄無。
塘	忠義鄉杜家等五十二陂,陂塘一塘。樂安鄉長陂等三十四陂,浯塘等四塘。添受鄉溪寔等八十二陂。雲蓋鄉李家等六十三陂,藕塘一塘。

金谿縣	
源	齊岡水在邑西五十里,其源二:一出縣北金窟三源,一出查堆坻流源,至下車橋合沿流城前入汝水。 石門水其源自旴水、清江水合流至此,下東漕經臨汝,達鄱湖。 青田水縣東二十里,源出雲林,歷黃洞至貴溪之仙巖港,達安仁,入鄱湖。 福水在縣南一十里,源出於閩,經南城梅峰至鼓樓岡,下會石門巷水。
隄	隄無。
塘	歸〔政鄉濠陂等〕一百二十五陂[36],〔柴家〕等五十二〔塘〕[37],前屋後一圳,稈槎一湖。歸德鄉小陂等五十九陂,蓮塘等一百七十塘,泥林等三湖。順德鄉蓮陂等九十七陂,烏木等七十六塘。順政鄉大陂等五十三陂,北源等四十三塘,清江一渡,花園一圳,中湖一湖。延福鄉石梁等五十四陂,油桱等八塘。白馬鄉北陂等二十二陂,倪家一塘。永和鄉廣陂等三十六陂,戴湖等二塘。

宜黃縣	
源	宜水源出軍山,流四十里與漳水會流,又一百里合而黃水於東港。 黃水源出黃土嶺,由南港流至東港,凡百餘里,與宜、章二水交合。
隄	隄無。
塘	崇鄉涂坊等四十三陂,上湖等二十四塘,小槎等一十六湖,上湖等一十六堰。仙鄉大深源等二十二陂,壕里等二十三塘,涂坊源等一十二湖,曹家等一十三塘。待鄉下黃等一十五陂,篦邊小水等十二塘,襟頭等一十三堰,河橋等一十二湖,謝家小排等三圳。

東鄉縣	
源	三港水其源有三：一出雄嵐峰左，一出洙溪，一出竹山峽，三水皆會于縣治之東北，名三港口，繞縣北流。 潤陂水其源有三：一自餘干之李梅峰，東流而西，一自鶴堂峰，南流而北，一自贊王嶺，西流而東，皆至巖前陂合，下流合龍窟河水。
隄	隄無。
塘	〔長〕壽鄉〔六〕頭等二十二陂[38]，孛古等二塘。移風鄉長樹等八十八陂，烏泥等三十九塘，桂湖等三湖，吳塘一圳，樟樹一潭。遵化鄉李家等十二陂，新塘等(二)〔三〕十七塘[39]，姨婆等二圳，李溪一湖。移風鄉官陂等十二陂，石潭一潭，劉家一塘，安寧鄉黃河等三十八坡，羅塘等十八塘，干旱古一圳。延壽鄉陳文等六十陂，大塘等四十六塘。習泰鄉孫家等八陂，信塘等四塘。雲錦鄉高陂等十三陂，義湖等二十三塘。永和鄉竹灌等五十六陂，羊角等二圳，新塘等二十三塘。 附：撫州府千户所留山等二陂，山西墳、洪村等三堰，闔陽下墳等二塘。

南城縣

源	旴水源出廣昌血木嶺,流二百八十里入南豐,又一百二十里至府治東南,與新城飛猿水會,又二百四十里入臨川,與汝水合入大江。
隄	隄無。
塘	太平鄉桐(鈢)〔鉢〕等三十五陂[40],石碑等六堰,黃家等五十七塘。近城鄉石湖等三塘。雅俗鄉黃家等二十八陂,野鴨等九塘。可封鄉從姑等一十二陂,甯家等三十八塘。藍田鄉山陂等五十二陂,廖家等二塘。

南豐縣	
源	盱水在縣南,源流與南城同。 滄浪港水在邑東二十里,發源自新城縣界,歷福海等,過小菜,出楊家橋,會於盱。 蔓翠湖在縣東一里,湖口會盱水。
隄	隄無。
塘	亡賢鄉一都至十九都,楊頭等五十五陂,高家等二塘。龍池鄉二十三都至三十四都,上石等十六陂。太平鄉三十六都至五十五都,官陂等十九陂,日湖等四塘。

新城縣	
源	黎灘水在縣西南,源自福山之赤荨澗及巖嶺,下流四十里至孔家渡,即今南津、雙港,合流至縣,又西北經硝石至郡城,下一百四十里會盱水,流入彭蠡。新之川莫大于黎。
隄	隄無。
塘	田東區鄉巗崗等四陂,南坊灌蔭一塘。豐義鄉重陽等十七陂。旌善鄉歐家等三十一陂。禮教鄉石陂等二十六陂。東興鄉高陂等十四陂。德安鄉鄭家等十三陂。

廣昌縣	
源	學溪自金嶂發源,經永興寺縈(行)〔紆〕遶學[41],正德間分爲二溪:一自拱北門入,循舊河;一自外繞迎恩門至學前城外,復合流於佛流口入河,與盱流會。 盱源發自天井里血木嶺,東流至南豐及府城東,與新城諸水會,入臨川會汝水合流下湖。
隄	隄無。
塘	天授鄉官陂等十陂,官塘等五塘。南豐鄉官陂等四陂。興城鄉官陂等三陂,官塘一塘。

	上饒縣
源	上饒江在縣北,流會諸水下經弋陽、貴溪流入饒州府境。 宋氏水源出靈山,西流一百二十里入上饒江。破石水源出福建建陽縣界,北流六十里,入于上饒江。 靈山水源出靈山之南,流一百里入上饒江。
隄	廣信千户所上饒縣泰平鄉松林一
塘	崇孝、明遠、石人、靈山、安輯五鄉,塢巖上等一百三十九陂,瓦礫等七十八塘,梅堰等五堰,長湖一湖,白石一圳。石橋、開化、乾元、永樂、來蘇五鄉,彭荆等一百五十一陂,長陂等九十八塘,朱家〔等〕一十五堰[42],郭頭一圳,楊家等五湖,潭頭一溪。上饒、太平、進賢、王鄉、黃村等三十八陂,陳家等九十四塘,楊溇一湖。 附:廣信千户所上饒縣崇孝鄉雙峰等十二陂,毛塢等(丫)〔十〕塘[43],彭公等二湖,源塘一堰。

	玉山縣
源	滄溪水源出鋸山墳,透迤至是,下流一里許與瀆口合。 玉溪水在縣東百里,源自懷玉山而出,水有二源,合流十餘里會瀹溪水入上饒縣境。
隄	隄無。
塘	信豐鄉潭清等十七陂,博士等八十四塘。招善鄉捲頭等二十三陂,官塘等三十一塘。惠安鄉大王等二十陂,蘇車等七十六塘。務林鄉丁家等七陂,魚村等七十一塘。安平鄉汪村等十陂,石剌等三十六塘。玉山鄉徐家等三十陂,胡家等二十四塘。衣錦鄉交頭等二十陂,張家等二塘。賓賢鄉姚陂等十七陂,朱塘等八塘。懷德鄉進賢等十三陂,長塘等三十一塘。順城鄉黃釜等十五陂,鐵爐等六十四塘,壠頭一湖。

弋陽縣	
源	弋溪水源出上饒靈山,西流入縣界,又西流六十里入上饒河。 軍陽水源出隱士石之西北,流十里至軍陽山。復西流七十里出上饒溪。 葛溪水源出靈山,合晚港水,下流經薌溪入饒州府鄱江。 信義港源出福建邵武,下流入葛溪。
隄	隄無。
塘	東鄉羅家等七十陂,赤口一堰,何塘等一百八十六塘。南鄉梘頭三十七陂,三了等一百三十七塘。西鄉寺前等八十三陂,栗塘等六十一塘。北鄉大圳等七十二陂,李黃等九十四(圳)〔塘〕[44]。西源鄉塗家等四塘。北隅鄉大塘一塘。

貴溪縣

源	鄱溪水其源由玉山之鎮頭合鉛山之分山,過弋陽,經縣治入安仁之錦溪,匯于彭蠡湖。 上清溪水其源有二,一發自分水嶺,北流經羅家洲;一發自南城縣高阜山,北流經梅潭至大王渡,合而西流,入于錦溪達湖。
隄	隄無。
塘	孝思鄉梁家等二十二陂,湖合等五堰,菱塘等六十九塘。永和鄉淩陂等五十六陂,蓮塘等四十六塘。歸桂鄉大活等十九陂,奚子等十九堰,張家等八塘,破港一港。仁孝鄉青草等三十二陂,西圳等二堰,新塘等三十六塘。仙源鄉黃家等二十二陂,黃坑等四堰,楊陂等十九塘。化行鄉楊村等五十陂,積水等二堰,冷水等一百十一塘。仁福鄉屈陂等三十七陂,白沙等十堰,管曆等八塘。

永豐縣	
源	永豐溪一名乾封,源發建寧盤亭,入本縣界。下流直抵上饒龍潭,與玉山水合。
隄	隄無。
塘	一都至十都大仙等三十四陂,山下等一百二十七塘。十一都至二十都,馬倍等五十八陂,坂頭等一百八塘。二十一都至三十都,大鴻等三十一陂,葉塢等九十塘。三十一都至四十都,王家等三十三陂,窰邊等一百二十三塘。四十一都至五十一都,嶺下等四十二陂,徐家等一百八十九塘。

鉛山縣

源	桐源水源出邵武界,合衆流,經縣三十五里至汭口。 黃蘗源水源出邵武界,沿流入於桐源。 車盤水、渠源水源俱出於崇安,流入於桐源。
隄	隄無。
塘	鵝湖鄉三里等十二陂,鵝湖嶺底一塘。招善鄉碎石等三十六陂,青塘等七塘。清流鄉項家等二十一陂,中心等三十五塘。崇義鄉王家等二十四陂,泉湖一塘。旌孝鄉村頭等二十七陂,山頭一塘。布政鄉毛家等十陂,汪家等十八塘。仁義鄉小官等二十三塘,前荆等十四陂。新政鄉黃柏等十二塘,連家等五陂。善政鄉若溪等十四陂,天塘一塘。

鄱陽縣

源	鄱江會諸邑水,流經城南,環城至西北復分爲三,俱入鄱陽湖。 鄱陽湖即《禹貢》"彭蠡"也。延袤數百里,跨南康、南昌、饒州三郡。 東湖下流入鄱江,鄱君吳芮習水戰於此。 懷蛟水。
隄	懷德鄉孔目湖等五圩。北安鄉濠湖一圩,新興鄉樂安東岸一圩。文北鄉超子坽等五圩。
塘	義感、懷德、義仁、惠化、崇德五鄉,蓮花等二百二十九塘,龍西等二十二陂,南湖等二湖,陂堰一堰。新城、全保、復禮、廣進、懷仁五鄉,曹家等六十一塘,油陂等一十三陂,王家等二堰。永福、千秋、松藍、里仁、和北五鄉,董家等七十二陂,積水等三十四塘,新葛小一堰。和風、北安、新興、文北四鄉,黃家等三十七陂,楓樹等一百三十一塘,奴陂一堰,大家等九湖。 附:饒州千户所楓樹等二十九塘。

安仁縣	
源	錦江一名安仁港，源發廣信，流經縣前，會白塔河。下流經餘干縣入鄱湖。 雲錦水源出福建之光澤。
隄	隄無。
塘	崇〔義〕鄉〔石〕陂等六十一陂[45]，雞公等三十堰，大新等八十九塘。榮禄鄉潘家等二百六十陂，土堰等九堰，郭湖等六百九十二塘，青宗等二湖，中圳等三圳。崇德鄉官陂等二十九陂，衷欄一堰，薛家等六十五塘。

餘干縣	
源	餘水在縣南,會縣之西南諸溪餘水,故名。 龍窟河在縣南十五(甲)〔里〕[46],源出廣信興業溪,西流入鄱湖。
隄	西隅西津渡等七圩。南隅八字觜等二圩,二都毛家渡等八圩,三都石頭口等二圩,四都斜穴等七圩,五都童家印等三圩,六都馬坡觜等七圩,八都大平州等二圩,九都五昌阪等九圩,二十七都官頭等六圩,二十八都阮家夾等十八圩,二十九都靛窟等三圩,三十都荔林渡等十七圩,三十三都金并佛二圩,三十三都土壟石間等五圩,三十四都明湖一圩。
塘	東隅王家等二塘。西隅遥湖等二塘。南隅市湖一潭,板湖一塘。北隅曹家一陂,放旌一湖,鏡湖一塘。二都至九都,茶林等十五塘,楓塘等六湖,毛家等十一陂。十八都至二十五都,古圳等四十四陂,陳家等十五塘,汪家一湖。二十六都至三十都,楊木等二十一塘,朱家等十一陂,燕湖一湖,萬家一潭。

德興縣	
源	泊水源出西山下，西流百餘里至縣治前，又二十里至小港口入樂安江，趨鄱湖，爲（鄰）〔鄱〕水之源[47]。水起處曰泊灘里，故名泊水。 大溪水在縣北二十里，源出徽州婺源，流經縣境，下會諸溪水入樂安江。
隄	隄無。
塘	銀山鄉大保、廟下等九十四陂，董家塢等二塘。盡節鄉官陂等十一陂，株木小等五塘。南部鄉傳家等六十八陂，項家一塘。樂平鄉裏坑、高段等六十四陂，常豐、大等五塘。建節鄉席〔陂〕等五十一陂[48]，顯石等六塘。

樂平縣	
源	樂安江源出徽州之芙蓉鎮。繞婺源至縣治,南流下德興,會諸水合流入鄱湖。 泊川自德興泊山下發源,流入樂平樂安鄉,下鄱湖。
隄	三十四都八圖齊崗山圩岸。十圖石觜頭圩岸。
塘	一都至十都舒家等六十一陂,大塘等三十三塘。十二都至二十都,烏沉等五十八陂,南塘等十八塘。二十一都至三十都,上樣等四十二陂。三十一都至四十都,檪木等九十六陂,土塘等二十三塘。四十一都至四十四都,陳家村等一十七陂。

萬年縣	
源	小溪一帶發源自廣信貴溪縣學嶺,流經縣治竹屯埠,至洛安口接饒州大河。
隄	文南鄉石子埠圩岸。
塘	萬年鄉陳家等十七陂,漫官塢等七塘。文南鄉石陂等十三陂,菖蒲等十三塘。萬春鄉水磨等八陂,虎眼一塘。政新鄉南陂等十陂。豐樂鄉石下等五十八陂,嚴家等五塘。歸桂鄉李陂等二十七陂,桃村嶺等三塘。新進鄉八字等二十陂。文北鄉流馬等十四陂,丁橋等三塘。

<table>
<tr><td colspan="2" align="center">**浮梁縣**</td></tr>
<tr><td>源</td><td>鄱源水在縣東,源自張公山發,流昌江入鄱江。
大河水源出祁門縣左田,流入本縣,經景德鎮至金魚灘,達鄱陽河。
長山水源出樂平,流至景德鎮入大溪。</td></tr>
<tr><td>隄</td><td>隄無。</td></tr>
<tr><td>塘</td><td>福西鄉汪家等二十四陂,徐家等(人)〔八〕塘^[49]。福東鄉水塢等十七陂,張家坦一圳。錦繡鄉會昌等四十二陂,塞家等二塘。壽安鄉沐塘等三十陂,丘村一塘。興東鄉留石等十陂。興西鄉張家等二十二陂,藕塘等六塘。安西鄉鮑家等四十二陂。安東鄉金什等十九陂。新定鄉鵝兒等四十六陂,查村一塘。化鵬鄉沉金等五十六陂。
附:饒州千户所南塘等一百二十七塘,俱坐落直隸池州建德縣。</td></tr>
</table>

星子縣	
源	彭蠡湖口縣南一里,一名楊瀾,即所載南昌鄱陽湖是也。
隄	八都黃埠灣等四圩。
塘	一都至十都陳家觜等共一百四十三堰,麻婆一陂,門首大等四千零七十三塘,劉仲完等二圳。十一都至十三都,山嶺等三十三堰,杜家等七百六十一塘。集賢坊上堰等五堰,莊北等二百(二)〔六〕十八塘[50]。歸厚坊牆下小等六十八塘。興政坊棲賢坂等二百三十七塘。永寧坊蕭家等二百五十七塘。

	建昌縣
源	修水在縣治南,源出寧州幕阜山,遠達于江,故曰修。 白武水源出靖安界,東流合修江。 潦陂水源出奉新界,流合修江。
隄	永豐鄉四圩岸。德政鄉一圩岸。寧遠鄉五圩岸。釣臺鄉八圩岸。豐安鄉二圩岸。
塘	永豐鄉下保官等十一陂,羅家等十二塘。歸義鄉周公一陂,城堰等二堰,宗家等九塘。德政鄉黃瑚等九陂,狗婆等二十九塘。受安鄉西苑等二十一陂,烏龜等十塘,平港一港。修智鄉九溪等八陂,石觜等二堰,曰槎等三十七塘。新城鄉雞峰等十二陂,長坑等三堰,桂芳、月等四十四塘。甘泉鄉石陂等十五陂,石碑一堰,蛟龍坂等二十二塘。昇泉鄉戚家等二陂,店背等七塘。昇仙鄉馬子等六(坡)〔陂〕,大陂等三堰,港南等三塘。寧遠鄉油麻等五陂,鹿寺壟等三十四塘。釣臺鄉蛇塘等十三陂,枯蓮等十塘。豐安鄉烏垳等二十陂,竹林等十八塘。

安義縣	
源	龍江水在縣南一里,源自靖安發,經縣境而入義興,與修水流入彭蠡。 東陽新徑水源出靖安,流與奉新江,兆州源二水合會,流徑達東陽津口。
隄	卜鄰鄉清湖圩。
塘	安義鄉井湖等七陂,井湖、古等三堨,草堨等三塘。南昌鄉雷陂等三陂,高坪一堨,藍塘一塘。卜鄰鄉上里等九陂,梘里一堨,石牛一塘。控鶴鄉黃家村等四陂,保塘等二塘。

都昌縣	
源	後港河在縣北六十里,自左蠡石流觜引入吳江。由北廟至王家市有九十九灣。
隄	九都觜塘長一壟。十六都檀湖一洲,三十七都黃家一壟。四十一都甘家一壟。
塘	一都至十都,陳家等四百七十五塘,李家坂等二十三堰。十一都至二十都,陂下坂等三十五堰,劉迪八門首等五百零八塘。陳貴門首一湖。向酉得門首一圳。二十一都至三十都,鹽田坂等十四堰,汪家山等五百八十一塘。付真井等二圳。三十一都至四十都,楠橋山、石陂、槐花等十三堰,陳家坂、吳家等三百六十七塘。四十一都至四十七都,橋蒲坂等十四堰,察仕壟等二百二十塘。市一圖至五圖吳家觜等七堰,株樹等一百三十三塘,柴棚鎮後湖等二堰,郭家坂等七十七塘。左蠡鎮汪家觜等三十一塘。

德化縣	
源	潯陽江在城西北,源自洞庭九水,合流至此,繞郡城而下,合彭蠡之東流入海。 龍開河在城西一里餘,發源於瑞昌縣,東流入大江。水漲由大江而入,逆泛爲鶴問湖。
隄	隄無。
塘	德化鄉楊關一堰,教塲灣等一百四十七塘。仁貴鄉伍家等三堰,王家等一百七十一塘。仙居鄉劉保一等三堰,華頭等二百十一塘。白鶴鄉黃土等二堰,橋下等六十四塘。甘泉鄉藍橋等四堰,長板等二百四十三塘。楚城鄉都陂等三堰,施家等一百三塘。赤松鄉橫塘等八十三塘。南昌鄉茂溪口等二堰,茭草等七十二塘。封郭洲、滋味等四十塘,桑落洲、七星等十八塘。

德安縣	
源	博陽川在縣治南,其源自西北而發,流至東南入彭蠡。
隄	長樂鄉顧村一圩。
塘	在市一、二圖,道觀等二十六塘。仙壇鄉長塘等二十五塘。長樂鄉蓮荷等三十八塘。敷陽上、下二鄉,湖溪等九堰,下安等八十三塘。新興鄉楊家等二堰,大湖等三十九塘。

瑞昌縣	
源	赤湖在縣東北二十五里。 下巢湖在縣北四十里。
隄	甘露鄉大田坂堰二壩。縣市趙家堰一壩。
塘	歸義鄉流陂等十二堰,虎山、下板等一百一十九塘。安泰鄉大塘等十六堰,鴻鶴觜圳等八十四塘。甘露鄉羅城等十二陂,水角等七十三塘。金城鄉西隴一堰,劉家莊等九十塘。清溢鄉苕藤等六堰,烏竹等七十二塘。王仙鄉清陂等九堰,客觀、壟圳等一百二十三塘。洪陽上、下二鄉,泉口等十三堰,鄥源等一百三塘。縣市白鶴等五堰,雙園邊等四十七塘。

湖口縣	
源	皂湖在縣東四十里,其源自劉家市橋而來,入于長江。
隄	隄無。
塘	一都至十都,楓樹港等九堰,黃潭一陂,紙馬等七十六塘。十一都至二十都,曾家等十二堰,野豬等七十五塘。

彭澤縣	
源	雙溪水在太平鄉,其源自浩山而發,合山林、瀼子二港之水,北經東流縣香口河入于江。
隄	隄無。
塘	新興鄉石陂等十六堰,張家村等二百八十三塘。大平鄉故村等十堰,大塘等六十塘。建安鄉皂塘沖等六堰,方家嘴等七十一塘,觀莊下赤一泉。五柳鄉神安洞等二十八堰,馬路坂等一百九十塘。在城二坊甘家灣等五堰,張家等八十二塘。

大庾縣

源	章江水在城南,源發湖郴上章界。經崇義西南聶都山東流一百二十里至府,北流二百六十里至南康縣芙蓉江,又北一百二十里至古虔州,會貢水爲贛江。 大沙河(原)〔源〕出關頭龍上,合小水浦,經東山麓出合大江。 諶口江在縣東南四十里,源出留池坑,會赤江水,流五十里合大江。 南江水源出崇義縣之聶都山,經南康縣治東流,會貢水而爲贛江。
隄	隄無。
塘	橫浦鄉管界都,扶祥等三陂。招賢鄉平政都,玉裹等二十六陂。清泉鄉和順都,留城等三十二陂,義新都,清源等一十八陂。

南康縣

源	大田水在縣西北四十里,源出景泰陽山,東流至南埜口入章水。 封侯水在縣西南一百五十里,源出布尾,東流至南埜口入章水, 層流于貢水。 巽水在縣東南五十里,源出琚嶺之東,由縣庠巽維會于章水。 河田水在縣西一百四十里,源出至坪里鉛塲,下至大平里瑞陽江 合于章水,會流于貢水。
隄	隄無。
塘	〔芙蓉鄉〕鼠公等一百二十九陂[51]、蔡坑等四十一塘,彭敬等五 十二圳。鹿鳴鄉蛤蟆坑等三十四陂,黃土等七塘,山溪等四圳。 崇教鄉江頭大等二十二陂,龍丁一塘,順民鄉張坑等一十四陂。 順化鄉龍塘灣等七十五陂。

上猶縣	
源	縣前水在城南門外,源出湖南益漿。 猶水在縣東半里,源出猶石。 九十九曲水在縣東北七十里,源出上平,其灣有九十九曲,故名。
隄	隄無。
塘	興賢坊豐田等五陂,水眼頭等二圳。振得廂烏石徑等十陂,蓮塘坳一圳,龍下里赤硬等一十三陂,營行裏等十一圳。童子里淡竹園等一十五陂,念坑等四圳。牛田里康陂等八陂。村頭里高陂等五陂。

崇義縣	
源	南源水在縣西南五十里,源出南源山,東轉流合符江口入章江。西符水在縣東南六十里,源發鑊山,東流出南康南埜口入章水。
隄	隄無。
塘	歸仁鄉太平坊橫水等二陂。義湖里鱗潭等三十三陂。崇教鄉尚德里王陵等八陂,隆平里牛牯等十二陂。招賢鄉永安里社頭等三陂,忠義里寨下等二十三陂。

贛縣	
源	章水在城西,源出南安聶都山,流抵大庾之東會於上猶,又東過南康至府城西,環城而北會貢水。 貢水在城東,(海)〔源〕出汀州新樂山[52],西經瑞金,南過會昌,北會雩都、寧都、信豐、興國諸水入章。 贛水在城北章貢二水之會處,北流三百里至萬安縣,其間有灘十八。
隄	隄無。
塘	水東坊鄉天竺山一陂,黃梔子一塘。大田鄉梅頭等五十五陂,黃梔子等五塘。四會鄉河方等三十九陂,水大一塘。長興鄉社山、石古等一百九陂,大小神一塘。愛敬鄉木折等四十四陂。章水鄉五邊塘等三十一陂,大神等五塘。雲泉鄉烏嬰等三十九陂,陳子等五塘。

寧都縣	
源	雩水在縣北三十二里,源出雩山,西南流入貢。化龍水在縣西北五十里,源出雞公山,西南流入貢。 寧都水在縣北一百七十里,源出寧都縣,南流合散水、箕篢、曲陽、黃沙、長樂諸水入貢。
隄	隄無。
塘	清泰鄉鰕公一陂。泰平鄉丁家等九陂。懷德鄉賴圫一陂。安福鄉湖廬等十二陂。仁義鄉大壩等三陂,旱湖等三塘。陂陽鄉高陂一塘。(飲)〔欽〕仁鄉楊田一陂[53]。

興國縣	
源	瀲水在縣(在)〔東〕北[54]，源出蜈蚣山，西會瀲水、黄田水，通平固、江口入貢。 瀲水在縣西，流抵東澗口，二百餘里合瀲水爲平川，又抵平固、江口入貢。 龍下水縣東二十里，源出曹溪，西流三十里，合瀲入貢。
隄	隄無。
塘	清德鄉小坑等四十一陂。儒林鄉鍾屋等三十五陂，西瓜藥溪一塘。大足鄉灑陂等四十二陂。太平鄉旗帶等七十一陂。實城鄉羅陂等一十六陂，堰塘一塘。衣錦鄉石古等六十陂。

雩都縣	
源	梅嶺水縣北百二十里，源出本嶺，經(歷)〔麻〕源[55]丁陂歷梅口，會黃土嶺諸水，達于東江。 新吉水縣西北百一十里，源出新吉，會李家山、大樹嶺二水入東江。 清音水在清音里，源天株山，過徑步、釣峰、綿口、陳池、城口、崔坊會王觀渡入西江。
隄	隄無。
塘	〔宣義鄉〕唐村里烏石等五十七(陵)〔陂〕[56]，千化里長斜等五十一陂，小頭里石校等六十七陂。黃金鄉崇賢里白竹等四十四陂，安平里杉田等十七陂，長樂里徑上等三十陂。智義鄉佛潊里劉陂等四十一陂，安仁里打鼓等三十陂。藍田鄉長安里謝陂等二十一陂，青塘里青塘等四陂，坎田里禁山等一十五陂。

	瑞金縣
源	綿水在邑東南爲綿江。一源出汀州白頭嶺下,一源出陳石巖龍池,五十里抵縣前合流,西南過會昌,轉西北,經寧都入貢。 小浮水縣西五十里,源出汀洲,抵羅田合江,謂之羅水,會流入貢。 智水縣北八十里,源出烏村,過蕉口,會寧都水入貢。
隄	隄無。
塘	浮鄉三里灌口等二陂,四里水尾等七陂。常鄉一里劉屋等六陂。招召鄉一里官田等三陂。承鄉一里廠附一陂,二里石龍一陂,三里蛇漏等四陂,鹹水等二塘。

信豐縣	
源	桃江水在縣東,源出龍南縣東桃山北,五百二十里至信豐營入貢。 巫水在縣東南四十里,源出巫山,至樟塘會龍湖入桃江。 綿水在縣東三十里,源出綿山,至烏口入桃江。
隄	隄無。
塘	東鄉巫山里山陂等四陂。南鄉合甫里背洞等二陂,錦石里曬禾塲等五陂,藍田里竹絲等三陂。西鄉文昌里呂家等十四陂。

會昌縣

源	羊角水在縣百二十里,東達武平,南達程鄉,爲會昌襟喉,湘水發源於此。 湘洪水在縣北七里,源出羊角山,合湘、綿兩江。西北過雩都流入貢。 軍山水縣南二十里,源出雁門峽,流入湘。
隄	隄無。
塘	東北坊葉屋等八陂。西南坊三江等十一陂。南廂大湖等十九陂,田尾等二塘。二都田頭等二十七陂。長河一圖,高車等十陂,社坑等二塘。二圖高陂等七陂,社背一塘。

石城縣

源	琴水在長松鄉,源出鷹子(固)〔岡〕[57],南流入灞水,合虔化水入貢。 灞水在縣前,源出栢上下里遥嶺,會境内諸水,西南經灞口,又會虔化水入貢。
隄	隄無。
塘	〔坊郭里〕一圖劉家一陂[58]。長上里〔石〕下等七陂[59]。石上里小口等七陂。豐上里心等九陂。栢中里楊家等七陂。石中里長江等七陂,黃花等二塘。龍上里古寺等六陂,黃坑等五塘。禮上里上黃等六陂。

龍南縣	
源	廉水在縣東北,源出安遠縣合黃土嶺、程嶺、約溪、橫江諸水,北流入三江口。 三江口水在縣治後,源會桃水、渥水、濂水,北流經信江營入貢。 桃水在縣南,源出東桃山,會大龍諸水,抵縣北合濂、渥水入貢。 寫源水源出峰門犁壁山,合大平嶺、鷓嶺窑坑諸水,至寫口溪,入三江口會流。
隄	隄無。
塘	坊內保百步等五陂,石嶺一(城)〔塘〕[60]。上蒙保魚梁一陂。象塘保牛陂等二陂。裏營保百六等六陂,教子一塘。太平保附陂等五陂,鐵砧等三塘。大龍保嚴坑等四陂。新興保石陂等五陂。下歷保楊梅一塘。高砂保白鳩一塘。灑源保寺前一塘。

安遠縣	
源	濂水源出鳥田尾,會欣山、上濂、里仁諸水,至板口始通舟,抵會昌合貢水。 三百坑水縣南四十里。源出三百坑,東流九洲河始通舟,入龍川。 安遠水縣南八十里,源出欣山。
隄	隄無。
塘	南鄉龍安、符山、太平、龍泉、小石五保,瓢子等六塘,長安等六陂。伯洪、黃鄉、雙橋、南橋、修田五保,田背等七陂,羊角等六塘。東鄉勞田、石溪、石痕、腰古、項山五保,石洲等五陂,趙坑等五塘。滋溪、尋鄔、大墩、桂嶺、三標五保,高車等五陂,瓦子等五塘。北鄉里仁、板石、龍頭、新龍、上濂五保,長沙等五陂,黃坑等五塘。西鄉古田坊,接官亭一陂,嶺下一塘。

臬史氏曰:余讀《夏書》,知禹治水,其道所注行,逶迤折旋,派分爲九,大抵當襄陵之時,災害汎溢,獨使就下有所歸,則民得平土底居;其尤湍悍怒激者,釃爲渠,以分水勢,而後世用爲漑田。去害得利,勢相因成,故《史記》載:九州既疏,九澤既陂,諸夏乂安,功施乎三代。自是之後,(榮)〔滎〕陽下引河[61],東南爲鴻溝,以通宋、鄭、陳、蔡、曹、衛,與濟、汝、淮、泗會。于楚,西方則通渠漢川、雲夢之際,東方則通溝江、淮之間。于吳,則通渠三江、五湖。于齊,則通淄、濟之間。于蜀,則蜀守李冰鑿離(䧹)〔崔〕[62],辟沫水之害,穿二江成都中。此渠皆可行舟,有餘則用漑。然則溝渠興自疏澤之後,而後世之言水利,大者北則河,南則吳淞江,頗廣深,壅決爲患,不可救;其餘則亦在浚渠浚陂,爲百姓灌田,非有浩瀚漰渾,湛玉刑馬,隤竹林,(捷)〔捷〕石菑[63],如宣防、(匏)〔瓠〕子之勞費慮殫爲河者也。漢氏詔曰:農者,天下之本也。泉流灌浸,所以育五穀也。左、右內史地,名山川原甚衆,細民未知其利,故爲通溝瀆,畜陂澤,所以備旱也。今內史稻田斄重,不與郡同,其議減。令吏民勉農,盡地利,平繇行水,勿使失時。其後鄭國、白公、史起以及漢唐宋元間,往往興利之臣,皆通陂澤,墾田利民,不可勝數也。

江西水南引章、貢,合瑞、秀,東瀉玉葛,益餘、撫,合於湖,入江。其傍諸民舍田旱,頗取以灌,而民間諸陂塘,亦數修治,得不敗。諸水合流雖衆,而彭蠡下深廣,匯受如結囊。湖傍田須秋冬水落,草腐地肥,即以雜種布置之,不治自蕃。其歲旱,他縣田不收,則湖傍方大利,入數十倍,芰荷梗牧之入不與焉。此非天地所以不愛遺利,皁民使有藉賴,不僵臥哉!然餘支流,其始小,其將畢乃鉅。章、貢自虔州北下合流,多潦,久不霽,則漲溢瀬洞,飄廬舍畜産,瀰野漫樹,沿江被其害。流自峽江以下益多,水勢急,而隄塪之没,豐城尤被之苦決,民塞丁夫歲不下數萬。馬湖、平豐、灘頭、黄埠、鴉鵲、茅菴諸處,每決輒數百十丈,田没不耕者不可計。而其後撫州亦築千金堤。千金堤者,旴水流經撫州城下，達瑤湖，西合臨水，環珙抱麗。然流達孔家渡，地平土疏。唐時決齧，漸失正道，因建華陂，以遏支。咸通中，始名千金而決口。入國朝，三倍初數。始堤不敗，水附城門下。民載舟出入，與商舶往來便利。水抱氣完，應堪興家。其後嘉靖二十六年，縣官奏下，中丞督同知陳貫重築，貫過信學官楊演策，爲木櫃實土下之。然櫃列際縫不合，下流沙高，水益怒，數千金費而一夕決。人因謂堤終不可成。不知沙壅未疏，與水爭利，則雖萬金，猶不可就。而事遂寢不行。其餘石、竹、羨金用以爲他費。貫後亦罷去。縣官益畏言築堤事，民始苦失便矣。其他諸縣陂塘，歲久籍湮廢，大家勢族稍鶩利專之。有壅溉己田者，填淤爲平地者，衆持不修者，縣官不時察，致占塞爭訟繁興。每一旱，輒稼傷不登，其源皆起於水利。即如漢詔，縣官有司知重農，急百姓病，以時行田間，辨其疆理，通梗塞，畜洩流注不爽期，諸堤岸用隙時提撕修築之，則豈有昏墊戾溺，又或傷旱困百姓者哉！繕完故堤，增卑倍薄，數逢其害，勞費無已。賈讓謂爲漢治水下策。大抵功役興則謗議起，而民難與慮始。非卓然急民興利、志垂功名不摩不能及也。古者立國，其民疆理土地，必遺川澤之分，度水勢所不及，大川無防，小水得入陂障，卑下以爲汙澤，使水有所休息，左右流波，寬緩而不迫。土之有川，猶身之有脈，脈壅塞不行則病踜踚，長源大澤，獨可使塍失道湮，橫流渺没不防哉！善爲政者，由五事，宣八風，雨暘時若，無復山崩川溢之患，恒陰淫霖，其有所由起。而今於水道便利，又疏不治，委之於天，其故在於後農。《書》所以先《洪範》、《禹貢》，《詩》陳《邠風·七月》，以此。

校勘記

[1][2]據科學院本補。

［3］各本均作"板陂一"，疑脱一"陂"字。據前後文補。

［4］據科學院本補。

［5］"匪"字訛，應作"匯"。

［6］據科學院本補、改。

［7］據《太平寰宇記》、《元豐九域志》、《輿地廣記》、《明史·地理志》改。

［8］［9］［10］［11］［12］［13］［14］據科學院本補。

［15］據北圖膠卷改。

［16］據科學院本補。南京萬曆本作"義上團"。

［17］［18］［19］［20］據科學院本補。

［21］據北圖膠卷改。

［22］據光緒《江西通志》卷六十二《山川略》改。

［23］據科學院本改。

［24］據本頁有建安鄉之名和前後文改。

［25］據北圖膠卷補。

［26］［27］據科學院本改。

［28］據科學院本補。

［29］［30］據北圖膠卷補。

［31］［32］［33］［34］［35］［36］［37］［38］據科學院本補。

［39］據科學院本改。

［40］［41］據北圖膠卷改。

［42］據北圖膠卷補。

［43］［44］據科學院本改。

［45］據科學院本補。

［46］據科學院本改。

［47］據北圖膠卷改。

［48］據北圖膠卷補。

［49］［50］據科學院本改。

［51］據科學院本補。

［52］［53］［54］［55］據北圖膠卷改。

［56］據科學院本改。

［57］據北圖膠卷改。

［58］［59］據科學院本補。

［60］據科學院本改。

［61］據《史記·河渠書》改。

［62］據《漢書·溝洫志》改。"峄"，古"堆"字。

［63］據《漢書·溝洫志》"隤竹林兮揵石菑"改。

江西省大志卷之五　實書

泉史　王宗沐　著

實書		
	伍	屯
	食糧、差操、上運官、旗軍、餘額數。	屯軍屯田、子粒額數。
南昌衛	食糧官三十七員,操守旗軍一千四百九十名,運糧旗軍二千三百三十六名,餘丁一千五百六十八名,紀錄老疾軍人七十二名,共月支本色米三千六百八十七石七斗五升,折色鈔米一千三百一十四石四斗。	前、左二屯原額田地共一千三百四十頃三十八畝,内除東流、建德二縣民占前屯田一十七頃一十畝見勘外,實該子粒正米二萬三千六百八十四石,麥豆折銀四百八十六兩。新增田地共二百四十八頃一十畝,内除東流、建德二縣民占前屯田六頃九十畝見勘外,實該折色米二千一百四十七石三斗五升,折銀四百二十九兩四錢七分,又麥豆折銀九十二兩九錢四分八厘。屯種旗軍舍餘二千九百九名。
袁州衛	食糧官五十四員,操守旗軍五百一十四名,運糧旗軍八百一十二名,餘丁六百七十四名,紀錄老疾軍人五十名,共月支本色米一千七百九十七石一斗,折色鈔米八百二十八石一斗。	原額屯田二百三十七頃,該子粒正米四千七百四十石,新增田地一十三頃四十一畝三分,該折色米二百五十七石七斗一升二合,折銀五十一兩五錢四分二厘四毫。屯種旗軍舍餘七百九十名。

實書		
	伍	屯
贛州衛	食糧官五十六員,操守旗軍一千四百六十六名,運糧旗軍六百七十四名,餘丁三百八十九名,紀錄老疾軍人一百(三)〔二〕十七名[1],共月支本色米二千一百六十五石一斗,折色鈔米一千七十七石七斗。	原額屯田并新增餘田地除撥龍泉百〔户所〕田一十七頃七十畝[2],該子粒正米三百五十四石,新增田一頃五十一畝四分四厘八毫,該折米價銀六兩五分八厘,該所徑徵外,本衛實徵原額屯田八百二十三頃九十八畝,該子粒正米一萬六千三百一十石一升,新增田地三百五十一頃二畝九分,該折米價銀七百二十四兩八錢九分一厘六毫五絲一忽。 屯種軍二千七百六十五名。
吉安千户所	食糧官一十七員,操守旗軍九百三十二名,運糧旗軍二百七十二名,餘丁九百六十六名,紀錄幼軍三十九名,共月支本色米一千六百五十九石(二)〔六〕斗[3],折色鈔米五百八十三石。	原額屯田一百零七頃八十九畝四分,該子粒正米二千一百五十七石八斗八升,新增田地四百一十七畝一分七厘四毫,該折色米八十三石四斗三升四合八勺,折銀一十六兩六錢八分六厘九毫六絲。 屯種軍餘三百一十四名。
安福千户所	食糧官一十六員,操守旗軍五百四十八名,運糧旗軍四百五十五名,餘丁二百二十名,共月支本色米一千一十五名八斗,折色鈔米三百四十九石二斗,外未食糧餘丁一百名。	原額屯田一百二十六頃九十五畝九分,該子粒正米三千三百一十八石,新增田三頃九十四畝八厘,該折色米九十八石,折銀一十九兩六錢。 屯種軍五百五十名。

實書		
	伍	屯
永新千戶所	食糧官一十六員，優給官舍二名，操守旗軍四百八十四名，運糧旗軍四百一十名，餘丁五十六名，紀錄老弱軍人三十八名，共月支本色米七百九十石八斗，折色鈔米三百四十五石。	原額屯田八十八頃七十五畝四分九厘，該子粒米三千五百一十九石，新增田地二十七頃八十三畝一分一厘，該折色米六十三石折銀一十二兩六錢。屯種旗軍舍餘五百九十七名。
會昌千戶所	食糧官一十四員，操守旗軍六百六十五名，餘丁三百名，共月支本色米七百六十五石一斗，折色鈔米二百七十二石六升六合七勺。	原額屯田二百二十七頃九十畝，該子粒正耗米四千七百八十五石九斗，屯種軍七百六十一名。
信豐千戶所	食糧官八員，操守旗軍六百二十名，余丁六百四名，紀錄老疾軍人八名，共月支本色米九百九十六石一斗，折色鈔米二百二石二斗。	原額屯田二百零四頃九十畝，該子粒正耗米四千三百二石九斗，新增田六十四頃二十畝，該折色米八百一十三石七斗三升五合，折銀一百六十二兩七錢四分七厘。屯種軍八百九十七名。
南安千戶所	食糧官一十三員，操守旗軍四百一十六名，紀錄幼軍二十二名，共月支本色米三百七十七石七斗，折色鈔米二百石三斗，外不食糧舍餘餘丁二百六十七名。	原額屯田一百五十八頃七十畝，該子粒正米三千一百七十四石，新增田地九十九頃三十畝，該折色米一千一十六石一斗七升，折銀二百零三兩二錢三分四厘。屯種旗軍舍餘五百二十九名。

實書		
	伍	屯
饒州千戶所	食糧官二十三員,操守旗軍六百一十八名,運糧旗軍八百七名,餘丁七十八名,紀録幼軍二名,共月支本色米一千一百九十九石一斗,折色鈔三千六百三十七貫七百五十文,銅錢七千二百七十四文。	原額屯田二百三十四頃九十五畝四分九厘,該子粒正米四千六百九十二石六斗四升八合,新增田地七十五頃三十六畝五分一厘,該折色米一千五十六石五斗一升九合,折銀二百一十一兩三錢三厘八毫。 屯種旗軍舍餘八百名。
撫州千戶所	食糧官二十員,操守旗軍三百八十三名,運糧旗軍七百八十二名,餘丁一百二名,紀録幼軍三名,共月支本色米一千三十五石九斗,折色鈔米一百七十一石七斗。	原額屯田地内除安仁、餘干二縣〔民種三十六頃〕六十六畝[4],該納子粒米三百五十八石一升三合〔五〕勺,二縣徑自徵解外[5],本所實在原額田地二百四十九頃六十七畝五分,該納子粒正米四千九百七十七石六斗一升,新增田地八十二頃二十八畝六分五厘,該折色米九百七十五石三斗九升七合五勺,折銀一百九十五兩七分九厘五毫。 屯種旗軍舍餘八百五名。

實書		
	伍	屯
建昌千户所	食糧官一十九員,操守旗軍一百八十一名,運糧旗軍五百三十名,餘丁七十二名,共月支本色米六百七十三石三斗,折色鈔米二百九十石一斗,不食糧操備餘丁九十名。	原額屯田地七十五頃二十五畝,該子粒正米一千八百六石,新增田地四十一頃二十二畝五分,内除廣昌縣民種二十七頃四十七畝五分,該米四百二十九石二升四合,該縣逕自徵解外,本所實徵一十三頃七十五畝,該折色米二百二十七石四斗二升五合,折銀四十五兩四錢八分五厘。 屯種旗軍舍餘三百五十六名。
廣信千户所	食糧官一十六員,操守旗軍五百一十二名,運糧旗軍五百六十三名,餘丁三百五十八名,紀録旗軍六十四名,共月支本色米一千七石八斗,折色鈔米二百五十五石六斗。	原額屯田二百二十六頃八十九畝五分九厘,該子粒正米四千四百四石七斗二升四合,新增米一石四斗一升四合二勺,折銀二錢八分二厘八毫四絲。 屯種舍餘餘丁七百五十六名。
鉛山千户所	食糧官一十八員,操守旗軍三百七名,運糧旗軍五百四名,把關軍舍二百三名,餘丁六百五十五名,共月支本色米一千二十石四斗,折色鈔米三百三十四石一斗。	原額屯田二百一十九頃,該子粒正米四千三百八十石,新增田二十五頃,該折色米五百四石,折銀一百兩八錢。 屯種旗軍舍餘八百一十四名。

歷代兵事

〔漢〕五年[6]，黥布使人入九江。六年，布與劉賈入九江，誘大司馬周殷，殷遂舉九江兵與漢擊楚，破之垓下。

武帝建元六年，閩越擊南越。南越守天子約不敢擅發兵擊，而以聞。上遣大行王恢出豫章，大農韓安國出會稽，皆爲將軍，兵未逾嶺，閩越王郢發兵拒險。其弟餘善乃與其相、宗族謀殺王以謝天子，衆曰：“善。”遂縱之，奉其首馳報天子，乃罷兩將軍兵。

淮南王驕蹇，數不奉法，入朝甚橫，數逆天子之令，不用漢法。收聚漢諸侯人及有罪亡者，賜與財物、爵禄、田宅。爵或至關內侯，奉以二千石，數當得大夫。但士伍開章等七十人與棘蒲侯大子奇謀反，欲以兵危宗廟社稷。景帝三年，吳楚七國反。吳使者至淮南，淮南王欲發兵應之，其相曰：“必欲應吳，臣請將兵屬之。”[7]漢亦使曲城侯將兵救淮南，淮南以故得完，後除爲九江郡。

漢十二年，進兵擊公孫述從弟衛尉永，遂至廣都，殺述女婿史興。威(勇)〔虜〕將軍馮駿拔江州，斬述將田戎[8]。

十一月，九江盜賊徐鳳、馬勉等稱“無上將軍”，攻燒城邑。黃虎等攻合肥。是歲，群盜發憲陵。護羌校尉趙沖追擊叛羌于鸇陰河，戰死。

三月，九江賊馬勉等稱皇帝，九江都尉滕撫討馬勉、范容、周生，大破斬之。

三國孫策東渡破樊能、張英等，劉繇奔丹徒，遂(沂)〔泝〕江，南保豫章，駐彭澤。笮融先至，殺太守朱皓，入居郡中。繇進討融，爲融所破；更復招合屬縣，攻破融，融敗走入山，爲民所殺。

建安四年，孫輔以孫策計進據廬陵，討平丹陽僮芝，遂爲廬陵太守。

周瑜出備牛渚。孫策欲取荆州，以瑜爲中護〔軍〕[9]，從攻皖，拔之。復進潯陽,破劉勳,討江夏,還定豫章、廬陵,留鎮巴丘。

吳八年,孫權西伐黃祖,破其舟師,(堆)〔惟〕城未克[10]。而山寇復起,還過豫章,使呂範平鄱陽,程普討樂安,太史慈領海昏。

周魴,吳郡人。彭綺作亂,以魴爲鄱陽太守,生擒綺。賊帥董嗣,負阻劫抄,豫章、臨川並受其害。吳粲、王咨嘗以三千兵攻守,連月不能拔。魴表乞以便宜從事。魴遣間諜,授以方策,誘使殺嗣,由是數郡無復憂惕。

吳呂蒙傳[11]:廬陵賊起,諸將討擊不能擒。權曰:"鷙鳥累百,不如一鶚。"復令蒙討之,蒙至,誅其首惡。

中郎將周祗乞于鄱陽召募,事下,問陸遜。遜以爲此郡易動難安,不可與召,恐致賊寇。而祗固陳取之。郡民吳遽等相率降[12]。

嘗王渾參文帝安東軍事,加揚烈將軍。及大舉伐吳,渾率師出橫江,遣陳慎、張喬攻潯陽、瀨鄉,(人)〔又〕擊吳將孔忠[13],皆破之,臨陣斬二將及首虜七千八百級。吳人大震。

惠帝永興元年,右將軍陳敏舉兵反,自建號楚公。逐揚州刺史劉機、丹徒太守王曠,遣弟恢南略江州,刺史應邈奔弋陽。

石勒南寇,攻陷江西壘壁三十餘所,留刁膺守之。躬率精騎三萬還歸擊王如,憚如之盛,復屯江西,有雄據之志焉[14]。

穆帝永(嘉)〔和〕四年十二月[15],豫章人黃韜反,自號"孝神皇帝",聚衆數千〔寇〕臨川[16],太守庾條討平之。

〔石〕綏,元顯時爲司徒左長史[17]。桓玄用事,拜黃門郎、左衛將軍。玄敗,綏走江西(淦)〔塗〕中[18],聚衆攻歷陽,後爲梁州刺史(傳)〔傅〕歆之所殺[19]。

永嘉中,華軼歷鎮威將軍、江州刺史。既而帝承制,改易長史,軼不從命。於是遣左將軍王敦、都督甘卓、周訪、宋典、趙誘等討之。軼遣別駕陳雄屯彭澤以拒敦,自爲舟軍以爲外援。武昌太守馮逸次於溢口,訪擊逸破之。前江州刺史衛展不爲軼所禮,心常怏怏。至是與豫章太守周廣爲内應,潛軍襲軼。軼衆潰,奔于安城,追斬之。

元帝渡江,以周魴爲揚烈將軍,領兵一千二百屯潯陽、鄂陵,與甘卓、趙誘討江州刺史華軼。所統屬武將軍丁乾與軼所統武昌太守馮逸交通,訪收斬之。逸來攻訪,訪率衆擊破之,逸退保柴桑,〔訪〕乘(勢)〔勝〕進討[20]。軼遣其黨王約、傅札等萬餘人助逸,大戰於溢口,約等又敗。訪與甘卓等會于彭澤,與軼水軍將朱距等戰,又敗之。軼將周廣(翻)〔燒〕城以應訪[21],軼衆潰,訪執軼,斬之。遂平江州。帝以訪爲振武將軍。復命訪與諸軍共征杜弢。弢作桔槔(於)〔打〕官軍船艦[22],訪作〔長〕(枝)〔岐〕桹以拒之[23],桔槔不得爲害。而賊從青草湖密抄官軍,又遣其將張彦陷豫章。時王敦鎮溢口,遣督護繆菍、李恒受訪節(制)〔度〕[24],共擊彦。菍于豫章〔石頭〕與彦交戰[25],彦軍退走,訪率帳下將李午等追破之,臨陣斬彦。及暮,訪與賊隔水,賊衆數倍,自知力不能敵,乃密遣人如採樵者而出,於是結陣鳴鼓而來,大呼〔曰〕:"左軍至!"[26]士卒皆稱萬歲。至夜令軍〔中〕多布火而食[27],賊謂官軍益至,未曉而退。謂訪諸將曰[28]:"賊〔必〕引退[29],終知我無救軍,〔當還掩人〕[30],宜促渡水北。"既渡,斷橋訖,賊果至,隔水不得進,遂歸湘州。訪復以舟師造湘城,軍達富口,而弢遣杜弘出海昏。時溢口騷動,訪步上柴桑,偷渡,與賊戰,斬首數百。賊退保廬陵,訪追擊敗之,賊嬰城自守。訪復圍〔弘於〕廬陵[31]。弘突圍而出,訪〔率〕軍追之[32],獲鞍馬、(鐵)〔鎧〕杖[33],不可勝數。弘入南康,太守〔將〕率兵逆擊(之)[34],又破之,奔于臨賀。帝又進訪爲龍驤將軍,王敦表爲豫章太守。加征討都督,賜爵尋陽〔縣〕侯[35]。

六朝 宋高祖武帝時,盧循寇南康,廬陵、豫章諸郡郡守皆奔走。時帝鎮下邳,進兵河洛,及徵使至,即日班師。鎮南將軍何無忌戰敗,死于豫章。四月癸未,帝至都,劉毅自表南征,帝以賊新捷鋒銳,須嚴軍偕進,使劉藩止之,毅不從。五月,盧循敗毅于桑落洲。十月,帝帥舟師南伐。十二月乙卯,大軍至大雷。庚辰,賊方舟而下。帝躬提幡

鼓,命衆軍齊力擊之,軍中多萬鈞神弩,所至莫不摧陷。帝自于中流
蹙之。因風水之勢,賊艦悉薄西岸,岸上軍先備火具焚之,大敗。循
還潯陽,走豫章,悉立柵〔斷〕左里[36]。丙申,大軍(以)〔至〕左里[37]。
將戰,帝麾之,麾干折,幡沉于水。衆咸懼,帝笑曰:"昔覆舟之役亦如
此,今必勝矣!"破其柵。循單舸走,衆皆降。

宋江州刺史晉安王子勛舉兵潯陽。泰始二年,春正月,宋遣建安
王休仁舉兵討江州,晉安王子勛遂稱帝,青、冀、湘、廣、梁、益諸州皆
應之,四方稱貢,皆歸潯陽。後沈(攻)〔攸〕之代將擊潯陽軍[38],大破
之,克江州,殺子勛。

宋元徽二年,夏五月,江州刺史桂陽王休範舉兵反,攻建康。右
衛將軍蕭道成擊斬之,後又以荆州刺史沈攸之等攻江州,克之。

晉安王子懋,隆昌元年爲征南大將軍,(軍)〔徙〕江州刺史[39],敕
留西楚部曲,助鎮襄陽,懋計未立,還鎮潯陽。聞鄱陽、隨郡二王見
殺,欲起兵赴難告,明帝於是纂嚴,遣中護軍王玄邈、平西將軍王廣
之,南北討使軍(王)〔主〕裴叔業與〔于〕瑤之先襲潯陽[40]。子懋知之,
遣三百人守盆城,叔業泝流直上,襲盆城,子懋先已具船於稽亭渚,聞
叔業得盆城,乃據州自衛。子懋部曲多雍土人,皆踴躍願奮,叔業畏
之。子懋既不出兵攻叔業,衆情稍沮。

永元元年十一月,大尉江州刺史陳顯達舉兵叛于潯陽。乙丑,加
護軍將軍崔慧景平南將軍,督衆軍南討。十二月,陳顯達至都,宮城
嚴警。己酉,斬顯達,傳其首,餘黨盡平。

江州陳伯之叛,梁王茂出爲江州刺史,南討之。伯之奔魏。時九
江新經軍寇,茂務農省役,百姓安之。

張縞出爲豫章内史,安城人劉敬宫挾妖道,遂聚黨攻郡,進寇豫
章。刺史湘東王遣司馬王僧辯討賊,受縞節度,旬月間,賊黨悉平。

梁紹泰二年,周迪起兵於臨川,與弟續召募鄉人,多從之。文帝
嗣位,熊曇朗反,迪與周敷等圍曇朗,屠之。後又徵迪出鎮溢口,趙趄

不至。豫章太守周敷本屬迪,文帝録其誅曇朗之功,迪不平,乃陰與留異相結。及上討異,迪疑懼,乃使弟襲周敷,敷破之。天嘉三年,文帝乃使江州刺史吳明徹、豫章太守周敷討迪,不能克,文帝乃遣宣帝總督討之,迪衆乃潰。

梁元帝韋粲爲散騎常侍,至廬陵,聞侯景作逆,便簡閱部下,倍道至豫章,即就内史劉孝儀共謀之。孝儀曰:"必如此,當有敕,安可輕信,妄驚動。"孝儀置酒,粲怒以杯抵地曰:"賊已渡江,便逼宮闕,水陸阻斷,豈得自安,韋粲今日何情飲酒耶!"即馳馬出,部分將發。會江州刺史當陽公大心遣使要粲,粲乃分麾下爲前軍。粲馳見大心曰:"上游藩鎮江州,去都最近,殿下情既實,宜在先,中流任重,當須應接,不可闕鎮。今宜張軍聲勢,移鎮盆城。"大心遣中兵柳昕帥兵二千隨粲,粲悉留家累于江州,以輕舸就路至南州,合州刺史柳仲禮帥步騎萬餘人至橫江。先是,安北鄱陽王範亦自合肥遣將帥江西之衆赴都,會粲至青塘,合戰敗績。

梁益州刺史鄱陽王蕭範爲雍州刺史,侯瑱除馮翊太守,範遷鎮合肥,瑱又隨之。侯景圍臺城,範乃遣瑱輔其世子嗣入援都。及城陷,瑱、嗣同退還合肥,(乃)〔仍〕隨範徙鎮盆城[41]。俄而範及嗣皆卒,瑱領其衆,依于豫章太守莊鐵。鐵疑之,瑱懼不自安,詐引鐵謀事,因刃之,據豫章之地。後降于侯景將于慶,慶送瑱于景,景遣瑱隨慶平蠡南諸郡。及景敗巴陵,瑱乃(詣)〔誅〕景黨與[42],以應義師,仍隨都督王僧辯討景。恒爲前鋒。既復臺城,景奔吳郡,僧辯使瑱追景,大敗之于吳松江。後瑱還鎮豫章,時余孝頃爲豫章太守,及瑱鎮豫章,乃于新吳縣别立城栅,與瑱相拒。瑱留軍人妻子于豫章,令從弟裔知後事,悉衆以攻孝頃。後瑱既失根本,輕歸豫章,豫章人拒之。乃趨盆城,就其(後)〔將〕焦僧度[43],僧度勸瑱投齊。

侯景之亂,黃法𣰰於鄉里合徒衆。太守賀翊下江州,法𣰰監知郡事。陳武帝將逾嶺入(授)〔援〕建鄴[44],李遷仕作梗中途,武帝命周文育屯西昌,法䣝遣兵助文育。時法䣝出頓新淦縣,景遣行臺于慶來襲新淦,法䣝敗之。梁元帝承制授交州刺史資,領新淦縣令,封巴山縣子。敬帝即位,改封新建縣侯。太平元年,割江西四郡置高州,以法䣝爲刺史,鎮巴山。蕭勃〔遣〕歐陽頠來攻法䣝[45],破之。

侯景之亂,鄉人周續合衆以討賊爲事。續所部有欲侵掠毅者,周敷擁護之,親率其黨捍送至豫章。俄而,續部下將帥爭權,殺續以降周迪。迪倚敷族望,深求交結;敷未能自固,事迪甚恭,迪大馮仗之。迪據臨川之(上)〔工〕塘[46],敷鎮臨川故郡。侯景平,梁元帝授敷寧州刺史。陳武帝授禪,王琳據有上流,余孝頃與琳黨李孝欽等共圍周迪,敷助於迪,迪擒孝頃等,敷功最多。熊曇朗之殺周文育,據豫章,將兵襲敷,敷大破之。

梁簡文以裴之橫爲河東王常侍,遷直閤將軍。侯景之亂,隸鄱陽王範討景。景濟江,仍與範世子嗣入援臺城;城陷,退還合肥。範令之橫下援,未及至,範薨,之橫乃還。時潯陽王大心在江州,範副梅思立,密要大心襲盆城,之橫斬思立而拒大心,大心以州降于侯景,江州遂陷。

陳武帝與齊軍戰于幕府山,命侯安都自白下橫擊其後,大敗之,以功改封西江縣公,仍督水軍出豫章,助豫州刺史周文育討蕭勃。安都未至,文育已斬勃,擒其將歐陽頠、傅泰等,惟孝頃與勃子孜猶于豫章之石頭,作兩城,孝頃與孜各據其一,又多設船艦夾水而陣。安都至,乃銜枚夜燒其艦。文育率水軍,安都領步騎,登岸結陣。孝頃俄斷後路,安都乃令軍士豎柵,引營漸進,頻致克獲,孜乃降。

李遷仕之據大皋,遣其將軍杜平虜入瀨石、魚梁作城。武帝命文育擊之,平虜棄城走,文育據其城。遷(任)〔仕〕聞平虜敗,自將以攻文育,文育與戰,遷仕稍却,相持未解。會武帝遣杜僧明來援,別破遷仕水軍,遷仕衆潰,不敢過大皋,直走新淦。遷仕又(一)〔與〕劉孝尚謀(指)〔拒〕義軍[47],武帝遣文育與侯安(邦)〔都〕、杜僧明、徐度、杜稜築城於白口拒之[48]。文育(頓)〔頻〕出與戰[49]，遂擒遷仕。武帝發自南康，遣文育將兵五千開通江路。侯景將王伯醜據豫章，文育擊走之，遂據其城，累功封東遷縣侯。武帝以侯瑱擁據江州，命文育討之。時新吳洞主余孝頃，舉兵應勃，遣其弟孝(勵)〔勱〕守郡城[50]，自出豫章據于石頭。勃使其子孜將兵與(李)〔孝〕頃相會，又遣其別將歐陽頠頓軍苦竹灘，傅泰據(壠)〔壙〕口城[51]，以拒官軍。文育潛軍襲之，仍于豫章立栅，據其中；間築城饗士，賊徒大駭，歐陽頠(仍)〔乃〕退入泥溪[52]，作城自守。文育襲頠，擒之。於是盛陳兵甲，與頠乘舟而宴，以巡傅泰城下，因攻泰，克之。蕭勃在南康聞之，衆皆股慄。其將譚世遠斬勃欲降〔，爲人所害〕[53]，世遠軍主夏侯明徹持勃首以降。蕭孜、余孝頃猶據石頭城，帝遣侯安(邦)〔都〕助文育攻之，孜降文育，孝頃退走新吳。廣州平，文育還(退)〔頓〕豫章[54]，以功授開府儀同三司。

高祖武皇帝監始興郡事時，蔡路養起兵據南康，蕭勃遣腹心譚世遠爲曲江令，與路養相結，同遏義軍。大寶元年正月，帝發始興，次大庾嶺，大破路養軍，帝爲江州刺史。時寧都人劉藹等資高州刺史李遷仕舟艦、兵仗，將襲南康，帝遣杜僧明等據白口禦之。二年，僧明擒遷仕，送南康斬之，承制授江州刺史。帝發南康，灨石舊有二十四灘，灘多巨石，行旅以爲難。帝之發，水暴起數丈，三百里間巨石皆没，進軍頓西昌。時遣王僧辯督衆軍討侯景，次盆城，帝率杜僧明等合三萬〔人〕將會焉[55]。時西軍乏食，帝先(計)〔貯〕軍糧五十萬石[56]，至是，分三十萬石以資之，仍頓巴丘。會侯景廢簡文，立豫章嗣王棟。帝帥師發自豫章。二月，次桑落州。時〔僧〕辯已發盆城，會帝于白茅灣，乃登岸結壇，刑牲盟約，進次大雷。

武帝受禪，樊毅與弟猛舉兵應王琳，琳敗，奔齊。及陳永定元年，周文育等敗於沌口，爲王琳所獲，琳乘勝將事南中諸郡，遣猛(於)〔與〕李孝欽等將兵攻豫章[57]，進逼周迪。軍敗，爲迪所執，尋遁歸王琳，琳敗，還朝。

【隋】大業十二年^[58]，冬十月，鄱陽賊帥操師乞自稱元興王，建元始興，攻陷豫章郡，以其鄉人林士弘爲大將軍。詔治書侍御史劉子翊將兵討之，師乞中流矢死，士弘代統其衆，與子翊戰于彭蠡湖，子翊敗死，士弘兵大振，至十餘萬人。十二月壬辰，士弘自稱皇帝，國號楚，建元太平，遂取九江、臨川、南康、宜春等郡，豪傑爭殺隋守令，以郡縣應之。其地北自九江，南及番禺皆爲所有。

〔義寧元年，十二月〕乙巳，方與賊帥張善安襲陷廬江郡，因(度)〔渡〕江^[59]，歸林士弘于豫章。士弘疑之，營于南塘上。善安恨之，襲破士弘，焚其郛郭而去。士弘徙居南康，蕭銑遣其將蘇(州)〔胡〕兒襲豫章克之^[60]，士弘退保餘干。

【唐】〔武德六年，十二月〕癸(未)〔卯〕^[61]，安撫使李大亮誘張善安執之。大亮擊善安于洪州，與善安隔水而陳，遙相與語。大亮諭以禍福，善安曰：“善安初無反心，正爲將士所誤，欲降又恐不免。”大亮曰：“張總管有降心，則與我一家耳，因單騎(度)〔渡〕水，入其陳，與善安執手共語，示無猜間。善安大悅，遂許之降。”

〔至德元年，十一月〕丁酉^[62]，永王璘反，奔揚子。李成式將趙侃等濟江至新豐，璘使子瑒及其將高仙琦將兵擊之。侃等逆戰，射瑒中肩，璘兵遂潰，璘與仙琦收餘衆，南奔鄱陽，收庫物甲兵，欲南奔嶺表。江西采訪使皇甫侁遣兵追討，擒之，潛殺之於傳舍，瑒亦死於亂兵。

〔建中三年，〕冬十月辛亥^[63]，以湖南觀察使曹王皋爲江南西道節度使。皋至洪州，悉集將佐，簡閱其才，得牙將伊慎、王鍔等，擢爲大將，引荆襄判官許孟容，置幕府。慎，兗州人；孟容，長安人也。慎常從李希烈討梁崇義，希烈愛其才，欲留之，慎逃(張)〔歸〕^[64]。希烈聞皋用慎，恐爲己患，遺慎七屬甲，詐爲復書，墜之境上。上聞之，遣中使即軍中斬慎。皋爲之論雪，未報。會江賊三千餘衆入寇，皋遣慎擊賊自贖。慎擊破之，斬首數百級而還，由是得免。

〔貞元七年，〕^[65]秋七月庚辰，以虔州刺史趙昌爲安南都護，群蠻遂安。

〔元和二年,冬十月〕乙丑[66],制削李錡官爵及屬籍。以淮南節度使王鍔統諸道兵爲招討處置使,徵宣武、(義)〔武〕寧、武昌兵並淮南宣歙兵俱出宣州[67],江西兵出信州,浙東兵出杭州,以討之。

大中九年六月丙申,江西軍亂,都將毛鶴逐觀察使鄭憲。

〔十二年,〕[68]冬十月,上以光禄卿韋宙父丹有惠政於江西,以宙爲江西觀察使,發鄰道兵以討毛鶴。

十二月,韋宙奏克洪州,斬毛鶴及其黨五百餘人。宙過襄州,徐商遣都將韓季友帥捕盜將從行。宙至江州,季友請夜帥其衆自陸道間行,比明,至洪州,州人不知,即日討平之。宙奏留捕盜將二百人於江西,以季友爲都虞侯。

咸通六年,夏四月,楊收建議:以蠻寇積年未平,兩河兵戍嶺南,冒瘴霧物故者什六七,請於江西積粟,募强弩三萬人,以應接嶺南,道近便,仍建節以重其權。從之。五月辛丑,置鎮南軍于洪州。

乾符三年二月,敕福建、江西、湖南諸道觀察刺史皆訓練士卒,又令天下鄉村各制弓刀鼓板,以備群盜。

四年夏四月,賊帥柳彦璋剽掠江西。

五年三月,王仙芝餘黨王重隱陷洪州,江西觀察使高湘奔湖口,賊轉掠湖南,別將曹思雄掠宣、潤,詔曾元裕、楊復光引兵救宣、潤。

黃巢引兵渡江,攻陷虔、信、吉、饒等州。

曹師雄寇湖州,鎮海節度使裴璩遣兵擊破之。王重隱死,其將徐唐莒據洪州。

饒州將彭幼璋合義營兵,克復饒州。

中和元年十二月,江西將閔勗戍湖南,還過潭州,逐觀察使李裕,自爲留後。

中和二年五月,以湖南觀察使閔勗權充鎮南節度使,勗屢求於湖南建節,朝廷恐諸道觀察使效之,不許。先是,王仙芝寇掠江西,高安人鍾傳聚蠻獠，依山爲堡，衆至萬人。仙芝陷撫州而不能守，傳入據之，詔即以爲刺史。至是，又逐江西觀察使高茂卿，據洪州。朝廷以勗本江西牙將，故復置鎮南軍，使勗領之，若傳不受代，令勗因而討之。勗知朝廷意欲鬥二盜使相弊，辭不行。

秋七月己巳，以鍾傳爲江西觀察使，從高駢之請也。傳既去撫州，南城人危全諷復據之，又遣其弟仔倡據信州。

光啓元年春正月，南康賊帥盧光稠陷虔州，自稱刺史，以其里人譚全播爲謀主。秦宗權責租賦于光州刺史王緒，緒不能給，宗權怒，發兵擊之。緒懼，悉舉光、壽兵五千人，驅吏民渡江，以劉行全爲前鋒，轉掠江、洪、虔州。是月，陷汀漳二州，然皆不能守也。後緒以猜忌被廢，乃推王潮爲觀察使，〔潮〕以王審知爲副使[69]。

光啓三年冬十二月，饒州刺史陳儒陷衢州。

文德元年秋八月，楊行密畏孫儒之逼，欲輕（州）〔兵〕襲洪州[70]。袁襲曰：“鍾傳定江西已久，兵強食足，未易圖也。”乃免。馬殷與劉建峰、孫儒合攻行密，儒戰敗死。殷轉攻豫章[71]，略虔、吉，有衆數萬。

景福元年夏五月，楊行密屢敗孫儒，斬首傳京師。其將劉建鋒、馬殷，收餘衆七千，南走洪州，推建鋒爲帥，殷爲先鋒指揮使，以行軍司馬張佶爲謀主，比至江西，衆十餘萬。

天復元年十二月，江西節度使鍾傳將兵圍撫州，刺史危全諷失火燒其城，士民讙驚。諸將請急攻之，傳曰：“乘人之危，非（人）〔仁〕也。”[72]。乃祝曰：“全諷之罪，無爲害民。”火尋止。全諷聞之，謝罪聽命，以女妻傳子匡時。

天祐三年四月，江西鍾傳卒，其子匡時代立。傳養子延規怨不得立〔，遣使降淮南〕[73]，以兵攻匡時。楊渥遣秦裴率兵攻之。渥字承天，行密長子也。九月，克洪州，執匡時及其司馬陳象以歸。斬象于市，赦匡時，以秦裴爲江西（節）〔制〕置使[74]。

秋七月，秦裴至洪州，軍於蓼洲，諸將請阻水立寨，裴不從。鍾匡時果遣其將劉楚據之，諸將以咎裴。裴曰："匡時驍將，獨楚一人耳，若帥衆守城，不可猝拔，吾故以要害誘致之耳。"未幾，裴破寨執楚，遂圍洪州，饒州刺史唐寶請降。

〔四年〕五月[75]，楚王殷遣兵會吉州刺史彭玕攻洪州，不克。

〔六年〕六月[76]，撫州危全諷叛攻洪州，袁州彭彦章、吉州彭玕、信州危仔倡皆起兵叛。楊隆演召嚴可求問誰可用者，可求薦周本，乃請兵七千人，戰于象牙潭，敗之。

李景通破虔州妖賊張遇賢。遇賢復取虔州，遂襲南康，節度使賈浩不能禦。遇賢據白雲洞，有衆十餘萬。景通遣洪州營屯〔都〕虞侯嚴思、通事〔舍人〕邊鎬等率兵攻之[77]，遂執遇賢。

宋太祖〔開寶〕九年[78]，曹翰克池州，金陵、江南州郡皆降，獨江州指揮使胡則、牙將宋德明殺刺史謝彦實，集衆據城固守。曹翰圍之，凡四月餘，則力屈被執，翰殺之，遂拔江州。因縱兵悉取資財而屠其民，略金帛以億計。偽言欲致廬山東林寺鐵羅漢像五百于京師，因調巨艦百艘，載所得以歸。

太平興國中，太宗命楊允恭爲廣、連都巡檢使。允恭因部運，入奏海賊禍諸州，并以海鹽盜入庾嶺北，大爲民患，請建大庾縣爲南安軍以節制之。復奏虔州諸峒賊五千餘人據嶺峒，出入江上，允恭集水軍造輕船，俟盜出沒，掩殺之，賊衆驚潰。因禦賊功，命督江南水運。至臨江軍，擇驍卒挐輕舟，俟江賊所止，悉（裊）〔梟〕其首。自是江路無剽掠之患。

皇祐四年七月，儂智高陷韶州。九月，以孫沔爲江西路安撫使，以便宜從事。沔請益發騎兵且增選偏裨二十八人，求武庫精甲五千，發兵七百餘人。由洪州歷臨、吉、虔州至大庾，立防禦操練之法，使賊不得度嶺。

高宗建炎三年十月，金人濟江，知江州韓梠棄城遁，金人自大冶縣趨洪州。十一月，太后退保虔州，江西制置使王子獻棄洪州走。丁巳,金人陷(臨)臨江軍,守臣吳將之走。金人陷洪州,權州事李積中以城降,袁撫二州守臣王仲山、王仲嶷皆降,諸州悉陷。

劉光世屯九江,遣王德平信州妖賊王念經。行次饒州,會賊劉文舜圍城,德引兵赴之,文舜請降,德納而誅之,自餘不戮一人。乃謂諸校曰:"念經聞吾軍〔宿〕留[79],必不爲備。"遂倍道而趨,一鼓擒之。

〔紹興元年三月,〕楊沂中傅李成叛[80],呂頤浩駐軍彭蠡,以守其境。張俊、岳飛密爲定計,俊急趨南昌,與賊夾江而營,飛請自爲先鋒。沂中由上游徑絕生米渡,出賊不意。俊復筠州、臨江軍,馬進走江州,俊追殺之,成遂遁。

賊帥張琪自徽犯饒州,有衆五萬。呂頤浩自左蠡班師,命其將閭皋、姚端、崔邦弼列陣以待。琪犯皋軍,皋力戰,端、邦弼兩軍夾擊,大破之。時韓世忠平閩寇,旋師永嘉,若將就休息者;忽由(虔)〔處〕、信,徑至豫章[81],(建)〔連〕營江濱數十里[82]。湖南賊曹成不虞其至,大驚,以其衆降。

紹興五年,李綱辟〔李諤〕知永豐[83]。時虔州賊大小王寇吉水、新淦。韓廷方遣兵屯州縣,李諤與其將張宣、楊緩謀邀擊賊,會有王宣贊兵與張宣合,遂破賊于吉水桑村間。

紹興二十二年七月,虔州軍卒齊述殺統制吳進、同統領馬晟,據州叛。八月,遣鄂州都統〔制〕田師中發兵同江西安撫(司)〔使〕張澄、游奕軍統制李耕、左翼軍統制陳敏相繼討之[84],就命李耕知虔州。李耕入虔州,盡誅叛兵,虔州平。

(淳熙)〔嘉定〕間[85],王居安知隆興府,李元礪、陳廷佐倡亂,掀永新,撤龍泉,江西列城皆震。居安(與)督戰于黃山[86],賊始懼走。

(嘉)〔紹〕定間[87],陳韡知隆興府,贛寇陳三搶作亂,出没江西、(閩)〔闖〕、廣[88],所至屠殘。詔韡節制三路捕寇軍馬,兼知贛州,三搶就擒。

嘉定三年六月,池州副都統許俊、江州副都統劉元鼎,與賊李元礪戰,皆不利。十二月,湖南賊羅世(傳)〔傳〕縛李元礪以降[89],峒寇悉平。明年,李元礪伏誅。

開慶初,元兵自潭攻臨江,時制置使徐敏子屯兵隆興不進,知臨江軍陳元桂登城督戰,死之。

景定元年(三)〔春正〕月[90],大元帥北還。〔二月,〕[91]江西、湖南帥司言元兵破瑞州、臨江軍城,興國、壽昌、洪、撫、全、永、〔衡〕諸郡民皆被兵[92]。甲寅,詔臨江守臣陳元桂舉兵備禦,元桂築城備守勵兵,力疾篤戰,拒之[93]。

度宗時,有吳浚聚兵於廣昌,取南豐、宜黃、寧都三縣,翟國秀、傅卓亦聚兵,民多應之。命文天祥爲同都督,七月丁酉,進兵南劍州,欲取江西。是月,吳浚兵敗于南豐,翟國秀聞兵至,遂引還,傅卓兵敗,詣江西元帥府降。

詔以趙(縉)〔溍〕爲江西制置使[94],進兵(郡)〔邵〕武[95],謝枋得爲江東制置使,進兵饒州,吳浚爲江西招諭使,分道出師,興復帝室。

咸淳,(朝)〔潮〕陽法曹〔趙孟濟〕[96],元兵薄蕭灘,守倅驚走,孟濟與都〔總〕統丁應明鼓於門[97],若將應之,兵遂越境去。已而,湖北潰卒與廣西勤王師格殺城南,民駭亂,孟濟往諭之,皆感泣解散。制司以聞,差充清江令。未幾,(潭州)〔鄰郡〕陷[98],臨江被兵,守(藤)〔滕〕巖瞻出奔,孟濟死之。

咸淳十年,密祐爲江西都統。是冬,元相伯顏將大兵東下,高世傑荊口兵盡潰,半入江西。江西制置使〔黃〕萬石招集之[99],且募寧都、廣昌、(劍南)〔南劍〕義兵千人[100],盡以屬祐。十一月,大兵至隆興府,劉槃嬰城自守,萬石移治撫州。元帥張榮實、呂師夔進逼撫州,祐率眾進至龍馬坪。自辰戰至日昃,眾皆死。祐揮雙刀斫圍,南走渡橋,馬躓橋,被執而死。

咸淳十(一)年[101],起唐震知饒州,時興國、南康、江州諸郡皆已歸附。大兵略饒,饒守兵止千八百人,震發〔州〕民城守[102]。

德祐元年，吕師夔提舉江州、興國軍，請募兵以禦元，詔與知州錢真孫同募。至是，賈似道承制(台)〔召〕爲督府參軍調遣[103]，師夔不受命，與知六安軍曹明俱迎降于江州。

元兵至臨江軍，民盡去，知軍鮑廉死之。張世傑將兵入衛臨安，饒州復取之，其將謝元、王海、李旺、袁恩、吕再興皆戰死。江西提刑文天祥起兵勤王。丙寅，以天祥爲江西安撫使知贛州。

文天祥知贛州，江上報急，詔天下勤王。天祥捧詔涕泣，使陳繼周發郡中豪傑，並結(深)〔溪〕洞蠻[104]；使方興召吉州兵，諸豪傑皆應。〔天〕祥遣參謀趙時賞、諮議趙孟濼取寧都[105]，參(將)〔贊〕吴浚取雩都[106]，劉洙、蕭明哲皆自江西起兵來會，郡邑復其半，臨、洪(都)〔諸〕郡皆送欵[107]。

元兵攻宋，甘陵人趙寵偉以書謁元帥宋都觮於軍中，裨以兵略地臨江至吉州。宋主將管忠節悉衆出戰，寵偉敗之，知州周天驥以城降。宋都觮嘉寵偉有功，署爲吉州參佐官。

〔春正月〕丙戌[108]，元兵徇江州，知壽昌軍胡夢麟寓治江州〔，丁亥，自殺〕[109]。知安慶府范文虎以酒饌如江州迎師。

元元將伯顔下九江，兵三道南伐，知隆興事吴益棄城走。元兵乘勝攻臨江，知臨江軍鮑廉力戰，被執，死之。

至元十二年，李恒徙鎮常德，以扼湖南之衝。俄有詔分三道出師，以恒爲左副都元帥，從都元帥遜都台出江西，九月，開府于江州。師次建昌，擒都統熊〔飛〕[110]，遂圍隆興，轉運使劉槃請降，恒逆其詐，密爲之備。槃果以鋭兵至，恒擊敗之，殺獲殆盡，槃乃降。下撫、瑞、建昌、臨江。

至元十四年春，車駕幸上都，命所統軍三百赴上都。壬午，墮吉、撫二州城，隆興濱江，姑存之。

十(四)〔五〕年[111]，以邸順爲隆興管軍萬户，討贛州崖石寨、太平岩諸賊有功。十七年，陞鎮國上將軍都元帥，鎮隆興諸路兼管本萬户府事,賜銀印。吉、贛盜起,行省遷元帥府以鎮之。二十三年,佩元降虎符爲歸德萬户,鎮守吉安(諸郡)[112],未幾,統領江西各萬户,集兵七千,戍廣東。

十四年,宋丞相陳宜中及其大將張世傑立益王(顯)〔昰〕於閩中[113],郡縣豪傑爭起兵應之。恒遣將破吳浚兵于南豐,世傑遣都統張文虎與浚合兵十萬,期必復建昌,恒復遣將敗之兜港,(進)〔浚〕走[114],從文天祥於瑞金,又破之。天祥走汀州,遣鎮撫孔遵〔追〕之[115],並破趙孟濚軍,取汀州。或言天祥墳墓在吉州者,若遣兵(伐)〔發〕之[116],則必下矣。恒曰:“王師討不服耳,豈有發人墳墓之理。”乃分兵援贛,自率精兵潛至興國,天祥走,追至(定)〔空〕坑,獲其妻女,擒招討使趙時賞已下二十餘人,降其衆二十萬。

至元十六年,張弘略遷江西宣慰使。會饒州盜起,犯都昌,弘略以爲饒雖屬江東,與南康止隔一湖,此寇不滅,則吾境必有相扇而起者,乃使人直搗其穴,生縛賊酋,磔於市,餘黨潰散。下令曰:“不操兵者,皆爲平民,餘無所問。”

至元(十七)〔二十三〕年[117],安仁劇賊蔡福一叛。明威將軍齊秉節時鎮饒州,與有司會兵討之,擒福一,餘黨悉平。

至元二十年,(元)〔兀〕魯台〔陞〕懷遠大將軍[118]。江西行省命討武寧叛賊董琦,平之。改授虎符江州萬户府達魯花赤。二十四年,移鎮潮州,〔張〕文惠、羅半天等嘯聚江西[119],行樞密院檄討之,(鎮)〔領〕兵破賊[120],斬賊首羅大老、李尊長,獲其僞銀印三枚於軍。

元明善、〔董士選〕爲江西左丞[121]〔,又辟爲省椽〕[122]。會贛州賊劉貴反,明善〔從士〕選(士)將兵討之[123],擒賊三百人。明善議緩誅誤,得全活者(又三)百〔三十〕人[124]。將佐白宜多戮俘獲及尸一切死者,以張軍聲。明善固爭,以爲王者之師,恭行天罰,小寇陸梁,戮其渠魁可耳,民何辜焉。既(人)〔又〕得賊所書贛、吉民丁十萬於籍者[125],有司喜欲滋蔓爲功。明善〔請〕火其籍以滅跡[126],二郡遂安。

元貞二年，冬十月，贛州民劉六十聚衆至萬餘，建立名號。朝廷遣江西行省左丞(薰)〔董〕士選命將討之，觀望退縮，賊勢益盛。士選請自往，進至興國，距其營不百里，命將校分兵守地，悉置激亂之人於法，復誅奸民之爲囊橐者，於是民爭出自效。數日，劉六十就擒，餘衆悉散。

延祐(元)〔二〕年[127]，贛州民蔡五九等聚衆起兵，寇汀、漳、撫、吉等路，陷寧化、樂安、臨川、雩都等處，皆據之，稱王建號。詔遣張驢討之，擒斬五九，餘黨悉平。

〔至正十二年二月，〕[128]徐壽輝攻江州，總管李黼與之戰，大敗壽輝。黼曰：“賊不利於(險)〔陸〕[129]，必以舟薄我。”壽輝果以舟至，黼發火箭射之，焚溺無算。時黼守孤城，而賊勢益熾，力不能敵，黼乃揮劍叱曰：“殺我，毋殺百姓。”賊殺之，州民哭聲震天〔地〕[130]。

至正十年，慶童遷平章，行省江浙。適時承平，盜起(海瀕)〔汝、潁〕[131]，已而延蔓于江浙，江東之饒、信、徽、宣、鉛山、廣(信)〔德〕[132]，所在不守。慶童分遣寮佐，往督師旅，以次克復。

至正十二年，詔星吉守江州。時江州已陷，趙普勝、周驢等據池陽、太平諸郡，號百萬。星吉募兵三千人，遂進復湖口縣，克江州，留兵守之。命王惟恭栅小孤，星吉自據鄱陽，綴江(西)〔湖〕要衝[133]，以圖恢復。日久援不至，賊乘大艦來攻，星吉率兵力戰，衆死且盡，星吉猶堅坐不動，中流矢而仆，賊昇至密室乃蘇，羅拜饋食，吉斥之，凡七日，乃自力而起，北向再拜曰：“臣力竭矣。”遂絕。

至正十二年，賊陷湖廣，普顏不花進兵往江州，至石頭渡遇賊，戰敗。道童聞之恐，與伯顏定守城之計[134]。後數日，道童始自南昌民家來歸，遂議分門各守以備敵。三月，賊衆來圍城，城中置各廂官及各巷長，晝夜堅守，衆心翕然。而道童素惜民，能任人，有功者必賞，無功者不加罪，故衆樂爲之用。賊圍城凡兩月，而民無離志。道童密召死士數千人，面塗以青，額抹黃布，衣黃衣，爲先鋒；又別選精銳數千爲中軍,而募助戰者殿後。命萬户(張)〔章〕妥(同)〔因〕卜魯哈歹領之[135]。夜半開門,伏兵栅下,黎明鉦鼓大震,(同)〔因〕憤擊[136],賊驚以爲神,敗走,遂乘勝搗其營。

至正十二年,亦憐赤班移江西行省左丞相。於是妖寇由蘄、黄陷饒州。饒之屬邑安仁與龍興相接境,其民皆相挺爲亂。亦憐赤班道出安仁,因駐兵招之,來者厚賞賫,不從者,命子哈藍朶兒與江西左丞火你赤等乘高縱火,攻敗之。餘干久爲盗區,至是皆效順。

至正十二年,妖寇自淮右延蔓及江東(西)[137],詔(浙江)〔江浙〕行省參知政事蘇(民)〔天〕爵總兵于饒、信[138],所克復者一路六縣。(兵)〔其〕方略之密[139],節制之嚴,雖老(將)〔帥〕宿(帥)〔將〕[140],不能過之。

至正十四年,時江南兵起且五年,(持)〔特〕詔授江西肅政廉訪使[141],(皆)〔偕〕江西行省參政火你赤、兵部尚書〔黄昭〕[142],招討江西諸郡,得便宜行事。當以朝廷兵力不給,既受命至江南,即召募民兵,由浙入閩,至江西境建昌界,招安新城孫塔,擒殄李三。道路既通,乃進攻南豐,渠魁鄭天瑞遁,鄭原自刎死。十六年,調檢(教)〔校〕章迪,率本部兵與黄昭夾攻撫州[143],剿殺賊寇胡志學,進兵復宜黄、崇仁,於是建、撫兩郡悉平。

至正間,魏中立爲饒州路總管,黄州寇徐壽輝遣將攻饒州,中立力戰,不克被執。壽輝欲降之,中立不屈,罵不絶口,剖股而死[144]。

至正間,于大本爲信州路總管。賊犯信州,大本以土兵備禦。城破被執,至蘄水見賊偽主,釋縛,命以官,大本痛罵不屈,遂遇害。

至正間,梁克中爲吉州路總管。四境盗起,克中即出鎮,於郡東大洲上,備壕豎栅爲壘,益募丁壯,置舟師,節制屬縣義兵,郡賴以安。

本朝至正十九年十(一)〔二〕月,陳友諒襲其主徐壽輝[145],殺其左右,居之于江州,友諒自稱漢王。

至正二十年六月,胡大海取信州。先是,偽漢傾國入寇,高帝命

大海出兵搗信州以牽制之。大海率師靈溪，城中步騎數千出迎戰，擊
敗之。督兵攻城，守者不能支，衆潰，遂克之。改信州爲廣信府，以大
海子德濟爲行樞密同僉守之。

七月，故徐壽輝將鄱陽院判于光、左丞余椿擊走僞漢將辛同知，
取饒州，遂以其城來附，上命鄧愈獨鎮之。饒濱鄱陽湖，陳友諒數遣
舟師來攻城，愈與于光等連營以拒之，屢殲其衆，賊兵乃退。

至正二十一年六月，僞漢將李明道率兵五萬寇廣信，守將胡德濟
以兵少，閉城固守，遣人求援于父，胡大海即率師由靈溪以進。德濟
聞援至，乃引兵出城與大海夾擊賊兵，大破之，擒明道及宣慰王漢二
并士卒千餘人，獲戰馬器械甚衆。上釋明道及漢二，仍授以官，因得
友諒虛實，命爲鄉導，以取江西。友諒建昌守將王溥，漢二兄也，命漢
二招溥，使歸附。

八月，上親征陳友諒，督徐達等諸將率舟師乘風遡遊而上，劉基
以爲宜徑拔江州，傾其巢穴，上從之，遂悉師西上，長驅過小孤，友諒
〔將〕丁普（即）〔郎〕迎降[146]。師徑抵江州，距江州五里許，友諒始知
之，以爲神兵自天而下，蒼皇挈其妻子夜奔武昌，我師遂克江州。遣
使招諭江西諸郡，僞漢江西行省丞相胡廷瑞守南昌，見江州已破，遣
其部將鄭仁傑詣軍門約降，請禁止若干事。上初有難意，劉基自後踢
所坐胡床，上悟，許之。僞漢餘干守將吳宏、建昌守將王溥、袁州守將
歐普祥皆遣使請降。命趙德勝、廖永忠等分兵攻下瑞州、臨江、吉安
諸郡。

鄧愈領兵襲浮梁，僞漢參政侯邦佐棄城遁，遂取樂平，擊敗僞蕭
總管五千餘衆，擒萬户彭壽等六十八人，饒州之境悉定。十月，鄧愈
駐兵於臨川之平塘，時鄧克明據撫州，遣使通欵，而實無獻城之意。
愈知其情，捲甲夜趨，比旦入城，克明單騎遁。

十一月，康茂才、蔡遷等敗僞漢八陣指揮，遂取瑞昌縣。

至正二十二年正月，上幸南昌，胡廷瑞率其副將僞平章祝宗、同

僉康泰等迎謁,建昌王溥、餘干吳宏、袁州歐普祥、黃彬俱率衆來見,寧州陳龍及吉安孫本立、曾萬中皆來降,以鄧愈爲江西行中書省參知政事,鎮南昌。

四月,江西降將祝宗、康泰叛,回據南昌,知府葉琛迎戰於市,死之。鄧(愚)〔愈〕出走。徐達兵至湖廣沌口,聞變,旋師討之,宗、泰等敗走,南昌復定。上命大都督朱文正統元帥趙德勝、薛顯等,同(叅)〔參〕政鄧愈鎮之[147],僞漢八陣指揮餘黨,建柵南昌之西山。十二月,趙德勝、孫興祖等攻敗之,俘斬三千餘人。

至正二十三年四月,僞漢陳友諒自將圍南昌。時友諒大作戰艦,悉其所有,兵號六十萬,空國而來。是月壬戌,乘江漲直抵城下,其氣銳甚。用雲梯百道進攻,晝夜不息。友諒親督促之攻城,壞(三)〔二〕十餘丈[148],城中且戰且築,城復完。友諒盡攻擊之術,而城中備禦,隨方應之,殺傷甚衆。於是院判李繼先,元帥牛海龍、趙國旺等皆戰死。友諒復分兵攻陷臨江、吉安,以其所獲吉安守將劉齊、朱〔叔〕華、臨江同知趙天麟等徇於城下[149],文正等不爲動。六月辛亥,趙德勝巡城至東門,敵發蹶張弩,中其腰脅,箭深入六寸,重傷而死。朱文正乃遣千戶張子明赴建康告急。子明取東湖小漁舟,夜從水關潛出,越石頭口,夜行晝止,半月始達建康。王曰:"汝歸語文正等,〔但〕堅守一月[150],吾當自取之,不足慮也。"子明還至湖口,爲友諒兵所執。友諒謂曰:"若能誘城降,且得富貴。"子明許之,至城下呼曰:"我已見主上,(今)〔令〕諸公堅守[151],大軍且至。"友諒怒,攢槊刺殺之,文正等守益堅。七月,上命諸將解廬州之圍,親督舟師三十萬往援南昌,進次湖口。是月丙戌,友諒始解圍,東出鄱陽,以迎我師。丁亥,遇于康郎山,戊子,合戰。上分舟師爲十二屯,徐達、常遇春等諸將分擊,敗其前軍,復乘風縱火,焚寇舟二十餘艘,軍威大振。友諒驍將張定邊奮前,欲犯上舟,舟適膠沙,常遇春從旁射中定邊,定邊舟始退。俞通海來援,舟驟邊水湧,上舟遂脫。明日己丑,上親布陣,復與友諒戰,命常遇春諸將分調網船,載葦荻,置火藥其中,至晡時,東北風起,乘風縱火,焚其戰艦數百艘,煙焰漲天,十里之間,湖盡赤。友諒弟友仁、友貴等皆死。又明日庚寅,永忠等復以六舟深入搏擊之,敵聯〔大〕艦[152],撚力拒戰。我師望六舟無所見,意其已陷没,有頃,六舟飄颻而出,旋繞敵船,勢如游龍。我師見之,勇氣愈倍,合戰益力,聲振山海,敵兵大敗。永忠等還。辛卯,復聯舟大戰,自辰至午,敵兵復大敗,友諒欲退保鞋山,我師先至罌子口,橫截湖面,邀其歸路,友諒不得出。是夕,我舟渡淺,泊于左蠡,與友諒相持者三日。劉基亦密言於上,請移軍湖口,期以金木相犯日決勝,上從之。八月八日,我舟入江,駐南湖嘴,水陸結營,列柵江南北岸,置火舟、火筏中流,戒嚴以俟。敵舟不敢出,糧且盡。二十七日,敵計窮,冒死突出,繞江下流,欲由禁江遁回。上麾諸軍追擊,復以火舟、火筏衝〔之〕[153],敵舟散走,追奔數十里,力戰自辰至酉,友諒中流矢死。

至正二十四年四月,時僞漢將熊大瑞尚竊據贛州未下,上命鄧愈總兵往討,既而復命常遇春、總兵陸仲亨爲副討之。八月,愈與遇春等合兵平臨江之沙坑、麻嶺十洞、牛陂山寨,遂進攻贛州,圍之。

至正二十五年正月,熊天瑞被圍日久,力不能支,乃出降,贛州平。其所統南安、南雄、韶州諸郡皆下。都督朱文正遣參政何文輝、指揮薛顯討新淦鄧仲濂,斬之,擢薛顯爲江西行省參政。

正德六年正月己卯,江西(益)〔盜〕起[154],〔召〕守制右都御史陳金總制江西等處軍務[155],以右副都御史俞諫提督軍務,發兵征之。先是,江西諸郡盜賊蠡起,贛賊犯新淦,執參政趙士賢,靖安賊據越王嶺、碼磌寨,華林賊破瑞州府。既而撫州東鄉、饒州姚源洞等處賊亦作亂,金等奏調廣西田州東蘭等處狼兵共征之。

正德六年五月己巳,河南盜乘舟入湖廣,由應山破雲夢,掠黃州,都指揮張塤追敗之,乃趨江西,掠星子縣,都指揮趙錢敗之于左蠡。

正德六年九月己巳,廣東福州流(泯)〔賊〕三千餘人入江西永豐縣[156]，知縣朱璀逃去，遂破樂〔安〕、新淦[157]，知縣申惠等被執，都御史陳金以聞，令趣調兩廣土兵分道剿捕。

正德七年五月甲寅，江西撫州東鄉賊平。初，賊王珏五、徐仰三等聚萬餘人作亂，陳金調兩廣目兵及漢達官軍討之，令參議徐蕃、都指揮陸潮等屯（母）〔毋〕城，僉事高賓、都指揮王爵等屯黎虛，僉事李嘉言、都指揮楊懋屯野塘，副總兵張勇總統官軍，土官岑塗、岑猛統目兵，分道並進，敗賊於熟塘，再克於南獠，復連捷於赤岸、蔭嶺，前後斬首萬餘級，俘七百五十餘人，破二百六十五柵。事聞，〔皆〕陞賞[158]。姚源賊殷勇十、洪瑞七等構亂猖獗，金受命總制，募鄉兵得五六萬人，令參政董朴軍餘干，吳廷舉軍安仁，僉事高賓軍貴溪，鄭宣軍樂平，都指揮許時軍鄱陽，而布政使任漢統之，據山立寨，分守要害，賊出輒遏其歸；間發兵搗其巢穴，俘斬千餘人，殷勇十重創死。已而勇以廣西目兵至，毒弩蹶張，所向破竹，俘斬又四千餘人。金喜，以功在頃刻，乃與諸道領兵官置酒高會。賊覘知諸要害皆無守者，乃悉所有賂土官，因兵懈乘夜遁去。時賊不食已三日，轉掠衢、徽間，廷舉以安仁民兵及目兵追及于弋陽，目兵所在攘掠，居民〔遮〕訴，皆不省[159]，由是將驕卒悍，上下解體。金乃倡招撫〔立〕縣之議[160]。賊欲款師偽降，而攻剿如故，金遂以賊平聞，請設東鄉、萬年二縣。

正德八年五月癸巳，姚源賊反，王浩八等屯開化，都指揮白弘、參將李隆、僉事儲珊、都指揮江洪戰敗，弘、洪被執。賊逾壕嶺遁還江西德興，屯于煖水，欲聽撫，且以弘、洪為質，復執參政吳廷舉。六月乙卯，建昌千戶鄧俊追賊王浩八於七公鎮，斬獲甚眾，會暴雨收兵。盜自山突出殺俊，遂奔裴源，建營十里。諫與李銳等議，遣按察使王秩軍方家墩，副使胡世寧、僉事高賓各據其山岡，參政吳廷舉軍武山石，斷其歸路，參將李隆、指揮（費）〔賈〕鑒率大同及處州兵[161]，乘雨夜潛出，賊不意，遂大破之，俘斬以千計。浩八易服匿深山中，其黨翁享四誘擒之。時賊黨尚眾，有司急功，仍招之，越兩月而變復作。

正德八年十月乙巳，初，萬年縣賊〔王〕重七等陽聽撫[162]，實懷異志，雖設縣分司以羈縻之，賊視官府若無者；而所置吏胥，又多賊黨，以故官府動息必聞。兵備副使李情復用刑嚴，賊益欲叛。八月，殺縣丞馬環、主簿冬禎、典史孔卓於茭塘，縱火燬公私廨宇殆盡，遂殺情及指揮、通判、千戶等官。丁未，江西東鄉縣聽撫賊艾茹七、樂庚二、假馬三等復叛，劫掠如故，眾至二千餘，詔俞諫等分路討擒之。

正德十年七月乙未，江西賊徐九齡嘯聚建昌縣之醴源，負固劫掠，出没江湖間逾三十年，蘄、黃、德安、鄱陽、湖口、九江咸被其毒。至是，巡撫都御史俞諫等督兵討之。豐城知縣吳嘉聰率眾先登，破袋嶺，擒其從顏曰和等二十一人。餘衝高安，主簿袁瑸率兵遏之，賊敗走，瑸亦戰死。九齡急引眾冒雨夜遁出完岡，兵備副使宗璽扼之於青頭岡，斬九齡及其黨，醴源遂平。

正德十二年八月庚申，江西大庾縣賊陳曰能等與上猶、剌頭諸賊，盤據山峒，屢出剽掠，攻南康，勢愈猖獗。都御史王守仁督兵備副使楊璋等潛師以入，乘夜縱火，破賊巢十九處，擒曰能，斬獲五百六十餘人。

正德十三年七月，江西、廣東、湖廣之交，溪峒阻深，江西上猶等縣崒賊謝志山等據橫水、桶岡諸巢，廣東龍川縣賊池仲容等據三剌頭諸巢，與猺賊龔福全等聯絡出攻剽，勢甚猖獗。都御史王守仁受命提督，遂先攻大庾賊巢，潛兵入險，乘夜縱火，我師大捷。志山攻南安府城，知府李敷等敗之于小梅關，前後斬獲賊九百六十餘級。既而進攻橫水，守仁自率親兵進屯近地，堅壁不戰，潛遣精兵，卷旗篝火，出賊背登山，火光四起，呼聲動天地。賊惶駭，大潰敗。移師桶岡，偽招之，賊持議未決，而我兵已度險矣，乘勝奮擊，破巢穴八十餘，斬獲二千八百有奇。會湖廣兵逐福全殘黨千餘人突至，復邀之，擒斬且盡。始守仁慮仲容助橫水賊，因撫諭以離之。至是大享將士，聲言罷兵。仲容部下稍稍來降。春正月，以計誘執仲容，復督兵急攻其巢，先設伏，及賊潰四出，遇伏兵皆就擒，逾月班師。是役又破賊巢三十八，斬獲二千有奇，三道積年遺寇，於是悉平。

　　正德十四年六月丙子，寧王宸濠反，巡撫江西都御史孫燧、按察司副使許逵死之。宸濠陰蓄異志，自正德以來，驕蹇不法。會朝廷遣官戒諭，及逐其旗校留京邸者，濠聞知疑懼，遂決計反。前一日，燧與巡按御史王金、三司官及公差主事馬思聰入府賀濠生日，如例張宴。至是燧等入謝，濠令閉門，甲士露刃環之，僞云太后有密旨召我。衆相顧愕眙。燧曰：“果有旨，巡撫大臣當與聞，請觀之。”濠大怒，叱甲士（章）〔牽〕燧出[163]，副使許逵奮身起，罵不絕口，並縛逵斬之。是夕，參議黃宏、思聰亦卒。戊寅，宸濠兵陷南康府，知府陳霖等先遁，士民逃竄，城中爲空。宸濠兵陷九江，兵備副使曹雷、知府江穎等皆遁，恣賊焚掠而去。宸濠東下，使僞署僉事帥夔爲兵備副使，守九江。庚辰，提督軍務都御史王守仁起兵討宸濠。初，守仁奉命勘事福建，取道南昌，至豐城聞變，遂取小艇潛跡還贛。吉安知府伍文定聞守仁還，急以卒三百迓于峽江，下令各郡邑，喻以大義，與文定日夜籌畫軍需、器械、糧草，旬日間，軍聲大振。

　　七月朔，宸濠統兵發南昌，選護衛及所鳩賊兵市井惡少並脅從，合八九萬人，聯舟千餘艘。丙午，宸濠圍安慶府不克，乃引兵還。辛亥，守仁順流而下八萬餘人，號三十萬。己酉，次豐城，分兵爲七，期各攻一門。庚戌，薄暮，發市汊，已三鼓，砲擊門，守者駭散，遂入城。丁巳，知府伍文定等敗宸濠兵於樵舍，知縣王冕兵獲宸濠。宸濠之還自安慶也，乘風遡流而上。甲寅，抵樵舍，其黨潰散者過半，然尚五六萬人。文定先與戰不利，乘勝追文定，進逼黃家渡，勢銳甚。文定潛爲火攻具，一夕皆備，募舟四十艘，實槀灌油。乃遣滿總軍，自下流潛渡，繞出濠舟後，而復更以他軍營其故地。黎明，發舟，乘風舉火。文定等率衆隨之，頃刻達濠營，濠舟膠于沙，不得發，水陸夾擊，賊衆大潰。妃婁氏赴水死，濠被擒，遂執濠世子及郡王、將軍并僞國師等官，及從行黨皆就執,他衣甲、器仗、財物與浮尸積聚,橫亘十餘里,如長洲然。

臬史氏曰:昔者聖人之作《易》也,彼固自以爲起於中古,憂衰世之事也。衣袽復隍之警,弧矢除戎之義,蓋拳拳焉。而後世自戡亂之後,未有不弛然解者。故歐陽修曰:“三代以前之治亂,未嘗不以德;而三代以後之治亂,未嘗不以兵。”是烏得罷不講也。開元之承平,府庫器鈍,而漁陽之鋒,若涉無人。晉武之粗安,警備盡徹,而羯、氐之難,如赴同讎;合血戴角之爭,此其大情。特以防周慮密,銷於未形,則有所恃者,可以無恐;有所懲者,終於不萌。不然,謾藏冶容,盜淫是誨,即以偷且一時幸矣,而經時保泰之治,顧不紕乎?

江西,東南大都,濱江帶湖,四要之地,自三代以還,其戰爭之略,盡於此矣。此乏則彼乘,民安則盜戢,乘除機宜,可指諸掌者。入我朝正德以後,則漸入于多事,蓋不復可以雅馴優遊理矣。今各衛之額,大率視初年多耗減,不十四五,而往往事起,輒不足戰,更調客兵。如姚源之難,狼兵猶不可用,而藉邊兵。一時艾劃之力,若病者投以竣劫,非不適意,然邊廣兵苦驛騷,不可束縛,而田州土官岑猛,因以輕中國,歸而有反心。譬之病稍去,而元氣耗疲,則雖一時猶難語理,而況爲經年之計,冀數世之安者耶!嘉靖壬子,海上難作,天下皆震,徵兵轉輸,不啻焚溺。頃者,調狼兵以萬計,近又募人廣海,間道必取江西,其供應不給,而焚廬掠奪,幾無異賊。巡撫何公遷、巡按鄭公本立,皆條疏令總督遣官護菡,又須部伍,不得雜以無藉者,即奏可施行。而彼方魚鳥聚,朝不圖夕,緩之益甚,急之恐生他變,張頤瞑目,以視其虜暴,不敢誰何。時復有半道不歸者,往往散在江湖間爲盜,其計未可遽止也;而況贛州之賊,頗連閩、廣,乘機竊發,每歲報警,不能草獮禽薙以稱快志。而一二歲寇自閩者,由崇安出新城、南豐,震驚撫、建,每一報至,即束手不可爲計,若此者,豈非預練素備之道不明,則無以待其至耶? 段秀實曰:“虎豹之所以可畏者,以其有爪牙也。爪牙去,則孤豚特犬皆能爲患。"今各矗傍伺,意在需時,萬一水旱相仍,捧土不塞,江河是濫,而況連湖湘以爲上流,控南都以爲右腋,其患非特豚犬也。諸衛減耗,民畏言兵,若支贅者。每一調遣,練習若兒戲。然懲前患者,老不記憶;宴目前者,壯不他慮;其威非特去爪牙也,皮不(傳)〔傅〕矣[164]。於此而欲建(意)〔蒐〕討之議[165],信截鬮之法,立不可測知之防,於苟且無事之日,其誰以爲然者!

夫江西地儉瘠,民强而喜鬭訟,桂文襄公尊志之矣。崇仁、樂安、德興、樂平諸縣,萬有一爭,輒聚數百人,其勢非盡夷人之宮而殺其魁不止也,非可安枕而卧者也。使其爲公戰如報私讐,此秦人所以併六國也,患無以倡之者。往時鎮守大監鄧原建白,以贛州巡撫兼四省〔爲〕制上流[166],而南昌知府李公承勳至聯民兵以制突〔寇〕[167],彼豈不憚於更舊制,動民力哉?夫亦有所懲,不得已而然也。故爲今計者,不過三事:曰練,曰募,曰調。練爲上,募次之,調爲下。凡兵不過曰守城,曰野戰。野戰爲難,守城次之。夫調兵者,其野戰之歉與退,而不可盡法者,衆之所共知也,而不知其猶無益於守城也。其暴掠之慘,與供給之費,衆之所共知也,而不知其猶不止於無益也。百里而奔命者蹶上將,千里而趨利者軍十三至,彼遠去其鄉里親戚以處於此,豈復有愛其田閭里居之心哉?故凡藉手於調者,元末楊完者之在臨安可監也,非國家之長計也。若必以爲藉調者,是田單終不可以强敗齊,而少康不可用一旅也。國家海寇作難八年矣,征輸之令悉於編氓,焚掠之慘,毒於骨髓。練兵之請,臺諫之章,積於掖門。朝廷亦嘗拔知縣之官于不次,又設專官以爲名矣,而終未聞有精銳之卒,〔足〕以當一陣之寄者[168],豈非以氣不加作,則以柔脆之病委諸生成;法不加嚴,則以掣肘之責分於傍列?自非斷疑、信法、預賞、任功、察微兼此者,而曰練兵練兵,是徒委虛文者也。郊有壘者,而尚云爾;則言兵實於斯土者,固宜以爲支矣。然睹往事,則昭然若指掌可視也。自古言治兵無出於數事者,每倡言之,則亦老生之談而已。然事決而後行,則言雖近而得便,機狙而不奮,則畫雖深而寡成。伏險于大順,慮患于未然,而況浙直連墟,閩廣未靖,四鄰創擾,方獨處中,可無一旦之慮,而直爲此熙熙哉?太史氏曰:"教笞不可廢於家,刑罰不可弛於國,兵甲不可偃於天下,用之有巧拙,行之有順逆爾。"世儒闇於大較,猥云德教,遂執不移。宋向戌請晉楚弭兵,其從交相見以爲功,而求封焉,公與之邑六十,以示子罕。子罕削而投之曰:"天生五材,民並用之,誰能去兵。兵所以威不軌,而昭文德也。聖人以興,亂人以廢,廢興存亡昏明之術,皆兵之由也,而子求去之,不亦誣乎!"凡闇凡誣,非他也,人情易安而難動,時習見久而駭初。故安房闥者,難與議資斧之需;藏瓶盎者,不可談海陵之積。囂然之治,非所以切實事而慮深長者也,所以貴斷疑也。自正德己卯以來,江西宴安四十年,往往撫臣亦嘗練兵,又選其精者別號作之,人人自信,而不至於以爲戲者,獨以生死之法行於其間爾。光弼之代河陽,非易地也,而用濟之斬,則旗幟爲之加明;世宗之幸潞州,非易兵也,而愛能之去,則三軍爲之惕息。上之人有斷然之意不牽於顧眄,則下之人有毅然之志,而不敢於偷安。朱虛行酒,則一座皆肅;項梁治喪,則賓客皆辦。驅人于鋒鏑,習人以殺伐,而托於空言哉,所以貴信法也。夫師行而糧從,法嚴則賞附,有程之經費,不可以給出格之需,有限之工食,不足以獎不凡之氣。今江西之財出自庫藏者,如《賦書》所具,已不可復有所加矣。兵食相須,而雖韓、白之將,亦安能獨以斬馘之法,得人人死力哉!昔在贛軍門之始創也,嘗具請以廣鹽行湖西矣。當正德間,王公守仁所以能收浰頭、桶岡之功者,亦以費出於是,而足以自給也。頃者,峽江設橋,則廣鹽不下,而稅且寡。巡撫副都御史范公欽經略練簡,幾有緒矣,猶懼徒手無策,假令萬一將大有所用,則今有司往往告乏者,將何以善其後耶?積貯,國之大命;轉輸,兵之上務;竹頭木屑,收之厭棄之日;食羊投醪,分于迫切之時。是安得不預賞也。夫王者操勵世之權,則惟明於殿最;大臣有分統之任,則惟別夫偷勤。夫平常之事,文史之間,可以優遊儒雅理也;而軍旅艱危,則惟抱才負志,不習尋常者之所能辦也。然違時者,有獨異之譏;任事者,多見疑之跡。機密而不可以語人,則意難以遍諭;功成而不能以自晦,則忌至而不能以悉平。是以當事之臣,常淪於不韙;而垂成之績,每廢於嫌疑。自非在上昭然別白之,保護之,則幾不方宜而遽易,甫定而速變哉?是安得不任功也。烏附以去病,而亦以發病;譏關以禦暴,而亦以爲暴。彼韝膝袴首而稱雄者,豈俛首操耒者耶,亦椎埋不逞之徒而已。用之則必有以優之。優之而過,則驕不可復制,優之必有以裁之;裁之而過,則怨不可復遣。故有叫呼于馬櫪者,亦有橫枕於民廬者。犯此者雖有震世之功,燃眉之急,不惟人將不食其餘而已,亦將有所不享其利。故察入於秋毫,而行以平恕;法漏於吞舟,而將以必罰,是將之物也。往光武所以謂每一出將,頭輒爲白者,此所爲謹微也。集此衆效,即練當自精,不足則繼之以募,凡須調者,特苟目前,若引盜入室,不顧主人則可爾。今天下衛所之額,皆取足於罪謫者,邇年以來,嘗有令輸贖治矣。彼不殺人,則盜庫作奸,其不能操戈從事于(仆)〔什〕伍亦明也[169]。故軍之耗不可復,而取足於民兵;民兵不能盡使,而又有精兵。時變遷代,不可盡悉,而有備無患,千古律令。不然,姚源之奔突,倏忽而至衢、信;宸濠之微淺,瞑目而破南、九,固猶爲有守哉?前輪不易,後車將覆,余爲《實書》,故諄諄道焉。

校勘記

[1]據吉大本改。

[2]據吉大本補。

[3]據吉大本改。

[4][5][6]據吉大本補。

［7］于"其相曰：'必欲應吳，臣請將兵屬之'"句下，據《漢書》卷四十四《淮南王傳》，當補入"相已將兵，因城守，不聽王而爲漢"之文。

［8］據《後漢書》卷一下《光武帝紀下》改。又據同書卷十三《公孫述傳》注：江州，縣名，屬巴郡。按此條與江西無關，不應録入本書。又本條後邊兩條，亦與江西無關，均不應録入本書。

［9］據《三國志·吳書》卷五十四《周瑜傳》補。

［10］據南京萬曆本改。

［11］根據上下文意，"吳"字下似脱漏"書"字。

［12］據《三國志·吳書》卷五十八《陸遜傳》，在"郡民吳遽等相率降"句中"等"字下，應補入"果作賊殺祇，攻没諸縣，豫章、廬陵宿惡民並應遽爲寇。遜自聞，輒討即破，遽等"之文。

［13］據《晉書》卷四十二《王渾傳》改。

［14］考其時之江西非唐宋以來江西之政治地理範圍，此條亦不應録入本書。

［15］據《晉書》卷八《穆帝紀》改。

［16］據《晉書》卷八《穆帝紀》補。

［17］據《晉書》卷七十四《桓彝傳》附《桓石綏傳》補。

［18］據《晉書》卷七十四《桓彝傳》附《桓石綏傳》改。

［19］據《晉書》卷七十四《桓彝傳》附《桓石綏傳》改。考其時之江西非唐宋以來江西之政治地理範圍，此條亦不應録入本書。

［20］據《晉書》卷五十八《周訪傳》補、改。

［21］［22］據《晉書》卷五十八《周訪傳》改。

［23］據《晉書》卷五十八《周訪傳》補、改。

［24］據《晉書》卷五十八《周訪傳》改。

［25］［26］［27］據《晉書》卷五十八《周訪傳》補。

［28］據《晉書》卷五十八《周訪傳》，需將"謂訪"二字顛倒。

［29］［30］［31］［32］據《晉書》卷五十八《周訪傳》補。

［33］據《晉書》卷五十八《周訪傳》改。

［34］據《晉書》卷五十八《周訪傳》補、删。

［35］據《晉書》卷五十八《周訪傳》補。

［36］據《宋書》卷一《武帝紀》上補。

［37］據《宋書》卷一《武帝紀》上改。

［38］據《資治通鑑》卷一百三十一《宋紀》十三明帝泰始二年八月條改。

［39］據《資治通鑑》卷一百三十九《齊紀》五明帝建武元年春正月條改。

［40］據《南齊書》卷四十《晉安王子懋傳》、卷五十一《裴叔業傳》改、補。

［41］據北圖膠卷改。

［42］［43］據《南史》卷六十六《侯瑱傳》改。

［44］據《南史》卷六十六《黃法氍傳》改。

［45］據《南史》卷六十六《黃法氍傳》補。

［46］據《陳書》卷十三《周敷傳》改。

［47］［48］［49］［50］［51］［52］據《南史》卷六十六《周文育傳》改。

［53］據《南史》卷六十六《周文育傳》補。

［54］據《南史》卷六十六《周文育傳》改。

［55］據《南史》卷九《陳本紀上第九》補。

［56］據《南史》卷九《陳本紀上第九》改。

［57］據《南史》卷六十七《樊猛傳》改。

［58］此處照例應補入一"隋"字。

［59］據《資治通鑑》卷一百八十四《隋紀八》恭帝義寧元年十二月乙巳條
　　補、改。

［60］據吉大本改。

［61］據《資治通鑑》卷一百九十《唐紀六》高祖武德六年十二月癸卯條補、改。

［62］據《新唐書》卷六《本紀第六》肅宗至德元年十一月條補。

［63］據《資治通鑑》卷二百二十七《唐紀四十三》德宗建中三年條補。

［64］據吉大本改。

［65］據《資治通鑑》卷二百三十三《唐紀四十九》德宗貞元七年條補。

［66］據《資治通鑑》卷二百三十七《唐紀五十三》憲宗元和二年冬十月條補。

［67］《資治通鑑》卷二百三十七《唐紀五十三》憲宗元和二年冬十月乙丑條下胡
　　注云："此時無義寧軍,《新書》作武寧,當從之。"

［68］據《資治通鑑》卷二百四十九《唐紀六十五》太中十二年條補。

［69］據《新五代史》卷六十八《閩世家第八》補。

［70］據北圖膠卷改。

［71］據《新五代史》卷六十六《楚世家第六》，于“殷轉攻豫章”句中“殷”字下應補入“等無所歸，乃推建鋒爲帥，殷爲先鋒”等文字。

［72］據吉大本改。

［73］據《資治通鑑》卷二百六十五《唐紀八十一》昭宣帝天祐三年四月條補。

［74］據南京萬曆本改。

［75］按其時淮南仍奉唐天祐年號，不奉後梁開平年號，所以稱作四年。據《資治通鑑》卷二百六十六補。

［76］同上情況，仍稱作六年。據《資治通鑑》卷二百六十七補。

［77］均據馬令《南唐書》卷二十六補。又該書以“營屯”爲“屯營”，以“嚴思”爲“嚴思禮”，附錄於此，以便考覽。

［78］據《宋史》卷三《本紀第三·太祖三》補。

［79］據《宋史》卷三百六十八《王德傳》補。

［80］據《宋史》卷二十六《本紀第二十六·高宗三》補。“傅”字疑爲“傳”之訛文。

［81］［82］據《宋史》卷三百六十四《韓世忠傳》改。

［83］據《光緒吉安府志》卷二十補。

［84］據《宋史》卷三十《本紀第三十·高宗七》補、改。

［85］據《宋史》卷三十九《本紀第三十九·寧宗三》改。

［86］據《宋史》卷四百五《王居安傳》删。

［87］據《宋史》卷四百十九《陳韡傳》改。

［88］據吉大本改。

［89］據《宋史》卷三十九《本紀第三十九·寧宗三》改。

［90］據《宋史》卷四十五《本紀第四十五·理宗五》改。

［91］［92］據《宋史》卷四十五《本紀第四十五·理宗五》補。

［93］據《宋史》卷四十五《本紀第四十五·理宗五》，當删去“舉兵備禦”以下全文，並補以“死節，官五轉，贈寶章閣待制；與一子京官，一子選人恩澤；給緡錢十萬治葬，立廟死所，謚曰正節”。

[94]據《宋史紀事本末》卷一百八《二王之立》改。

[95]據《宋史紀事本末》卷一百八《二王之立》改。按此條係錯簡,應置於下文"丙戌,元兵徇江州"條之後。

[96]據《隆慶臨江府志》卷十一《死事傳》改、補。

[97]《隆慶臨江府志》卷十一《死事傳》作"總統",疑誤,姑置於此,聊備考覽。

[98]據《隆慶臨江府志》卷十一《死事傳》改。

[99]據《宋史》卷四百五十一《密佑傳》補。

[100]據《宋史》卷四百五十一《密佑傳》改。

[101]據《宋史》卷四百五十《唐震傳》删。

[102]據《宋史》卷四百五十《唐震傳》補。

[103]據吉大本改。

[104]據《宋史》卷四百十八《文天祥傳》改。

[105]據《宋史》卷四百十八《文天祥傳》補。

[106][107]據《宋史》卷四百十八《文天祥傳》改。

[108][109]據《宋史》卷四十七《本紀第四十七·瀛國公》補。

[110]據《同治建昌縣志》卷之五《武備·武事》補。

[111]據《元史》卷一百五十一《邸順傳》改。

[112]據《元史》卷一百五十一《邸順傳》删。

[113][114]據《元史》卷一百二十九《李恒傳》改。

[115]據《元史》卷一百二十九《李恒傳》補。

[116]據《元史》卷一百二十九《李恒傳》改。

[117]據《元史》卷一百六十五《齊秉節傳》改。

[118]據《元史》卷一百二十《兀魯台傳》改、補。

[119]據《元史》卷一百二十《兀魯台傳》補。

[120]據《元史》卷一百二十《兀魯台傳》改。

[121][122]據《元史》卷一百八十一《元明善傳》補。

[123][124]據《元史》卷一百八十一《元明善傳》補、删。

[125]據《元史》卷一百八十一《元明善傳》改。

[126]據《元史》卷一百八十一《元明善傳》補。

［127］據《元史》卷二十五《本紀第二十五·仁宗二》改。

［128］據《元史》卷四十二《本紀第四十二·順帝五》補。

［129］據《元史紀事本末》卷二十六《東南喪亂》改。

［130］據《元史紀事本末》卷二十六《東南喪亂》補。

［131］［132］據《元史》卷一百四十二《慶童傳》改。

［133］據《元史》卷一百四十四《星吉傳》改。

［134］按文中“道童聞之恐”句下，漏“即懷印遁走，普顏不花還”二句（據《元史》卷一百四十四《道童傳》）。

［135］［136］據《元史》卷一百四十四《道童傳》改。

［137］據《元史》卷一百八十三《蘇天爵傳》删。

［138］據《元史》卷一百八十三《蘇天爵傳》改。

［139］據吉大本改。

［140］［141］據《元史》卷一百八十三《蘇天爵傳》改。

［142］據《元史》卷一百八十七《吳當傳》改、補。

［143］據《元史》卷一百八十七《吳當傳》改。

［144］“股”疑爲“腹”之訛。

［145］據《元史》卷四十五《本紀第四十五·順帝八》改。

［146］據《明史》卷一《本紀第一·太祖一》補、改。

［147］據吉大本改。

［148］據《明史紀事本末》卷三《太祖平漢》改。

［149］據《明史紀事本末》卷三《太祖平漢》補。

［150］據吉大本補。

［151］據吉大本改。

［152］［153］據吉大本補。

［154］據吉大本改。

［155］據吉大本補。

［156］據吉大本改。

［157］［158］［159］［160］據吉大本補。

［161］據吉大本改。

［162］據吉大本補。

［163］［164］［165］據吉大本改。

［166］［167］［168］據吉大本補。

［169］據北大抄本改。

江西省大志卷之六　險書

臬史　王宗沐　著

南昌府城<small>南、新二縣附省</small>　漢灌嬰所築,周十里八十四步,後廢。入唐初,修築西南隅四分之一。國朝壬寅,都督朱文正守豫章,以城西南濱江,改築於内,周二千七十丈有奇,比舊減五之一,高二丈九尺,東南北浚濠三千四百丈有奇,闊十一丈。洪武二年,參政楊憲重建行省於内。九年,改行省爲布政司。按《五代史》,南唐李景因與周戰敗,而其國日蹙,謀遷都洪州,群臣皆不欲遷,惟樞密使唐鎬贊之,乃升洪州爲南昌〔府〕^[1],建南都。建隆二年,景因遷焉。而洪州逼隘,宮府營廨皆不能容。群臣日夕思歸,景悔怒不已,鎬懼,發疾卒。六月,景卒。子煜立,徙都金陵。

鄱陽湖,在府東北一百五十里,即《禹貢》東匯澤爲彭蠡者,合饒、信、徽、撫、吉、贛、南安、建昌、臨江、袁、筠、南康數州之流,東至饒州府餘干縣之康郎山,西至新建縣荷陂里,南至進賢縣之北山,北至南康府都昌縣南。周迴數百里,跨豫章、饒州、南康三州之地,即五湖之一也。

西山,在府城西,大江之外三十里。一名厭原山,又名南昌山,李成陳兵於此。

市汊巡檢司,在南昌縣南七十里。

王家渡,在南昌縣東北四十里。

武陽渡,在南昌縣東四十里,設有武陽驛。

高家渡,在南昌縣南四十里。

趙家圍巡檢司,在新建縣東北六十里。

昌邑巡檢司,在新建縣北一百二十里。

吳城巡檢司,在新建縣北一百八十里,抵建昌縣界。

烏山巡檢司,在新建縣西七十里,抵高安縣界。

生米市,有渡,在新建縣南三十里。

羅家渡,在新建縣西南一百里,抵豐城縣界。

蟻口渡,在新建縣西南一百二十里,抵高安縣界。二處皆盜區。

豐城縣柿源巡檢司,在縣東一百二十里。

江滸口巡檢司,在縣西南三十里。

馬鞍嶺,在縣西六十里,抵高安縣界。

章元嶺,在縣東八十里,抵臨川縣界。

進賢縣潤陂巡檢司,在縣東北八十里。

龍山巡檢司,在縣北。

鄔子巡檢司,在縣北一百二十里,臨鄱陽湖之東濱,原設有鄔子驛,近議欲添設縣治,以制湖盜,未果。

蘆潯,在鄱陽東湖之口,連鄔子,多盜。

奉新縣羅坊巡檢司,在縣西八十里,抵寧州毛竹山。

寧州定江巡檢司,在州西一百五十里。

杉市巡檢司,在州西一百里。今移崇鄉四十九都北村。

八疊嶺,在州南一百二十里。

幕阜山,在州西一百里,高千餘丈,吳太史慈爲建昌都尉,拒寇艾、西安於此,故名。

毛竹山,在州東南一百二十里,跨奉新、武寧界,高數千仞。

饒州府鄱陽縣附　據大江上流,居澹浦,帶鄱川。漢吳芮築有舊城,吳周魴、梁陸襄、宋連南夫相繼繕治。元仍宋舊。國朝洪武間,總制宋炳、知府陶安即舊址城之,周九里三十步,負芝山,瞰鄱江,左右環東湖厚尺。洲三面阻水,高丈八,蟻四之三[2],雉堞三千四百二十六,隍深廣丈餘,穴門六,窩鋪七十六,其司啓閉則千户所。

〔棠〕陰巡檢司[3]，在縣西九十里。

石門巡檢司，在縣北一百九十里。

鄱江，在府城南門外，會德興、浮梁、徽州、廣信諸水，流經城南，環城至西北，復分爲三，俱入鄱陽湖，分水處名雙港水。

郭璞山，在城東一百一十里，根盤五十里，高百仞，峰巒峭拔，爲鄱陽群山之冠。

東湖，一名督軍湖，在城東，下流入鄱江，鄱君吳芮習水戰於此，有督軍亭。

鄱陽湖，在城西四十里，即《禹貢》彭蠡也。延袤數百里，跨南昌、南康、饒州三郡。

餘干縣瑞洪，係大鎮，與鄡子對江，民盜雜居之。

康郎山，在縣西北七十里。國初與陳友諒戰于山下，有死事者，建忠臣廟于其上。一名抗〔浪〕山[4]。以其能抗風濤云。設有康山巡檢司。

樂平縣仙鶴寨巡檢司，在縣南六十里。

軍山，在縣東六十里，唐末鄉兵於此捍寇，故名。

文山，在縣東南七十里，山勢磅礴，亙連弋陽、貴溪，多幽險。舊設官鎮之，有守禦廳基址。

萬年縣石頭街巡檢司。

〔犁〕壁山，在縣南[5]，四周突起，盤旋如壁。正德辛未，知府陳公策駐兵此山，周匝皆賊穴，參政吳公廷舉亦嘗駐兵於此。

武山，界貴溪，山高數百丈。正德癸酉，參政吳公廷舉立營於此，討姚源諸峒寇。

姚源峒，在城東門外約里許。其峒深十五里，兩山並峙，林木蓊鬱，土田肥饒。正賊人出没之所，賊平而置縣。

〔三〕界寨，在奎田村[6]，當餘干、樂平、安仁三縣之交。先年參政吳公立，以塞賊之要衝，立頭目、總甲、小甲及義兵五百五十四名。

橋頂寨,在陰村,接安仁、姚源界,亦吳公立,制如三界。

黃柏寨,在新政鄉白石村,接安仁羑門界,參政董公立頭目、總甲及義兵以守之,共一千六百二十名。

富公寨,在北隅,都御史任公立。

德興縣白沙巡檢司,在樂平鄉十二都。

將坑山,在縣東南七都,唐黃保靈因獲巢寇餘黨,故名其山,以旌武功。

大茅山,在縣東南一百里,山最磅礡,山峰萬嶂,深林邃谷,爲千峰之冠。

理旗山,在縣南五里。漢吳芮佐高祖入關,嘗理旗於此。

〔魏〕婆山,在縣西五里[7],昔黃巢掠饒、信,駐兵此山,寨址猶存。

少華山,在縣東,根盤數百里,跨饒、信、衢三州之會,群峰羅列,高插雲表,誠東南勝概。

萬年嶺,在縣西南七十里。昔宋廣王由此入閩,曾駐蹕於此,故名。

浮梁縣桃樹嶺,在縣北,設有桃樹鎮巡檢司。

茶培嶺,乃徽、池、饒之界。

黃圻埠。

鄧家埠。

九英山,在縣南五十里,唐甯賁據此境以禦黃巢。賁有九子皆從,後人因名山曰九英。

寨山,在縣北十里,黃巢經此駐兵。

澆嶺。

鯉魚橋,婺源縣之界。

何家墩。

秀水橋,乃樂平、鄱陽之界。以上四處皆有險可據以守。

安仁縣吳嶺,在縣西南六十里,世傳漢長沙王吳芮與車王戰於此,其巓有洗馬池。

積煙嶺,在縣西南八十里,山頂〔平〕曠[8],宋忠臣陳苹與元兵戰於此,不利而死。

夾羅嶺,在縣南十五里,周圍羅繞如城,又名城山。

南康府_{星子縣附} 秦屬九江郡。宋張齊賢表爲南康軍。元至正間寨人張野雞據之,因而入僞漢。國朝壬寅,僞相胡廷(端)〔瑞〕歸附後爲南康府[9]。正德庚辰,知府陳霖始城之,周六里而近,高二丈,石高一丈,上甃以甓。

長嶺巡檢司,在縣東北。

廬山,在縣西北二十里,山周五百里,崇巖疊嶂,南方之巨鎮。

鞋山,在縣北六十里,獨立湖水中,其形如之。國初陳友諒與王師戰敗,退保於此。

大孤山,在縣北七十里,界湖口。

楊瀾,在縣南八里,一名彭蠡湖,闊四十里,長三百里。《禹貢》東匯澤爲彭蠡是也,波濤極險。

都昌縣柴棚巡檢司,在縣東四十里。

左蠡巡檢司,在縣西四十里。

望山,在縣東南六十里,鄱陽湖中,四望空闊,古有巡寨。

城山,在縣西北七十里,昔檀道濟築城於此,有白起廟。

新開河,在縣西一里。宋紹聖間以縣境邊湖,風濤暴惡,開此以便舟楫。

建昌縣蘆潭巡檢司,在縣東六十里。

長山,在縣西南五十里。宋岳飛與李成兵相持之處。

建昌府_{南城縣附} 城肇築于唐汝南公,繼修于南唐李崇矉。至宋,太守鄭琰始闢四隅作新城,即今治。周迴九里十三步。國初王溥(及)〔乃〕增築之[10],高二丈五尺,厚丈九尺,外瀦濠,深丈許,廣四尺。

瀘溪巡檢司,在縣東北一百六十里。

藍田巡檢司,在縣東八十里。

鳳山堡城,在縣北鳳凰山麓。開慶元年知軍事雷宜中築堡城五百三十丈,濬濠九百二十丈,又置鳳山寨。景定四年,錢應孫添造寨屋二十間,并門樓寨門,元初廢。

都軍,在縣南六十里,金諷起兵築城之地,城廢已久,今名都軍鋪。

避難場,在縣東界,山南去五里,山巔坦平如掌,可容數千人。相傳南(康)〔唐〕李景兵與閩將盧姓戰於場下銅鉢坪[11],後墾爲田,往往得瓦鏃、銅弩機,瓦鏃極堅利,弩機制甚精,上有三箭窠,識兵者自爲床子弩。

麻姑山,在縣西南十里間,勝概名天下,郡之鎮也。

旴水,按舊志,旴水發源自廣昌縣血木嶺,流二百八十里,入南豐縣,又一百二十里,至府治東南,與新城縣飛猿水會,又二百四十里,入臨川,與汝水合流注江,清燭鬚眉,故名。

南豐縣龍池巡檢司,在縣東南二十里。

蟠湖嶺。

百丈嶺。

木瓜嶺。

鎮盤嶺。

捲嶺。以上五處俱通廣東程鄉縣及看牛坪、丹竹樓。各賊巢往來要路。

新城縣同安巡檢司,在縣德安鄉。

極高嶺,在縣東六十里,爲江、閩界,設有巡檢司於其地。

福山,在縣西南四十里,邑之鎮山也。

東山嶂,一名鵝藪陀,在縣東南十五里,山勢壁立,巔平廣。元末寇亂,邑民多避兵於此,傍有陳霸先祖墳在焉。

樟村。

墈頭。

飛鳶,一名悲〔猿〕[12]。

何橋。以上四處俱通賊之路。

廣昌縣秀嶺巡檢司,在縣西六十里。

白水鎮,在縣東南四十里,設有巡檢司在其地。

曾田隘。

茱萸嶺隘。

貴陽九窟嶺。

遷善隘。以上四處俱通廣東程鄉縣,及看牛坪、丹竹樓各賊往來之路。

軍營嶺,在縣北一里許,世傳吳芮征南粵,其將梅鋗營于上。

橫嶺,在吳由里,界乎一省之間,故名。一名門限嶺。

九江府德化縣附　城漢英布始築,唐白居易重修之。國朝洪武二十二年,更築,東西廣五里,南北四里,周一十里二百七十八步。

龍開〔河〕鎮巡檢司,在溢浦門外玉波橋左[13]。

南湖(督)〔觜〕鎮巡檢司,在縣東四十里[14]。

城子鎮巡檢司,在城西四十里。

潯陽江,在府城西北,洞庭九水合流至此,繞郡城而下四十里,又合彭蠡湖水,東流入海。

柴桑城,在縣南九十里,漢置柴桑縣,屬豫章郡。隋改曰溢城。唐武德五年置楚城縣,今爲楚城鄉。

潯陽城,在縣西一十五里,本漢潯陽縣,其城晉孟懷玉所築。隋開皇間,因水患移入城爲附郭,今鶴問寨是其處。

回風磯,在城東北四十里,舟楫至此俱轉蓬避風,故名。

海天隄,在城西,路通瑞昌,舊爲湖,行者必舟。正德初,築隄長五六里,植柳數千株。蓋以春夏水漲若海連天,故名。

德安縣博陽山,在縣西一十二里。《漢書》豫章歷陵縣有博陽山,註云：古人以爲敷淺原，根盤三十餘里，奇峰疊秀，四面如畫，爲一邑之重鎮。

湖口縣湖口鎮巡檢司，在縣南一里。

茭石磯鎮巡檢司，在縣北十五里。

石鍾山，在縣有二：〔上〕鍾山在縣南[15]，下鍾山在縣北。兩山對峙，獻秀爭奇，誠東南之美麗也。酈道元謂：下臨〔深〕潭[16]，微風鼓浪，水石相搏，聲如洪鍾。

大嶺，在縣東二里許，東通彭澤，西抵縣治，山之高者莫踰於斯。

瑞昌縣營盤墩，在螺溪口，去縣治西四里許，平地特起五墩，螺溪流繞四面，其中少凹如盤。國初，追僞漢，嘗屯兵於此。

彭澤縣峰山磯鎮巡檢司，在縣南三十里。

馬當鎮巡檢司，在縣北三十里。

馬當山，在縣東北四十里，橫枕大江，象馬形，橫風撼浪，舟楫險阻，人爲立廟。唐王勃舟過其下，遇神人賜以順風，一夕至洪都，作《滕王閣序》。

毛葫洲，在縣北，元末繆將軍領毛葫軍駐舟於此，因名。

彭浪磯，在縣北，聳立江濱，與小孤山相對，俗訛爲彭郎。

浩州故城，在五柳鄉，去縣治南三十里。唐武德五年，置浩州，以彭澤爲附郭縣，遂築城以衛居民。八年，州廢，遷縣于小孤江次，而城亦廢，遺址猶存。

袁州府宜春縣附　城舊傳漢灌嬰所築。隋大業末蕭銑陷城。唐武德四年，安撫使李大亮建築，城高二丈，周回四百八十四步，東南〔西〕面浚濠[17]，闊七丈，北以江爲濠。乾〔寧〕二〔年〕[18]，刺史揭鎮〔築〕羅城一千五百餘丈[19]，又增築外城，浚〔治〕濠塹[20]。其後司空彭彥章展東南城。宋建炎初，守臣汪希旦、治中閭丘霖革舊城而一新之，城基周圍二千三百一十五步，今因之。

黃圃巡檢司，在石裏鄉，距縣百里。

潤佈嶺巡檢司,在集雲鄉。

仰山,在府城南六十里,其高萬仞,周回千餘里,爲府之鎮山,高險不可升,觀者皆仰首焉,故名。

將墳山,在府城西百里,周回四十里,高三里。世傳漢武帝時,將軍易洸領兵至山,卒葬焉,故名。

牛欄峽,在府城東二十里,左有金雞山,右有銀屏山,相對若欄。

大軍嶺,在府城西北九十餘里,周回約十五里,山腰有泉,名水漿湖。故老相傳云隋煬帝時戰場。

潤富嶺,在府城南六十里,與吉安府安福縣接境。嘉定四年,嘗於此置寨,以遏郴寇。

分水嶺,在府城東南六十餘里,與嚴營山寨相近,皆防扼洞寇之所。

萬勝岡,在府城東五里。吳柴再用與米志誠討劉景崇叛,每出師岡下,不與戰,一日列大陣岡南,大敗之。(《九國志》)

〔分〕宜縣昌山,在縣西二十里[21],周回十八里,山勢雄據,橫鎖江流,而袁水出峽間,險嘗覆舟,舊名傷山。後改曰昌,又名昌山峽。

萍鄉縣大安里巡檢司,〔在〕縣東九十里。

安樂巡檢司,在縣北九十里。

草市巡檢司,在縣西八十里。

武功山,在縣東一百二十里羅宵洞之嶺。紹興間,洞寇猖獗,路分趙宸統禁軍剿捕,立柵山上,至今樵者猶得斷戈遺甲。山名武功以此。根盤八百里餘,跨吉、袁二郡。

裹大洞,在縣南三十里,兩洞相接,洞可容千人。建炎初,巨寇張成叛,土人于此避寇,攻圍數日,洞中人仰射,賊有死者,乃退。

下石陂洞,在縣西北四十里,有巨石窒其門。靖康中,巨盜曹成輩劫掠鄉井,里人相率去石,入洞避難,寇屢攻莫能入。至今耆老猶能道其事,每指洞曰:此兵火中樂地也。

萬載縣鐵山界巡檢司,在縣西一百二十里瀏陽界。

白水地方在縣西〔一〕百二十里[22],抵湖廣瀏陽縣石馬洞〔界〕[23]。白水陽姓與石馬周姓二家勢力相敵,時有過境劫殺者。今移鐵山界巡檢司衙門於其地住劄。

龍山,在縣治後,龍江經其下,其勢迤延西南,來自衡霍,爲縣之鎮。

瑞州府城_{高安縣附} 子城環三里,通四門。宋郡守黃次山始築,環以浚濠。國朝正德六年,經華林賊焚毀,知府酈璠復自譙樓西取市廛地以北而重建之。外城,唐武德五年,李大亮始築。宋元豐、建炎間,郡守毛維瞻、鄭次山相繼修。元至正末,總兵元帥張治、平章火逆赤相繼修治。國朝知府酈璠復移築之。高二丈,袤二千七百餘丈,浚濠去壅,闢九門,門皆甃以磚,錮以鐵扉,防衛之制,庶幾備矣。

陰岡嶺巡檢司,在縣南六十里。

洪城巡檢司,在縣西北七十里。

華林山,在縣西北八十里,强半屬奉新。其山絕險。元至正間,李普成、王普敬,正德間,陳福一、羅長一皆據此爲寇。主嶺近華林,山有南、北嶺、三寶嶺,皆山勢危峻。正德七年,官兵分屯于此,以討華林。古諺曰:"若要華林敗,三寶去立寨。"

上高縣離樓橋巡檢司,在縣西七十里。

新昌縣大姑嶺巡檢司,在天寶鄉粵美市。

臨江府城_{清江縣附} 府治枕大江。宋淳化初,始築土墉。元大德間,郡守李侗修築陂塘。至正間,守臣保童築城浚濠,置戍兵守之,周回九百五十餘丈。正德七年,知府熊希古始改築爲磚城,凡十門。

清江鎮巡檢司,在縣北三十里,臨大江之濱。天下客貨叢聚之處,有稅課局。

章山,在縣西,一名富壽岡,周二里許,北奠蒙陽,南羅閤皂,西朝渝水,東抱貢章,爲一郡之鎮。

閣皁山，在縣東，周回延亘二百餘里，跨樂安、新淦、豐城三縣之境，山南有凌雲寨。

河皋寨，在縣西南五十里。員僚寨，在縣西南六十里。風義堡，在縣西，唐婦魯氏遇賊於此。

新淦縣杯山巡檢司，在縣西四十里。

仙女峰，在縣東南七十里，唐乾符間，邑人李姓者興義兵以禦黃巢之亂。賊占云，新淦有神人，遂不敢犯境。

泥溪城，在縣南四十里，《南史》廣州刺史蕭勃，舉兵逾嶺，詔周文育討之。勃將歐陽頠屯兵苦竹灘，入泥溪，作城自守。文育遣嚴威將軍周鐵虎等襲頠，擒之。

風岡寨，在縣南十里，吉州刺史彭〔玕〕與楊行密將周本戰此[24]。

陳家寨，在縣南九十里，天祐中，有陳長史者避亂於此。

新喻縣水北墟巡檢司，在縣北六十里。

蒙山，在縣北七十里，周回百里餘，有曹王洞、猴竹洞，巉岩奇秀，高插雲漢。

峽江縣玉笥山，上有峰三十三，洞六，壇二十五，亭臺各一十，其餘若郁木坑等跡尤多。

吉安府城廬陵縣附　據江上流，南接贛江，北竟淦水，西控臨川、長沙，環地幾二千里。自唐天祐中，彭玕爲刺史，乃廣城池。國朝甲辰，大都督朱政來鎮吉安，乃以城東西綿亘，截東北一隅，更築新城三之一，周回八里九十一步二尺，厚一丈，高二丈五尺，東抵大江，西、北、南鑿濠池，深三丈五尺有奇，長一千四百七十一丈三尺，四圍樓二十有二，戍舍二百二十餘間，凡五門。承平既久，樓舍多壞。成化間，參政李蕙易城上所置戍舍，俱以磚石甃之。

敖城巡檢司，在宣化鄉三十一都。

井崗巡檢司，去縣八十里。

富田巡檢司，去縣八十里。

螺山,在城北十里,與神岡拱對若賓主然,周圍一十八里,高約五十丈,南臨贛江,宛委如螺。駐兵神岡及此山下。以橫截上流之寇不能度。

天華山,在城西六里,自安成發脈,踴躍屯伏,爲郡治主山。

青原山,在縣水東十五里,山勢根盤紆袤,有駱駝峰、鷓鴣嶺,石壁峭倚,爲一郡雄觀。顏魯公扁字,至今猶存。

方石嶺,在本縣八十八都,崇巒疊嶂,石岩峭舉。文丞相舉義,都統鞏信行府永豐,兵潰,北兵追及此山,信駐隊據險殊死戰,箭被體不動,猶手殺數人,自投崖死。

泰和縣早禾市巡檢司,在縣西五十里。

花石潭巡檢司,在縣東北六十里。

武山,在縣西三十里,一名新山,傍出一山最高大。又名武婆岡,其上古跡最多。

禾山,在縣西北五十里,勢極高聳,路險隘,過者攀緣而上,故名。

梘岡在縣北五里,岡有尉遲將軍墓。

吉水縣白沙巡檢司,在縣北三十里。

三曲灘,在縣西北十里,客貨叢聚,泊船之處。時有劫掠者,今移白沙巡檢司居其地。

東固山,在縣東二百七十里,周回四百里餘。巍然高聳,爲縣之東鎮。

〔太〕(斗)〔平〕山,在縣東三里[25],昂聳霄漢,秀若畫屏,亦一縣之奇觀也。

王嶺,在仁壽鄉,去縣九十里,絕頂有石壁高數十丈。故老相傳,彭玕作亂,置保寨於此嶺上,倉廩府庫皆有遺址。旁有山曰張欽寨,乃異將屯兵與玕對壘之所。

鷓鴣洞,在縣西北五十里,四面山皆環合,中有田數百畝。唐時盜吳申先據之。今其地猶有曰馬家營,曰鼓樓洲。

安福縣蘿塘巡檢司,在縣西一百八十里。

黃茆巡檢司,在縣南七十里。

新茨山,在縣西五十里,漢豫章太守賈萌與安成侯張普戰於新茨之野,疑即其地。

武功山,在縣西一百里,根盤八百里餘,跨吉、袁二郡,界接長沙,峰巒高峻聳拔。宋時趙宸統禁軍剿寇此山,故名。

楊槎山,嘉靖初年,草寇彭正猖獗,據此爲巢,官兵擒剿之。後添設同知官,鎮守其地,近日革除。

石屋洞,在縣西三十里牛羊寨之麓。下重淵可容十數舟。

永豐縣層山巡檢司,在永豐鄉三十四都。

沙溪巡檢司,在明德鄉三十八都。

表湖巡檢司,在明德鄉四十九都。

石門山,在縣南百六十里,有大石對峙如門,高六十餘丈,廣二十餘里。

龍堂嶺,在縣南七十里,上有寨。宋建炎二年,草寇猖熾,民聚於此,下有龍潭。

鳳凰山,在邑南一百六十里,其前爲西陽宮,傍有沙溪市,市有寨。

石空嶺,在縣南一百一十里,表裏皆石,形如覆斗而内空,可容二三百人,上有古寨場。

打鼓嶺,在縣南三百里,抵興國。宋建炎間,兩縣人於此擊鼓扼寇,因名。

永新縣上坪寨巡檢司,在縣六十六都。

栗付寨巡檢司,在縣二十二都。

新安寨巡檢司,在縣四十二都。

禾山寨巡檢司,在縣十二都。

秋山,在縣西四十里,周回五百餘里,勢接衡、潭,上有七十二峰,下有石空瀑。

萬安縣灘頭巡檢司,在縣北六十里。

皂口巡檢司,在縣西南六十里。

芙蓉山,在縣西五里,山形秀麗,超出衆山,爲縣之鎮。

西平山,在縣東八十里,東抵興國,跨泰和,南則梁水出焉。上有巡檢寨。

朝山寨。

保安寨。

鐵山寨。

蓮花寨。

龍橋寨。正德庚午,知縣桑翹以萬安之患,惟贛之諸洞爲甚,乃即險要,立上五寨,集民兵守之。

龍泉縣禾源巡檢司,在縣二十五都。

北鄉巡檢司,在縣二十九都。

秀洲巡檢司,在縣三十三都。

石含山,在縣西百五十里,延袤數百里,跨永新、桂陽、茶陵三境,又名萬羊山。

馬山,在二十都,若奔馬。右一峰懸崖突立,類馬首。宋時置寨其上。

永寧縣升鄉寨巡檢司,在縣西十五里。

旗山,在縣南一里,周圍二里許。其山勢高聳,如立旗幟。

撫州府城臨川縣附 臨汝水以爲郡,而靈谷、銅陵諸峰環列如屏。舊有子城,有羅城,皆唐刺史危全諷所築也。羅城舊廣三尋有奇,高二尋,長十五里二十六步。南唐太守周弘祚闢之,建門浚濠。國朝平章吳宏始改築城壘,減削西南門地約六里,惟存九里三十步,高三尋,濠如舊。成化末,知府周瑛修之,復於城下溝口置鐵柵欄以禦盜。

舉軍山,在城東六十里,山側有舉軍村。

金石臺山，在城西十五里，有山如臺者五，列於赤岡之外，星聯棋峙，虎奮豹躍。又名五虎，與銅陵、龍會互相映帶。

石獅嶺，在城南八十里，孤石雄峙如獅子蹲踞。石下空洞窈窱。嶺有路，西通宜黃，東接金谿。路多崎險。

良安峽，在城南八十五里，兩山對峙，如爭雄長。旴水經其間，勢頗奇崛。一名石門。

崇仁縣華蓋山，在邑西南四十里，跨崇仁、宜黃、樂安、寧都四縣之境，高二十里，三峰壁立，號江南絕頂。形如寶蓋，亦名寶蓋山。

樂安縣南平巡檢司，在縣二十二都。

龍義巡檢司，在縣北添授鄉。

望山巡檢司，在大湖坪湖塘嶺上。

羊羅巖，在縣東十五里，五峰歸然，其中三峰平坦可居。延祐間，寧都蔡寇起，邑僚與諸大家議曰，設有警，則負此山以爲固，既而寇遂已。

嚴陀寨，在縣東北六十里，又名駱王寨。東北壁立，西南稍可攀登陟。自唐憲宗元和丁亥以來，屢經大寇，鄉民七十餘户遂相糾率，因以爲寨，修築城塹，置立門關。盜賊往來，輒捕逐。一寨居民得以保全。黃巢亂，遊兵屢至，人衆得以捍禦。有强寇號爲楊游奕者，衆一千屯於寨北，竟死於此。宋初，此寨始廢。靖康之亂，居民復登此寨。劇寇如王世雄，聞寨之形勢不可攻取，乃引去。

招攜寨，在縣南七十里，紹定三年，郡守黃公炳創置以禦寇。

金谿縣雲林山，在縣東四十里，崒嵂數百仞，界撫、信、建昌三郡，爲金谿巨鎮。有峰三十六，其最高曰上雲，亦二社兵寨也。

疏山，在縣西北五十里，其脈由明珠峰連延數十里至此，止於大溪，梁周迪興霸之地。

韓婆嶺，在邑南五十里，高二里，周回四十里。宋建炎間鄧、傳二社於此立寨，義兵番上守衛，民賴以安。

宜黄縣止馬市巡檢司,在縣南一百里。

鳳凰山,在縣北隅,平地崛起高百十仞,陡絶可畏。

器械山,在縣東,高二十丈。晉李元亮統兵至邑南,埋衣甲、弓簇於此,故名。

石麓山,在縣南十五里,高數百丈,三面壁立,惟南可通往來。又名寨上。紹定庚寅,賊來攻,不能破。

東鄉縣白竿巡檢司,在縣東四十五里。

積烟嶺,在縣東二都,南爲安仁界。宋忠臣陳奎與元兵戰,死於此。

吳嶺,在縣東南二十里,漢吳芮與車王嘗戰於此,其巔有洗馬池。

廣信府上饒縣附 控閩、越,鄰江、淮,引二浙,爲東南望鎮。舊有羅城,乃宋郡守晉陵張公所築。國初,寶葛三元帥來鎮本府[26],始改築羅城,周圍九里三十步,高二丈二尺,廣〔一〕丈五尺[27],環以深濠。

鄭家坊巡檢司,在縣東北七十里。

八坊場巡檢司,在縣南五十里。

靈山,在城西北七十里。上有七十二峰,高七十餘丈,綿亘百餘里,蓋一郡之鎮山也。

岑陽關,去縣六十里。

橑竹關,去縣八十里。

銅塘山,在縣南百里,險寨危峻,亦郡之一要害也。中產銅鐵。景泰間,沙縣寇鄧茂七盜冶銅鐵。永豐知縣鄧顒追捕遇害,都御史韓雍平之。遂禁冶,設隘戍守其地。

弋陽縣丫巖寨巡檢司,去縣東三十里。

軍陽山,在縣南三十里,云昔有將兵屯于山陽者,故名。

赭亭山,在縣東五十里,山形方正如削。傳東漢李恂封赭亭侯,即此。其後唐末黃巢之亂,人多避難居焉。

橫峰窰,在縣東四十里,峭如列戟,周回四十里,高二十餘丈。其下居民稠密,業陶者多係閩粵逋寇,喜爲亂。已設通判官鈐轄之矣,然猶不能禁,近猖獗特甚,知縣徐浦擒殺其渠魁十數人,議立縣山下以鎮之。

玉山縣大櫳山,其山圓如覆釜,有石岩可容數十人。元〔末〕兵亂[28],鄉人多避於此。

安樂寨關。

懷玉山,去縣一百四十里,高四百餘丈,盤亘三百餘里,界饒、信兩郡,當吳、楚、閩、越之交。

貴溪縣管界寨巡檢司,在縣南九十里。

神前街巡檢司,在縣北八十里。

象山,在縣西南八十里,其山連岡疊阜,自閩而來,陸子靜嘗讀書於此。山形如象,故名。

龍虎山,在縣南八十里,山峰峭拔,兩石對峙如龍昂虎踞,張道陵裔世居之。

雄石鎮,創于隋唐間。今廢。

龍窟山,去縣北七十里,是山西南行,作主將山,山下有原,原有裴大夫磨劍,相傳盜侵其境,居人邀其歸路,狙擊之,盜救死扶傷以遁,蓋有隘可據也。

鉛山縣石佛寨巡檢司,在縣西七十里。

鉛山,在縣西南七里,其山產銅、鉛,南唐嘗置鉛場於此。

分水關,去縣治南八十里,爲閩、越要關,山脊峻阻,一水南流入海,一水北流入江,有巡檢司。

溫林關,去縣治東南七十里,爲閩、楚衝要。正統間,閩寇作亂,始於此設備,尋罷。弘治間,盜起,復委軍官一員,領軍五十名守之。

桐木關,去縣治西南八十里。

劉墩隘,去縣治東南四十里。

石佛寨,去縣治七十里,山高地峻,洞如峽口,接邵武府界,今設巡檢司。

永豐縣柘陽寨巡檢司,去縣東五十里。

平洋山,在三巖山之西,相傳出礦,閩、浙盜〔嘗〕竊取[29],甚爲地方害,築堡守之,即柘陽寨,設巡檢司。

平陽坑,去縣東五十里,東南與閩、粵接界,因有礦,招盜,爲害最熾。先年撫按奏請建官舍,築城垣,調廣信、鉛山(一)〔二〕千户所軍二百二員名番守之[30]。又議選武勇民快互爲警備,盜不敢伺。

欲山隘。

軍潭隘。

六峰隘。

港頭隘。

石溪隘。

靖安隘。

上木隘。

平石隘。

翁村隘。

靈鷲隘。以上俱在平陽坑相近。

南安府大庾縣附　南扼交、廣,北距湖、湘,據江西上流,古城池在水南驛門之南,自宋淳化辛卯始剏,紹興知軍事周琮、淳熙知軍事管鋭相繼修之。元至正同知薛理又改築之,建四門樓櫓。國朝增拓其制,周圍八百五十丈,計四里一百三十步,高一丈二尺。正統己巳,石溪寇作,居民大恐,巡撫侍郎楊寧奏請修治,尋遷去,都御史韓雍繼修之。

鬱林鎮巡檢司,在聶都村。

赤石嶺巡檢司,在峰山里。

大庾嶺,在縣南二十五里,即五嶺之一。漢武帝擊南粵,楊僕出豫章,遣部將庾勝築城於此,因名大庾。唐開元間,詔供奉張九齡鑿開新路,斫兩崖而中通之,始可車馬。宋、元末,兵取廣者多從此入。

　　橫浦關,在城西南三十里,秦時築,以謫戍民守之。至唐張九齡開鑿庾嶺,始廢。

　　梅關,在大庾嶺上,當鑿石口,築以磚石,上爲樓櫓,下爲門,高險可據,關下爲路,南通保昌,北通大庾,爲交、廣北入要衝。

　　内良隘。

　　沙村隘。

　　右源隘。俱平政都。

　　吉村隘。

　　下南隘。

　　大明隘。

　　浮江隘。

　　遊仙隘。俱安庾里。

　　剗船嶺隘。

　　牛尾隘。俱清得里。

　　橫江隘。

　　雲山隘。

　　樟掗隘。

　　赤江隘。

　　佛子隘。俱雙秀里。

　　雙坑隘。

　　城門隘。

　　楊裏隘。俱嘉善里。

　　宰屋隘。

　　龍華隘。俱峰山里。

　　南康縣相安鎮巡檢司,在縣北一百六十里。

　　潭口鎮巡檢司,在縣東北四十里,與九牛驛同建。

蓮花山，在縣北三百餘里，峰攢狀若蓮花，上有巖，容百餘人。五代唐時，鄉人結寨於此，以爲保聚，又名蓮花寨。

居嶺隘，在三逕里。

古樓隘，在長伯里。

西下堡，在太平里。

甘竹一堡。

甘竹二堡。

李姑寺堡。

蓮塘堡。

麻斜堡。

籠勻隔堡。

社頭堡，俱至平里。

擔柴堡，長伯里。

石塘堡。

塘江堡。

油槽堡。

龍回堡，俱山逕里。

蓮塘寨，在縣西河田里。

赤江寨，在縣西至平里。

相安寨，在縣北相州里。

太平寨，在縣北新龍里。

同巡寨，在縣北長伯里。已上俱元季鄉民置爲保障，其後廢於兵火。

上猶縣浮龍巡檢司，在縣西一百里。

金坑寨，在西一百六十里，正德三年，義官李源耿等甃之以磚，周一百一十五丈，以爲守望之所。

盧王寨，在縣北八十里。

大傳營,在縣西北八十里。

上稍隘。

三門隘。

賴塘隘,在振得三十里。

蔴陽隘,在龍下上稍三十里。

石龍隘,在龍下下稍十里。

南北村隘,在龍下十五里。

淡竹隘,在童子四十里。

大雷隘,在牛田六十里。

廬王隘,在牛田七十里。

匹袍隘,在村頭一百里。

平富隘,在村頭八十里。

峒口隘,在村頭八十里。

崇義縣(沿)〔鉛〕廠巡檢司,在縣南四十五里[31]。

上保巡檢司,在縣西北一百二十里。

長龍巡檢司,在縣東南四十五里。

過步營,在縣西歸仁鄉,嘉靖三十一年,岑賊入境,義民陳鎬等率衆新築堅城一所,縣扁爲長樂城。

聶都寨,在縣西九十里,其地四圍壁立,中通小路。嘉靖三十七年,岑賊入境,鄉民張衡等户入此避難,衆皆安堵。

化山寨,在西八十里。

江口寨,在縣西江口,久廢。

橫水隘,在崇義里。

流決隘。

長塘隘,俱在義安。

蛇頭隘。

長流隘。

古亭隘。

上保隘,俱雁湖里。

小坑隘。

茶寮隘。

穩下隘。

聶都隘。

關田隘,鄉民建固安樓一座,屢經兵變,無虞。

贛州府城_{贛縣附} 當二廣之衝,嶺嶠咽喉,古謂之虔州。晉永和時,郡守高琰始建城于章貢二水間。唐防禦使盧光稠開拓其南,鑿址爲隍。宋熙寧中,知州孔宗翰始甃以石,城阻二水爲隍,其形三隅,南衍而北銳。圍十三里,吊橋二,樓櫓二十區,歲久城(北)〔圮〕^[32]。國朝弘治丙辰,都御史金澤重修,眡舊崇十之一。嘉靖壬午春,都御史聶賢又于環郭立柵,防範周密焉。

長洛巡檢司,在縣南黃金鋪前。

桂源巡檢司,在縣北攸鎮驛左。

磨刀寨,在愛敬鄉,設有巡檢司。

回軍山,在縣東四十里。舊傳黃巢兵過此,里人方氏率衆却之,故名。

四會峰,在縣南七十里,對峙崆峒,山巔方平,可容人數百,旁有小徑可躋,宋、元里人避兵於此。

文灘隘,二十七、八都。

黃土嶺隘,九十三、四都。

婆婆隘,九十七都。

下窰隘,六十三、四都。

龍背嶺隘,九十八都。

袁屋嶺隘,一、二都。

雩都縣青塘寨,在縣西北一百八十里,紹興三年,岳飛收洞寇功成後，以其地界寧都、興國、雩都三邑之衝，寇盜出没，遂置寨於此，今立巡檢司。

平頭寨，在縣東北一百里。紹興七年，岳飛平固石洞賊，度平頭驛，路通閩、廣，當五峒七逕之衝，遂於是地建寨，親率麾下築之，寨成，立司招收義軍，以捍禦盜賊，今立巡檢司。

羅石，在縣東南五里，其上夷平，可容數百户，居民避寇，多居其上，號爲羅石寨。

雩都峽，在縣西北五十里，峽長而險，磧礫碕礐，往往有虎盜之警，爲雩都襟喉，故名。

磜下隘。

龍潭山隘。

馬嶺隘。

峽口隘。

牛嶺隘。此五隘俱塘村下里與會昌、信豐、贛縣、安遠相通，山谷深長，人煙希闊，盜賊出没其間，時剽掠，甚爲民患。嘉靖壬寅，李都御史顯遣官剿征之。

佛嶺隘，在崇賢安下里，與瑞金界團箕山相近，山連寧都、瑞金、石城三縣境，爲盜賊嘯聚之所，時出劫掠，嘉靖己亥，吳都御史山剿平之。

豐田隘，在雲化外里，與會昌接界，路通長河洞，流寇出入，必經此地。

葛坳隘，在佛婆里，接興國界。

左坑隘。

銀坑隘，在安仁下里。

信豐縣新田巡檢司，在縣東百里。

黃石前寨二，大可容萬人，小可容數千人。宋、元人多避兵於此。

石口隘。

平岡隘。

陂頭隘。

竹篙〔隘〕^[33]。

鴉鵲隘。俱在縣西南。

九里隘,縣西八十里。

興國縣衣錦巡檢司。

迴龍寨巡檢司,在寶城鄉佛嶺。

蓮花山,在衣錦鄉,舊傳文丞相駐兵處,累石爲城基,猶存。

崖石山,在衣錦鄉,相傳文丞相避兵處,後有登者獲寶劍以歸。

鄒公寨山,距縣北二十里,宋鄒嶧嘗與文丞相屯兵于此,累石設險以自衛,故名。

龍子橋隘,在興教里。

梅窖隘,在六十三都。

衣錦寨隘。

油桐隘,在曹溪上下。

南村洞隘,在郎團都。

温陂埠頭隘,在惠化東中下都。

峽田隘。

劉坑隘,在伏相上、下里。

龍沙廟前隘,在雲溪團。

垓頭坪隘,在瑞日外。

荷樹陂隘,在屋山下。

企嶺坳隘,在雲山里。

墟下隘,在長安外。

槎園岡隘,在藍田西。

花橋隘,在藍田西。

回龍寨隘。

壕頭隘,在方心下里。

方石嶺隘,在崇賢上里。

楊梅逕隘,在方大上。

寨上隘,在雲相里。

瓦子隘,在方山里。

岫口洞隘,在閣團都。

豐邊隘。

徐平隘,俱在南雲下保。

會昌縣承鄉巡檢司,在縣北八十里。

河口巡檢司,在縣西百十里。

湘鄉寨,在縣南八十里,宋嘉定庚午巡檢盧祐建,今立巡檢司。

長河寨。

軍門嶺,在縣東南二十里,兩山屹立對峙如壘。舊傳晉人屯兵於此。

長沙營,界會昌、安遠二縣之間,密邇贛之黃鄉,閩、廣之象洞、背寨、溪南等諸寨。洞賊欲犯南、贛,必從此入。今築有城堡,設守備官住劄其地。

蕭帝巖,縣南百里,狀如獅伏而口仰張,中虛,可容百餘人。舊傳齊武帝避兵之地。

漢溪嶺,距縣北二十里,深廣數十丈。鄉人多避寇於此。

牛券山隘,在縣西南北二十里。

羊角水堡隘,在縣南百二十里。

湖界隘。

清溪隘,縣南八十里。

分水隘,縣東北六十里。

羊石隘,縣東南七十里。

安遠縣大墩巡檢司,在縣東一百五十里。

板石巡檢司,在縣西北七十里。

黃鄉巡檢司。

大帽山,環繞三百餘里。正德年間,以前大盜如李四子等巢窟其中,因而剽掠。近于黃鄉修築城堡,添設巡檢,以爲保障,則惠、潮諸盜不敢深入。

火石逕腦隘。

大石上保隘。

黃鄉老虎隘。

雙橋都司隘。

雙橋雁洋隘。

南橋藤嶺隘。

腰鼓十二排隘。

滋溪黃竹湖隘。

尋鄔黎坑磜隘。

寧都縣下河寨巡檢司,在縣南延福里大路口。

梅嶺山,縣東北百二十里。舊有梅。漢時,閩、越使諸校屯兵於此。世稱望梅止渴,即其地也。

官人石,在縣西北十里,舊傳唐末宦官嘗避寇於此。

抹筆圳,縣西北六十里。宋文天祥過此,時無硯,就竹葉抹筆,作徵兵檄,至今竹葉猶有墨跡。

東龍隘,縣東八十里。

田埠隘,縣東五十里。

青塘隘,縣西北四十里。

白鹿隘,縣南五十里。

長勝隘,縣東南五十里。

排雲隘,縣西南三十里。

下河隘。

秀嶺隘,縣東北六十里。

瑞金縣瑞林寨巡檢司,在縣西北一百里。

湖陂巡檢司,在縣東北八十里。

大隘山,縣東二十里,路達閩、廣,險隘特甚。

北隘山,縣西北七十里,橫界長汀,崎嶇而隘,因名。

筆架峰,縣西南十五里,狀如筆架,山巔夷曠,避寇者多居此。

壬田寨,在招召鄉一里。

瑞林寨,智鄉一里。

桃楊崍隘,在常鄉。

平地崍隘。

桐木逕隘,俱承鄉。

塔逕隘。

新逕隘。

新中隘。

黃沙大隘。

黃沙小隘,俱浮鄉四里。

車斷墳隘。

湖陂隘。

鵝公崍隘,俱招召鄉。

龍南縣下歷巡檢司,在縣南百里。

通天巖,縣東北五里,高廣數十丈。正德丁丑,都御史陽明王公平龍川泖寇,班師過此,作《平南記》,刻於石壁。

黃藤逕隘。

南逕口隘。

樟木逕隘,大龍保。

橫江角嵊隘,縣東南。

油潭水隘,下歷保。

龍子嶺隘。

東桃嶺隘,新興保。

將軍寨。

鐵站寨,俱象塘保。

羊牯寨,坊內保。

太平寨。

黿湖寨。

黃土陂寨。

裏鎮寨,俱上蒙保。

狗鼻窟寨,裏營保。

南坑寨,縣西。

江東寨坊內保。

石城縣捉殺寨,在縣北西門外,有巡檢司。

石耳寨,縣西南十五里,形勢陡絕,旁有石磴,頂有石門,元人避兵於此。

探石寨,縣西南十里,兩寨對峙,各有石磴,絕處用木梯,頂關石門,元人避兵於此。

賴家寨,縣西南四十里,懸木梯三丈餘,及半崖,有石磴,捫蘿上,頂可容數百人,元人避兵於此。

壩口隘,縣北十里。

聳岡隘。

鐵樹隘,縣北四十里。

宋江隘,縣東北三十里。

南嶺隘,縣北六十里,達寧化、廣昌。

站嶺隘,縣東十五里,達寧化。

藍田隘,縣西南十里,達瑞金。

秋溪隘,縣北七里,達閩汀。

陳坊隘,縣西南三十里,達瑞金。

臬史氏曰:按江西延袤割屬,歷代不類,不可詳道。今制所分隸,大都境內南北一千九百里,東西一千二百里。中南昌,北負大江,依湖東北爲饒州,盡浮梁。東下廣信,窮玉山。最南南安,阻嶺。稍轉而西袁州,際萍鄉。西北則九江,界瑞昌。此其五大門戶也。國家初定天下,更置衛所藩屏之。凡自西而南,皆設衛。如袁,如九江,如贛,而東皆設所,如信,如饒,豈非以楚有洞庭、長沙、郴、衡之險,爲江上流,盜所根盤,而東則浙與徽,皆平安號無事者,可稍簡易爲防哉!余志《實書》,記歷朝兵事,其所緣出入之路,與備禦之地,皆非經常耳目所及。然則治天下國家,強幹弱枝,居中制外者乃其大端,而於守險制備,雖未可盡億度周列,至其剪截萌芽,留意於必攻之途者,亦不得而獨缺也。邾城不可守,則陶侃棄之以自全;汾北所必爭,則韋孝寬重之而欲備。彼皆素習知其地之險易利害,可以守禦,及或出奇,且量其敵之將與勢而度之,而虜已在目中矣。故地有險而將愚者則棄地,有易而敵邇者必守。我利者勝,彼利者敗,互持者勝負十五。此地之道也。

今江西無桴鼓之警,其民安土樂業,四境一家,萬姓一人,無所事險,又安用藩籬守禦以爲隄防哉!然地形不同,而用險有二,不過用之以爲勝,據之以爲亂而已。四鄰相接,事防侵軼,彼度我險,則用力百倍,此用之以爲勝者,如狄青之疾度崑崙是也。方以赤子,忽若龍蛇,依傍巖菁以作不靖,此據之以爲亂者,若武陵蠻之依九溪以叛是也。斯二者之在天下,其勢常相勝。語曰:"尺蜼當猛虎,奮呼而操擊。"衣甲據兵而寢,童子彎弓射之矣。意外倉皇,周慮者所不遺,要在先而制之爾。

鄱湖固大澤,壓四郡之境,春夏水溢,渺茫萬頃,則波濤蕩潏,不可湊泊;秋高水落,塍埂微露,則又千條萬港,舟一入其中,鬼伏神藏,不可周詰。而奸民聚居,則行賈風舶不得安致,甚或剽劫大姓,不遑無忌,捕急則入匿其中。國家巡〔司〕之建[34],一省百一十三所,而沿湖者一十有四,蓋謹之也。他諸嶺北邐廣,建、信接閩,皆萬山盤迤。官府捕隸,足跡之所不能至。民窮或負纍逃入其中,教之搏噬出入,事連數省,則彼此相持,莫之誰何!彼方恃其窟穴,而有司又以逋負急征之,無罪虐易生其憤心,聚而得志,其爲隱憂,豈可一二數哉!其勢非有以剪截之,究詰之,則且聚不散,此非不見形影露端倪也。而言無害者,冀苟安枕爾。

故江西大勢,凡四鄰有警,皆所可畏,而湖口尤爲咽喉;境內有警,皆所當慮,而贛州尤爲樞機。蓋大江之舟,入自湖口,則乘風南指,不啻驚四郡也,倏忽上下,一省皆震。贛州據上流,方舟而北,猶建瓴也,而數郡皆糜爛矣。

正德初年,巡按御史臧公鳳,上言四事:一謂假兼制以安地方,南、贛二府接連三省,流賊出沒,東、西、北方不相統攝,文移約會,動淹旬月,以致賊多散逸,事難就緒。今命都御史兼制四省接境府州,隨宜調度,則盜可息。奏可施行。

而其後御史楊公必進亦上疏,略曰:"南京根本重地,淮陽諸衛悉屯重兵,所以備淮海也。荊、蜀、江漢會於九江,而贛、吉、撫、饒匯於鄱陽湖口。國家于九江開府置衛,又制兵備,以專守之。而湖口曾無一卒之戍,非全策也。請於湖口增設一軍,而以九江鈔關餘積,各置戰船百艘,俾相爲應援。以南康、黃州二府隸九江兵備守備,而巡江御史得以往來巡歷,則荊、蜀諸盜不敢窺九江,贛、瑞諸盜不敢窺湖口,今南京江口雖有水操,不過文具。乞命操江都御史將水操事宜,詳議舉行。其安慶、九江、蕪湖三處,各以時演習水操,則水道可無憂矣。江西、閩、廣之盜,泛鄱湖而登陸,則池之建德,徽之祁門,晝夜兼程,五日可至金陵。宜撥新安衛一所屯祁門,池州衛一所戍建德,復於要害隘險,守以弓兵,謹以烽堠,則陸道可無憂矣。"下兵部,覆令南京內外守備官及撫、按官會議以聞。事竟不施行。二公慮誠深,其于金陵之勢猶有關涉，而楊議竟不見實事，豈非所謂冀苟安枕者哉！

難者曰：“百里之邑雖狹，而必有邊，一圍之山雖卑，而必有趾，邊與趾即險也。子爲《險書》，其於平承，無庸且置也。即擇而後守則變不可預圖，若必皆守，是安得兵悉給也。且如往事，贛石灘，虔州之峻阻也，李遷仕終於敗亡；生米渡，南昌之坦途也，岳武穆藉以破賊。十四地之形，孫武子之所不能窮，而穰苴、白起之所不能備也。子悉圖之，其將盡乎？不圖則書無所庸之，而子奚以籌耶？”

嗟呼！是非余心也。余爲《險書》，亦以告有司與吏於茲土者而已，非以謂將也。自兵法而言之，擇險而出奇者，名將有所不足；因險而預備者，庸令可使有餘。自治法而言之，克盜於已形者，巡撫有所不足；散盜於未聚者，簿尉可使有餘。自昔先王之定國也，彼亦豈必盡求爲捍敵哉！而公劉之始至邠也，必相其陰陽，觀其流泉；而文公之徙楚丘也，必協之中星，而陟之景山。彼所以爲眷眷不憚煩者，蓋擇地以居，民處於陰陽風雨之會，以協其性，而寒暖燥濕，必避其郵。故燕〔趙〕之慷慨[35]，非獨輕〔生〕也[36]；齊人之詭詐，非獨不情也。淮南多〔瘻〕[37]，長沙重膇，彼非獨不理身也。食其土之毛，又因而習焉。少長相承，則以爲固然，斯所以爲俗也，而成則不可復制矣。民誠重遷懷土，然去兒齒者漸則不驚。此其利害與介胄而取勝者，相萬萬也。故良有司者，視其始居，則察其磽肥夷曠，不使其處峻阻也。即峻阻矣，既居而安土，稍披以成俗，則以計散之，不使之保聚也。鄰有跳梁，而吾民適肘腋其間，則明其保伍，不使其合，而又防其鬭也。地險而遠，聲治叫呼之所不達，則時聯而集之，警以象魏，而夷其所憑依，不使其自遂也。即不幸習成而事遲，機萌而牙拺，則潛謀密計，解約判仇，沉沉冥冥，不弛不驚，不使其驟發也。如此而又能時征輸，寬剝擊，與之休息，教其子弟，而植其田疇，結洽膠固，蕃庶蒸變，則彼亦各愛其妻子室廬，以求老死者，人情之所同。雖有高城深池，不敵人和。而況深林大澤，亦庇以生，彼安肯舍其所甚利，而求必死于安全之日哉！由是且稍爲之所，設檄以察不時，_{如巡江巡湖之類}。邏候以達隱情，_{如走報月報之類}。屯戍以譏出入，_{如把隘把關之類}。練實以壯內威，_{如機兵鄉兵之類}。非所謂囂擾者，其指在安全之，閭里嫗婦之所能解也。此余所以告有司與吏於兹土者也。

　　按兵法曰：地形有通者，有掛者，有支者，有隘者，有險者，有遠者。我可以往，彼可以來曰‘通’，通形者，先居高陽，利糧道，以戰則利。可以往，難以返曰‘掛’，掛形者，敵無備，出而勝之，敵若有備，出而不勝，難以返，不利。我出而不利，彼出而不利曰‘支’，支形者，敵雖利我，我無出也，引而去之，令敵半出而擊之，利。隘形者，我先居之，必盈之以待敵。若敵先居之，盈而勿從，不盈而從之。險形者，我先居之，必居高陽以待敵。若敵先居之，引而去之，勿從也。遠形者，勢均，難以挑戰，戰而不利。凡用兵之法，有散地，有輕地，有爭地，有交地，有衢地，有重地，有圮地，有圍地，有死地。凡兵自戰其地，爲散地；入人之地而不深者，爲輕地；我得亦利，彼得亦利，爲爭地；我可以往，彼可以來，爲交地；諸侯之地三，屬先至而得天下之衆者，爲衢地；入人之地深，背城邑多者，爲重地；山林險阻沮澤^[38]，凡難行之道者爲圮地；所由入者隘，所從歸者迂，彼寡可以擊吾之衆者爲圍地；疾戰則存，不疾戰則亡者爲死地。是故散地則無戰，輕地則無止，爭地則無攻，交地則無絶，衢地則合交，重地則掠，圮地則行，圍地則謀，死地則戰，此〔兵〕之道也^[39]。

校勘記

［1］據《十國春秋》補。

［2］蠔爲蚌和珠義。“蠔四之三”不可解，疑有訛誤。南京萬曆本作“濱洲，三面阻水，高丈八尺，厚四之三”。

［3］［4］［5］［6］［7］［8］據南京萬曆本補。

［9］據《明史·胡美傳》改。

［10］據北圖膠卷改。

［11］據南京萬曆本改。

［12］據北圖膠卷補。

［13］據南京萬曆本補。

［14］據南京萬曆本改。

［15］［16］［17］［18］［19］［20］據南京萬曆本補。

［21］據光緒《江西通志》補。

［22］南京萬曆本作“百二十里”，此殘缺字應爲“一”字。

［23］［24］據南京萬曆本補。

［25］據南京萬曆本補、改。

［26］《明史》和省府志均無寶葛三元帥鎮守廣信府事，漢人無寶姓，疑有訛誤。

［27］據光緒《江西通志》補。

［28］［29］據南京萬曆本補。

［30］據南京萬曆本改。

［31］據北圖膠卷改。

［32］據南京萬曆本改。

［33］［34］據北圖膠卷補。

［35］［36］［37］據南京萬曆本補。

［38］《孫子兵法》原文“山林”上有“行”字。

［39］原文無“兵”字，據文意補。

江西省大志卷之七　陶書

臬史　王宗沐 著

建置

陶廠。景德鎮在今浮梁縣西興鄉，水土宜陶。宋景德中，始置鎮，因名。置監鎮一員。元更景德鎮稅課局，監鎮爲提領。國朝洪武初，鎮如舊，屬饒州府浮梁縣。正德初，置御器廠，顓筦御器。先是兵興，議寢陶息民，至是復置。其地之(折)〔析〕屬[1]，詳見饒州府《浮梁縣志》。周屬楚。敬王十六年屬吴。元王(三)〔四〕年屬越[2]。顯王三十五年，復屬楚。秦始皇帝二十五年，置楚郡。二十七年，改九江(都)〔郡〕[3]，始置鄱陽縣。漢高四年，改隷豫章郡。五年，郡縣屬長沙王國。十二年，又屬吴王國。元封五年，屬揚州。建安十五年，(折)〔析〕豫章[4]，置鄱陽郡，治鄱陽縣。三國屬吴，晉因之，孝建二年，爲鄱陽王國。隋開皇九年，改郡爲饒州。大業初，復改鄱陽郡，後屬林士弘。唐武德二年，復爲饒州。始析鄱陽縣爲新平縣。貞觀初，屬江南道。開元四年，置新昌縣。天寶初，始改浮梁，併改州爲鄱陽郡。乾元初，復爲州，屬浙江西道節度使。廣德末，改號江南西道。乾符七年，地屬〔鐘〕傳[5]。保大三年，建安化軍于饒州，置節度使。未幾，復爲州，屬鎮南如故。宋改屬江南東路安撫司及提點刑獄司。元改州爲路，屬江浙行中書省及江南諸道御史臺、江東建康道提刑觀察司，後改肅政廉訪司。元貞初，陞縣爲州。元末爲鄱陽府，屬江西行省。國朝建置饒州府浮梁縣，前鎮屬焉。天文屬斗(文)〔六〕分[6]。

砂土

陶土，出浮梁新正都麻倉山，曰千户坑，龍坑塢，高路坡，〔低〕路坡[7]〔四處〕爲官土[8]。土〔埴〕墟匀[9]，有青黑縫，糖點，白玉，金〔星〕色[10]。他如寺前、綿花〔土〕[11]、東步、石牛、石南、李塢、墩口、鄱陽縣、儀城土相類，無諸色樣，不堪，爲假土。麻倉官土一百斤值銀七分，淘淨泥五十斤，曝得乾土四十斤，至鎮若干里而近。艇運，冬秋水乾四日，春水一日半。餘干（木）〔不〕土八十斤直二錢[12]，婺源（不）〔不〕土九十斤直八錢[13]，淘過淨泥七十二斤，至鎮若干里而遙。石末出湖田一二圖和官土造龍缸，取其堅。里長交納，每石十斤，給米二升。凡上砂土一百斤，篩淨土八十斤；黃土一百斤，篩淨土九十斤；煉灰一百斤，淘五十斤；釉土一百斤，值四分八厘；坯屑一百斤，直八分。俱造磁器用。釉石出新正都，曰長嶺。作青〔花〕釉[14]，曰石坑，作澆白器釉。品之上有柏葉（班）〔斑〕[15]，他如石〔牛〕山、李家塢[16]，有黑縫者，不堪。艇運至鎮，與官白土同。

人夫

陶夫，原派饒州千户所，每年四季徵解（運）〔軍〕匠，顧役銀三十三兩六錢[17]。鄱陽縣上工夫九十七名，砂土夫六十四名。餘干縣上工夫五十八名，砂土夫三十六名。後該縣告府，免砂土夫。樂平縣上工夫七十二名，砂土夫三十八名。浮梁縣上工夫五十名，砂土夫一十八名。萬年縣上工夫三十名，砂土夫七名。安仁縣上工夫三十名，砂土夫十名。德興縣上工夫（二）〔三〕十名[18]，砂土夫十七名。右每名解徵工食七兩，共銀四千四百四十兩[19]。各縣追解，本府驗發，浮梁縣貯庫。官廠興工扣算，各夫赴縣給領，（解）〔餘〕銀仍貯縣庫[20]。嘉靖三十七年，管廠臨江府推官范永官，查各色包泊冒領之弊，上工夫三百六十七名，減一百零七名，實役二百六十名。鄱陽六十名，安仁二十六名，樂平四十二名，浮梁三十六名，德興三十五名，餘干三十七名，萬年二十五名，每月各作輪撥，不許專定一作，以革包泊。內三十名給各作匠作及真武司廟者裝香油道人。實徵銀七十七名，該銀五百五十四兩四錢。砂土夫原額〔各〕縣共一百九十名[21]，除免餘干縣三十六名，實用三十名,減一百二十四名[22],徵銀八百九十二兩八錢,(者)〔皆〕貯庫[23],以備燒造他用。

設官

陶監有官。先是,中官一員專督。嘉靖九年裁革,以饒州府佐貳官一員管督,錢糧奸弊,屬守巡焉。是後饒州府佐貳官常缺,分委雜而不專,官職懈嫚。知縣朱賢議請差工部主事一員專管,議不行。至巡撫馬公森、巡按徐公紳,議於各府佐選委。其後給事中徐公(補)〔浦〕[24]以嘗官江西也,疏言景德鎮利之所在,群奸併集。有可言者,如回青打之無法,散之無方,真青每插于雜石,奸徒盜于衣囊。料價,則各府解數每盈,而支數不及。上限之物料,而以竢之下限,舊管之銀不清,而入託交代,(跂)〔故〕多冒破[25]。夫頭、作頭,朋合爲奸,於上工、砂土夫,妄開虛數。又如魚缸御器,細膩脆薄,最爲難成,官匠因循,管廠之官乃以散之民窯,歷歲相仍,民窯賠販,習以爲常。凡此皆本廠之宿弊,欲舉之而難悉,欲革而難盡去也。爲今之計,欲革弊莫要擇官,欲擇官尤在於專任。乞敕吏部,將吉安府推官裁去一員,於本府添設推官一員,即以原委官之衙舍人役,令其住劄本廠,專理窯政,厘革姦弊。務于進士出身者除補,以爲銓規,不〔許〕撫按上司[26],別項差委。事下撫按官勘議行,布政司查議,未報。

回青

陶用回青,本外國貢也。嘉靖中,遇燒御器,奏發工部行江西布政司貯庫,時給之。每扛重百斤。舊陂塘青產于本府樂平一方,嘉靖中,樂平格殺,遂塞。石子青產于瑞州諸處,回青行,石子遂廢。屬者官按職閉匿爲市,收開廠喜錢,散青常例。至於敲青,首用錘碎,內珠砂斑者爲上青,有銀星者爲中青,每斤可得青三兩。(陶)〔淘〕青[27],敲青後,取其奇零(鎖)〔瑣〕碎碾碎[28],入注水中,用磁石引雜石。真青澄定,每斤可得五六錢。畫青,每日辰午二次,集工役〔分〕青染〔漬〕[29]。懈嫚容隱,止令匠師巡視。匠師翼奸熟惡,眾夥竊取,每斤報青多不過一兩二錢，厄漏鼠穴，頒給（四）〔回〕青[30]，祇資盜囊耳。後議敲青時，務置小桌，加以尺高紗罩。當面一方，用布爲之，開鑿二孔，縫綴袖籠二個。逮事事，即以袖贅帶繫肘後，不得伸縮竊取。及稱定回青若干，槌敲揀取，純青置盞底。什手淘青于各桌，揀出渣滓，入碾，淘汰二項。陸續量數傾入乳鉢，當堂研乳。仍作鉢匣，似天平架樣，以乳槌木柄貫於橫木之中，使無傾散狼戾之患。匣邊釘置小門二扇，鍵鑰不時啓閉，使無關防收拾之煩。研乳三日，每兩加石子青十分之四同研，〔是〕謂中青[31]，十分之一，是謂混水。〔候〕極細[32]，傾入各罐緘篋。畫青之日，預懸圖軸，分立天地玄黃席號序坐。各坯匠類，置各樣土坯桌上。次早，照號點名入席，行若魚貫，列若雁序。坐定，匠師開匱出罐，當衆用匙，序次分青。先中青，次混水。分列皂快，升桌瞭望，周遭巡邏。食時散工，出入搜察，防帶入石青、偷出回青之弊。畫完坯，用在官回青當堂各畫樣器一件，書名。待後裝窯，雜置前後，及其燒出，查比青色異同。在畫役，用辨有無侵換之奸；在窯役，用辨看〔火〕勤怠之實[33]。樣器既完，置號簿一扇記數，照原定坐席序次出號，堂上逐一唱名。畫坯者交坯與各作坯匠，照前數收撿，報有無污損，即時登記。混水者，交青與畫作，撿報有無餘剩，即時傾入各罐，仍加封號入櫃，事畢方退。前項舉行，（敵）〔敲〕青一斤[34]，可得三兩，畫青舊用一兩，僅用六錢。

　　按驗青法：回青淳，則色散而不收，石青加多，則色沉而不亮。每兩加石青一錢，謂之上青；四六分加，謂之中青。算青者，（正）〔止〕記回青數[35]，而不及石青也。中青用以設色，則筆路分明，上青用以混水，則顏色青亮，真青混在坯上，如灰色；然石青多則黑，真青澄底。匠憒不得匿，則堆畫、堆混，則器亮而不〔青〕[36]，如徽墨色。

窯制

陶窯，官五十八座，除缸窯三十餘座燒魚缸外，內有青窯，係燒小

器,有色窑,造顏色。制圓而狹,每座止容燒小器三百餘件,用柴八九十杠。民間青窑均二十餘座,制長闊大,每座容燒小器千餘件,用柴八九十杠,多者不過百杠。官民二窑,藁柴一之,埴器倍之。民窑燒器,自入窑門始九行。前一行皆粗器障火,三行間有好器,雜火中間。前四、中五、後(回)〔四〕皆好器[37],後三、後二皆粗,視前行。官窑燒造者,重器一色。前以空匣〔障〕火[38]。官窑之器淳,民窑之器雜,制縶異也。官窑砌欲固,塗欲密,使火氣全,而陶(氣)〔器〕易熟[39],不至鬆薛。其爨料多寡,亦視民窑廣狹差等耳。官民業已不同,官作趣(辨)〔辦〕塞責[40],私家竭作保備,成毀之勢異也。今遇燒造,官窑戶輒佈置民窑,而民窑且不克事也,斯官匠獨習慣其制,懸高賈以市之,而民窑益困匱矣。

供億

陶廠有官,則有政事役使。舊制:撥浮梁縣一十三里,鄱陽縣三十五里,附廠答應,正派之外,二縣不得雜徵。後鄱陽知縣徐俊以廠役合派七縣,申請還縣,惟在鎮一十三里,至今應役。廠額用門子二名,徭銀各一兩,庫子二名,徭銀各四兩,答應使客、廩給并雜用銀二十五兩。(官)〔管〕廠官供應銀二十兩[41]。鄱陽、萬年二縣編派雇小船銀三兩;監造府館冬夏案桌帷各一副,銀二兩一錢九分八厘五毫;廠門神桃符中六副、府館一副,銀三錢五分;小副府館、衙庫、廟門四副,銀八分;造冊紙張、書寫、裝釘工食銀一兩五錢;迎餞京差并解運前站等官銀五兩五錢。聽事吏一名、書手二名、陰陽生一名、里長十三名、老人十三名、機兵十六名、鋪兵一名、禁子一名,以上俱浮梁縣應用。皂隸八名、轎傘夫五名、吹鼓手六名、常川接應往來使客一十三名、每日巡邏守衙地方夫二十名、聽用馬三匹,凡此俱十三里應用。饒州府撥用工房吏一名、書手一名,六縣撥送聽事吏各一名。

匠役

陶有匠。官匠凡三百餘,而復召募,蓋工緻之匠少,而繪事尤難也。曰編役。正德間,梁太監開報民戶,占籍在官。曰雇役。本廠選召白徒高手燒造及〔各〕色匠未備,如敲青、彈花、裱褙匠等役[42]。曰上班匠。籍匠戶例,派四年一班,赴南京工部上納班銀一兩八錢,遇(家)〔蒙〕燒造[43],拘集各廠上工,自備工食。畫役[44],今各作募人日給工食銀(三)〔二〕分五厘[45],各窯募役龍缸大匠、敲〔青〕匠[46],日給銀三分五厘,置不論。如編役,(日)〔自〕梁太監召募[47],三十餘年庸作與官匠同,而無分毫顧直,根著代役不能,則庸轉苦於任,罷不能支吾。官匠利財,連挂有司,占數循舊,不爲開豁。既非租庸本差,又不得受工匠浮食,實不勝困。上班匠役,嘉靖八年,蒙劉太監題行工部,移咨南京工部,照會本布政司,劄府帖縣,將在廠上班人匠,候燒造完日,造册繳部,准正班各匠服役。今二十餘年未得停止,告部檄查,又因燒造未完,未造册繳部。身服庸役,又納班銀,亡所控訴。今議編民匠,查浮梁縣在廠答應十三里內窯座,除見廠役官匠窯座外,諸凡軍民新舊窯座,核實占數署册,窯三座共編一名,不論前項編役、諸色戶名,窯存匠存,窯去匠去,見在更番應役,庶勞逸適均。其上班官匠,自南京取還燒造,奉部劄,候燒造完日,造册繳查,准作正班。今燒造未擬完工,班銀又係額辦,且凡奉上役,俱支月糧,今獨不霑工食。合查單貧者,與分上下班次應役,家力給足者仍舊全班,俱考繁簡,上下其食,或全給或(年)〔半〕給[48],候奏免南京班銀方除,庶匠稍得緩恤。

柴料

陶廠藁柴,爲〔用〕最多[49],其敝亦夥。有舡柴,舡載〔松〕柴[50]。一百斤直四分。有水柴,大松木鋸劈二片,四片成排,曳水至鎮。一百斤直四分。窯用舡柴六,水柴四。舡柴傳焰則易,水柴擁燎則久。有交收之敝:承委吏胥,稱兌亡數,兼濕木、雜木、壞陶[51]。有支領之敝:或給直三

分扛一,中多濕藁暴乾,搬移虛費,直亦不彀。秋冬水涸舡慳,賈舶騰踴,柴價亦貴,給直四分,或不能扛一;且交柴領價,柴戶畏責賒貸,得不償費一倍,什九夷逸。後議柴價,發浮梁縣隨宜交收。柴有定數,價有預支。至柴料烘煜之用,往窰〔一〕座[52],用柴一百八十扛。管廠官某親驗一窰,止用一百六扛,仍諭竈役,日給柴一百零七扛,有能數內減省,即以賞給。仍(灣)〔派〕原巡邏官巷[53]晝夜巡警,以防盜取。密塗窰孔,以全火氣,大抵一窰取燒柴料,約計一百二十(斤)〔扛〕數[54]。

顏色

陶設色料,鉛粉一斤,價銀四分,焰硝一斤,價銀二分,青礬一斤,價銀三厘,黑鉛一斤,價銀二分八厘,松香一斤,價銀五厘,白炭一斤,價銀五分,金箔一百貼,價銀二錢五分,古銅一斤,價銀六分。成色之種,〔豆〕油色[55],用豆青油水、(陳)〔煉〕灰,黃土合成。[56]**紫金**,用碸水、煉灰、紫金石水合成。**翠色**,用煉成古銅水、〔硝〕石合成[57]。**金黃**,〔用〕黑〔鉛末〕一斤碾成[58],赭石一兩(一)〔二〕錢[59]。**金綠**,用煉過黑鉛末〔一斤〕、古銅末一兩四錢、〔石〕末六兩合成[60]。**金青**,用煉成翠一斤,石子青一兩合成。**礬紅**,用青礬練紅,每一兩用鉛粉五兩,用廣〔膠〕合成[61]。**紫色**,用黑鉛末一斤,石子青一兩,石末六兩合成。**澆青**,用釉水、煉灰、石子青合成。**純白**,用釉水、煉灰合成。**描金**,用燒成白胎上金黃,過色窰如礬紅,過爐火貼金二道,過爐火二次,餘色不上全黃。**堆器**,用白泥加坯上,以筆堆成各樣龍鳳花草,加釉水、煉(及)〔灰〕燒成[62]。**錐器**,各樣坯上,用鐵錐錐成龍鳳花草,加釉水、煉灰燒成。**五彩**。用燒過純白磁器,續采過爐火燒成。

解運

陶成每分限運,一歲數限,一限差官,費不可定,然起少者不下千金,而夫力、裝具不與焉。陸運資杠、箱,費亦有經定。箱、架、杠、罩、絲之數:杉木一尺一寸價銀二分五厘,一尺二寸價銀三分五厘。雜木箱架每截長四尺,價銀一分,苗竹每根價銀七厘,苧每斤二分五厘,黃

棕每斤價銀八厘,箬葉每拾斤價銀一分,黃藤每斤價銀八厘,黃麻每斤價銀一分,魚膠每斤價銀六分,槐子每斤價銀一分,蘆衣每斤價銀三厘,白礬每斤價銀五厘,包釘用福鐵,每斤價銀八厘三毫,渾銅每斤價銀七分,煤炭每石價銀三分,燒紙每斤價銀四厘,紙皮每十張價銀五厘,油漆箱杠用灰面,每斤價銀六厘,石灰每石價銀四分,桐油每斤價銀一分五厘,爐底每斤價銀一分五厘,漆布每一丈價銀二分五厘,黃〔丹〕每斤價銀三分[63],廣膠每斤價銀四分一厘,(八)〔入〕漆銀硃每斤價銀四錢八分[64],礬紅每斤價銀二分,裝箱用棉花每十斤價銀四錢,大黃紙每百張價銀八錢,中黃紙每百張價銀一錢二分,糊箱口、箱面斗方紙(一張)〔每百張價銀七分〕[65]。解運黃紅綾包袱每尺價銀三分,藍綾冊殼每尺價銀三分,黃紅夾板木,漆作造用,不用價,硃紅冊匣木,漆作造用,不用價,黃紅絨繩二條,每條長一丈八尺,重一兩五錢,共銀一錢二分。起運每杠扛解銀一兩六錢三分六厘,解官,領頭站官盤纏銀一十五兩,解官盤纏銀一十兩,護解匠作每名盤纏銀一十兩,祭杠豬羊銀二兩二錢,短杠夫每名給夫價銀二錢三分三厘三毫。杠至池州府建德縣交遞。以上銀舊俱支本府貯庫料價銀兩,頃于浮梁縣貯庫砂土、上工夫工食餘剩銀兩內支用。但工銀各縣逋欠未解,凡遇起運,本府貯庫料價內借支。器杠希稠,費難預定,中間杠解名色實備內府,交收縻費,匠作營惑以爲利孔,丁夫冒領價值,如浮梁至建德短杠夫價,往年小器箱重不過五六十斤,用夫二名,後三名四名,前塗費可例推。查往陶廠,皆自水運達京,由陸運者中官裁革後始也。今廠見有大小(杠)〔舡〕木三作[66],匠作八十名,爲水(建)〔運〕設[67]。廠官議關策工部,是後凡欽限磁器陸運,至如部限磁器,照南京、浙江解運冬夏龍衣事例,預行驛傳道,揀堅固座船,至饒州府河裝載,由裏河直達京師,委官乘傳管解,刻期交卸,斯塞詔不至愆期,而(大)〔夫〕馬煩費南北均息矣[68]。

御供

陶專供御,嘉靖七年以前,案燬不可考。八年,燒造磁器二千五百七十件。九年,青色磁磚四百五塊。十年,磁楪、鍾一萬一千,盌一千,爵三百。十三年,青花白地甌碗三千,紫色楪一千,紫色碗五百。十五年,青花白地趕珠龍外一秤,金娃娃花碗三千二十,(有)〔青〕花白地福壽康寧花鍾一千八百[69],青花白地裏昇降戲龍外鳳穿花楪一千三百四十。十五年,降發磁器樣一十件。十六年,白磁盤六百七十八,爵盞二百七十。十八年,降發磁器式樣四十三件。二十年,白地青花裏外(溝)〔滿〕池嬌花樣碗一千三百[70],白地青花裏外雲鶴花楪六千七百,白地青花裏外萬歲藤外搶珠龍花茶鍾一萬九千三百。二十一年,青花白地靈芝捧八寶罐二百,碎器罐三百,青花白地八仙過海罐一百,青花白地孔雀牡丹罐三百,青花白地獅子滾繡毬罐三百,青花白地轉枝寶相花托八寶罐三百,青花白地(溝)〔滿〕池〔嬌〕鯖〔鮑〕鯉鱖水藻魚罐二百[71],青花白地江下八俊罐一百,青花白地巴山出水飛獅罐一百,青花白地水火捧八卦罐一百,青花白地竹葉靈芝團雲鶴穿花花樣龍鳳碗五百九十,青花白地轉枝蓮托八寶八吉祥一秤,金娃娃花罈二百四十。二十二年,青碗二千,青盤一千,青楪二千,青靶鍾一千,青磁茶鍾二千,青酒盞一萬,祭器毛血盤一十,楪一百四十,大羹碗四,酒鍾一百,和羹盌十,爵二十三,籩豆盤八十,大尊六,犧尊六,箸尊二,山罍四,又五罇。二十三年,青花白地外海水倉龍捧八卦、壽比南山久、福如東海深、裏三仙煉丹花碗二千六百,青花白地耍戲娃娃裏雲龍等花鍾九千六百,四季花裏三陽開泰花盤一千七百,外天花捧壽山福海字裏二仙花盞三千五百,外四季花耍娃娃裏出水雲龍花草甌二千四百,外龍穿西番蓮裏穿花鳳花楪四千六百。又燒成桌器一千三百四十桌,每桌計二十七件:內案酒楪五,果楪五,菜楪五,碗五,蓋楪三,茶鍾、酒盞、楂斗、醋注各一。裏青雙雲龍等花樣三

百八十桌,暗龍紫金等花樣一百六十桌,金黄色一百六十桌,天青色
一百六十桌,翠青色一百六十桌,鮮紅改作礬紅一百六十桌,翠綠一
百六十桌。外青雙雲龍寶相花缸一百二十口,青雙雲龍穿花樣罈二
百五十,青雙雲龍鸞鳳樣罐一萬。二十四年,青花白地轉枝蓮托百壽
字花樣罐四百九十,青花白地八瓣海水飛花龍樣罐一千四百三十[72]。
二十五年,青花白磁青雙雲龍等花缸三百口,青纏枝寶相花回回花罐
有蓋一千,裏外青穿花龍花碗二萬二千,裏青如意團鸞鳳外穿花鸞鳳
花膳碗一萬一千五百,青花白磁雲龍海水外九龍花盤三萬一千,青花
白磁裏外青雙雲龍花碟一萬六千,青花白磁裏青雲龍外團龍菱花茶
鍾三千,青花白磁裏青雲龍外雙雲龍花酒盞一萬八千四百。二十六
年,青花白地海水飛獅龍捧福壽字花盤一萬一千二百五十,白色暗鸞
鶴花酒盞九千五百一十,白色暗江牙海水花碗二千九百二十,青色暗
鸞鶴花碟七千七百八十,白色暗龍花茶鍾共三千,黄色暗龍鳳花盒二
千四百四十,青色暗龍花罐一千四十,白色暗江牙海水花罈一千三百
五十,青雙雲龍缸五百口,青花白磁花瓶一千對,青花白磁青倉獅龍
盒三千五百五十,裏青雲外穿花鸞鳳花甌二萬一千,裏白外青雙雲龍
雀盞一千五百,裏白外青雙雲龍花各樣碗二萬一千五百,純青素酒盞
三千,純青碟一萬四千,青花白磁拜磚二十付,素(穰)〔鑲〕花缽四
千[73],青花白磁葫蘆一萬。二十七年,青花白地海水倉龍等罐四千二
百,青花白地龍鳳群仙捧壽等花盒五千。二十九年,青花白地罈一
千。三十年,青花白地四畫神仙裏雲鶴花盤一百,青花白地外結子蓮
裏花團花碟四千八百,青花白地(倉)〔蒼〕獅龍花瓶三十[74],青花白地
耍戲鮑老花罐七百,青花白地外雲龍裏昇鳳花盞一千三百,青花白地
鯖鮑鯉裏雲鶴花碗二千三百[75],青花白地出水龍裏獅子花甌一千五
百。三十一年,純青裏海水龍外擁祥雲地貼金三獅龍等花盤一百,爵
一百八十,白地青花裏八仙捧壽外雲龍花盤二百五十,裏龍鳳外結子
蓮碟三千,裏雲龍外龍鳳鸞鶴碗三千四百,裏昇龍外乾坤六合花各樣

甌二千二百,裏花團外雲龍花鍾三千七百,裏雲鶴外博古龍花酒盞一千七百,裏雙鳳外雙龍花盞二百五十,甜白色酒鍾三萬。三十三年,青雙雲龍花碗二萬六千三百五十,青花雙雲龍碟三萬五百,裏白外青四季花盞六千九百,青花魚缸六百八十,磬口青白磁甌九千,裏青川花龍邊穿花龍鳳外荷花魚水藻碗一萬二百,裏青川花龍邊川花龍鳳外荷花魚水藻磓一萬九千八百,歇爵山盤青雙雲龍海水六百,白磁壺六千。三十四年,白磁罐一千四百一十。三十五年,燒磁磚七千二十一,青花白磁缸五百四十,豆青磁素缸三十,青花白磁膳碗一萬,磬口白磁茶甌一千八百,青花白酒盞一萬五千,青花壺瓶連瓣蓋五百。三十六年,各樣祭器邊、豆、壘、爵、罇、扁壺、大羹碗六千三百六十,拜磚六副。各樣桌器一百桌,每桌五十三件。各樣膳(腕)〔碗〕五千二百三十[76],青花白磁茶碗四百五十,酒碟、果碟一千一百,看瓶、牡丹瓶、壺瓶七百八十,罐四千七百,蓋全方罐一千九百,盒二千四百,盤三千三百,酒海青花白磁五十四,大〔缸〕青雙雲龍連瓣十[77]。三十八年,青地閃黃鸞鳳穿寶相等花碗共五千八百,青花白地松竹梅酒罇一百八十,紫金地閃黃雙雲龍花盤碟六千,黃地閃青雲龍花甌一千四百六十,青地黃鸞鳳穿寶相花盞爵一萬三千五百二十,青花白地靈芝四季花共罐瓶一千五百,青花白地雲鶴龍果盒共八百。

料價

　　陶有料價,先年係布政司公帑支給。嘉靖二十五年,燒造數倍十百,加派闔省隨糧帶徵銀一十二萬兩,專備燒造,節年支盡。嘉靖三十三年,又加派銀二萬兩,亦燒造支盡。自後止于本司庫帑銀借支,然煩費歲鉅萬;如魚缸及磚,則又不止是。公私方苦匱,囂罪加賦之說殆紛紛矣。

　　臬史氏曰:治天下之故莫大於風俗,風俗之成日,猶高屋建瓴水也。儉而就之奢,慎而就之肆,勤而就之宴,彼方可以娛志意,適肢足,雖士人通書知道者猶爲之。一人倡始,百人和之,更相誇詡,後不給者用〔以〕爲羞[78],毀決隄防,無所底止。故古聖王之蒞天下,拳拳于立法制,明界限,使不得有所違越者,懼其一成之不可反,則其勢非嚴刑罰無以禁之。刑嚴而以奪〔其〕欲則怨[79],與縱之而不禁則貧,二者同歸於亂而已。唐虞以還,以金玉犀象之不可以飾,而陶之爲器,水土際薄,至爲約費,故曰羹土鉶,飯土簋,依稀太古之樸。而《周禮》設色塼殖之工,載在六官,其具可通於上下,無慮侈鏤奇刻也。然習奇異觀,而時多競尚,陶所爲費,大都如前書所載,其度余不知于古人鉶簋何如也。利厚計工,市者不憚價,而作者爲奇鈞之,則至有數盂而直一金者。他諸花草、人物、禽獸、山水、屏、瓶、盆盎之觀,不可勝計,而費亦輒數金。如碎器與金色甕盤,又或十餘金,當中家之產,而相競以逞。其所被自燕雲而北,南交趾,東際海,西被蜀,無所不至,皆取於景德鎮,而商賈往往以是牟大利,無所復禁,此豈非形號爲儉,而實爲侈,亦法制隄防之有未備哉!今器貢自京師者,歲從部降式造,特以龍鳳爲辨。然青色狼籍,有司不能察,流於民間,其制無復分。每歲造,爲費累鉅萬計,其直當不至是。然民間竊青色,與董陶官不能節縮諸經費,縣官方苦征辦不給,而商〔與〕匠戶顧取其(赢)〔赢〕以市於民[80],姦窰厭足,乃還縣官,於是利不在官,而民以料價困矣。賈誼告文帝曰:“今民賣僮者,爲之繡衣絲履,偏諸緣内之閑中,是古天子〔后〕服[81],所以廟而不宴者也,而庶人得以衣婢妾。白縠之表,薄紈之裏,緁以偏諸美者。黼繡是古天子之服,今富人大賈嘉會召客者以被牆。古者以奉一帝一后而節之,今庶人屋壁得爲帝服,倡優下賤得爲后飾,然而天下不屈者,殆未有也。”以彼其時,誼尚爲慮如此。而至於論貯積,猶欲毆民而歸之農,皆著於本,使天下各食其力,末技遊食之民轉而緣南畝。今景德鎮民以陶爲業,彈丸之地,商人賈舶與不逞之徒,皆聚其中,而所業入,竊縣官無制度如〔此,余所〕爲慮[82],非細故也。今縣官,每部檄下輒告病。然上方定天地分祀,以禮樂蒸變和洽天下，無金玉、珠璣、犀象、紈綺之娛，而獨精意禋薦。朝日大享之祭，其器與拜磚皆辦于陶，視古人陶匏脊茅，格於神明，〔即〕一歲費雖數萬[83]，猶當爲之；而諸盤、盂、樽、俎、碗、碟，亦皆朝會宴賜宮御之所需，不可缺，今庶民皆得被用之，則竭一省之力以供御，何慮不辦，而輒云不給，頗欲加賦，何也？余嘗按行列郡，民惟饒州稍富，彼亦以其地出陶，民得利厚。而傍列郡，皆民貧土瘠，每一額派，縣官嚴刑法，箠逼之，猶不能輸，戶疲甚，往往逃寄食于四方，至令他鄉姓〔代〕之賠[84]，賠而其家不能給，亦相繼去。平居稍收租，相與妻子具饘粥，不敢爲不肖。一有水旱，不能束手待斃。今天下淮、浙被寇，真、保定患水，遼東人相食，至煩天子發帑銀市穀以賑，而有司不能承天子哀痛元元之意，輒議加賦，余所謂舛也。官出箕斂之政于偷安之日，下畜無聊之志于不忍之時，則往年東鄉、華林之難，將相緣而起，其勢又非得〔國家〕數十萬金不能了此[85]，此亦需時爾。（非）〔往〕唐大曆之間[86]，兵事倥傯，而陸贄之告其君曰：“凡厥疲人，已嬰其弊，〔就〕加保育[87]，猶懼不支，況復亟繚棼絲，重傷宿痏，其爲〔擾〕病[88]，抑又甚焉。”其後懿宗以來，天下奢侈日甚，用兵不息，賦斂愈急，關東連年水旱，百姓相聚爲盜，王仙芝、黃巢相繼而起。范祖禹謂自古國家之敗，盜賊之起，未有不由暴賦重斂，而民之失職者衆。今吳、浙、閩、揚之間，賦已十倍初額，猶以兵興爲解，江西僅一隅，稍得息肩，而輒以陶故加賦，然則萬一有他水旱與（抱）〔枹〕鼓之警[89]，又何以待之也？民疾耕而亟蠶，不足衣食，剝膚而殘體，不當官賦，率以經制不定，風俗奢侈之故，徒（治）〔侈〕美於器服[90]，方被其患，而有司又不能深長思慮，欲蹈鄰省之轍，余未嘗不矍然痛心焉。幸天子一旦思易舊俗，定制限，使民間不得僭逾，而悉罷〔不急，禁〕陶事[91]無以觀美耗生計，有司將謂之何，其〔亦無以辭〕于百姓矣[92]。

校勘記

[1]據北圖膠卷改。

[2]據《史記》卷十五《六國表第三》改。

[3][4]據南京萬曆本改。

[5]據南京萬曆本補。

[6]據南京萬曆本改。

[7][8][9]據南京萬曆本補。

[10]據北大抄本補。

[11]據南京萬曆本補。

[12]據北圖膠卷改。"不"（dǔn），行業用字，即瓷石經過煉製而成的陶土，磚塊狀。

[13]據北圖膠卷改。

[14]據北圖膠卷補。

[15]據南京萬曆本改。

[16]據南京萬曆本補。

[17]據北圖膠卷改。

[18]據南京萬曆本改。

[19]據文中各縣人夫推算，此項銀兩數額大體近似，並不準確。

[20]據北圖膠卷改。

[21]據南京萬曆本補。

[22]南京萬曆本"減"字改爲"尚存"二字，不知何據，疑誤。

[23]據南京萬曆本改。

[24]據南京萬曆本改。《明史》卷二百《伍文定傳》所載亦可作證。

[25]據北圖膠卷改。

[26]據南京萬曆本補。

[27][28]據南京萬曆本改。

[29]據南京萬曆本補。

[30]據北大抄本改。

［31］［32］［33］據南京萬曆本補。

［34］［35］據《乾隆浮梁縣志》卷之五《陶政》改。

［36］據北大抄本補。

［37］據北圖膠卷改。

［38］據北圖膠卷補。

［39］［40］據《乾隆浮梁縣志》卷之五《陶政》改。

［41］據北圖膠卷改。

［42］據《乾隆浮梁縣志》卷之五《陶政》補。

［43］據北大抄本改。

［44］據上下文意，“畫”字似應爲“雇”字之訛，或“盡”字之訛。如爲“盡”字，似
　　應與上文小字連讀，爲“自備工食盡役”。待考。

［45］據南京萬曆本改。

［46］據北大抄本補。

［47］［48］據北大抄本改。

［49］［50］據北大抄本補。

［51］據文意，“穪”字應爲“稱”字，“壞”字應爲“壤”字。

［52］據南京萬曆本補。

［53］據《乾隆浮梁縣志》卷之五《陶政》改。

［54］據南京萬曆本改。

［55］據《乾隆浮梁縣志》卷之五《陶政》補。

［56］“陳灰”應爲“煉灰”之訛。

［57］據南京萬曆本補。

［58］“用”字據北圖膠卷補，“鉛末”據南京萬曆本補。

［59］據北圖膠卷改。

［60］“一斤”與“石”三字均據南京萬曆本補。

［61］“廣繆”似應爲“廣膠”之訛。

［62］據南京萬曆本改。

［63］據北大抄本補。

［64］據《乾隆浮梁縣志》卷之五《陶政》改。

［65］據南京萬曆本補、改。

［66］據北大抄本改。

［67］據南京萬曆本改。

［68］［69］據北圖膠卷改。

［70］據北大抄本改。

［71］“滿”據北大抄本改。“嬌”據北圖膠卷補。“鮊”據北圖膠卷補。

［72］“花龍”,北圖膠卷作“龍花”。

［73］［74］據《乾隆浮梁縣志》卷之五《陶政》改。

［75］《乾隆浮梁縣志》卷之五《陶政》,“鯉”字下有“鱖”字。

［76］據北圖膠卷改。

［77］據南京萬曆本補。

［78］據北圖膠卷補。

［79］據南京萬曆本補。

［80］據南京萬曆本補、改。

［81］［82］［83］［84］據南京萬曆本補。

［85］據北圖膠卷補。

［86］據南京萬曆本改。

［87］［88］據南京萬曆本補。

［89］據南京萬曆本改。

［90］據《乾隆浮梁縣志》卷之五《陶政》改。

［91］［92］據南京萬曆本補。

江西省大志卷之八　楮書

楮書引

信州之楮,列在方物,與陶均,而楮弊孔尤什倍陶。舊志顧略而不載者何? 夫亦以陶設廠,有專官;楮則量費徵銀,與民爲市,無定員,無常額,可無煩掌記耳。然以奉上供,間五歲一徵,徵輒費鉅萬。它所不時之需,大都稱是。而閩越諸省同之。顧諸省不產楮,而楮解獨先于江表者,蓋以諸省楮費歲爲遞徵貯庫,故命朝下而夕構造。若江表,必五年派徵,而各屬所徵,非經年不解,槽户安能先貸諸子錢以供事哉! 物不素具,不可以應卒,是歲徵之法不可不講也。乃其弊實尤多沿習。夫積氈召蚋,積腐生螢。於時駔儈(千)〔干〕政,役鬼通神,憑點胥以爲利囮,賂要津以爲情請,迨於厚訾斯歸,遂多汰費,槽未及啓而已什九無存矣。以故造解往往愆期,急則轉鬻濫惡以塗耳目,蓋繇來漸矣。欲釐夙弊,計莫若銀貯府帑,揭示通衢,令業楮之家如式成造,官爲驗楮給直。要於無朘削,無刁難,不病官,不病商,仍廉其夤緣包攬數輩,以法繩之。此賢有司事爾。它多具《楮槽利弊疏鈔》中,今仿陶式,列款九。至御供一款,嘉靖四十三年前牘並燬無稽,四十五年以後備書于左。

建置

按:廣信府紙槽,前不可考。

國朝自洪武年間創於玉山一縣,至嘉靖以來始有永豐、鉛山、上饒三縣續告官司,亦各起立槽房。玉山槽坐峽口等處,永豐槽坐柘楊等處,鉛山槽坐石塘、石壟等處,上饒槽坐黃坑、周村、高洲、鐵山等處。皆水土宜槽,窮源石峽,清流湍急,漂料潔白,蒸熟搗細,藥和溶化,澄清如水。簾撈成紙,製作有方。其槽所非一地,故附屬因革,無從稽核,矧係民屋,姑紀其略耳。

匠役

按匠作乃槽戶自備,其槽房工匠亦多募工成造。每槽動以千計,每人日給工食銀三分。而工師、匠人種種不一,要皆各獻能呈技,不能殫述。此皆槽戶自備,並未仰給公家。

委官

按槽費事體重大,歷年俱行本府,遴僉產紙縣分股實槽戶承造。其司禮監紙,每縣遴選僉報槽戶一名爲綱首。乙字庫紙,亦僉綱首一名。外每紙十萬,遴僉殷實槽戶一名爲解戶。遴委司府廉能官一員,督同綱首驗收,各槽紙數入櫃,自解赴司轉批註差,解戶管解赴京上納。每遇派紙多寡,玉山槽衆承造一半,永、鉛、上三縣共造一半。

槽制

按玉山縣槽房不啻五百餘座,永、鉛、上三縣不啻百餘座,皆係民間自備竹木磚瓦材料,構結房廠,可容百數十人。擇其水源清潔、澄潭急湍便於漂洗地方,而後槽所立焉,以非官府創立,其詳不列云。

材料

按楮之所用,爲構皮,爲竹絲,爲簾,爲百結皮。其構皮出自湖廣,竹絲產於福建,簾產於徽州、浙江。自昔皆屬吉安、徽州二府商販裝運本府地方貨賣。其百結皮,玉山土產。槽戶雇倩人工,將前物料浸放清流急水,經數晝夜。足踹去殼打把撈起,甑火蒸爛。剝去其骨,扯碎成絲。用刀剉斷,攪以石灰,存性月餘。仍入甑蒸。盛以布囊,放於急水浸數晝夜,踹去灰水,見清。攤放洲上,日曬水淋,毋論月日,以白爲度。木杵舂細,成片摛開,復用桐子殼灰及柴灰和勻,滾水淋泡,陰乾半月。澗水灑透,仍用甑蒸,水漂暴曬,不計遍數。多手擇去小疵,絶無瑕玷。刀斫如炙,揉碎爲末,布袱包裹。又放急流洗去濁水,然後安放青石板合槽内,決長流水入槽,任其自來自去。藥和溶化,澄清如水。照依紙式大小高闊,置買絶細竹絲,以黃絲線織成簾床,四面用筐繃緊。大紙六人,小紙二人,扛簾入槽水中,攪轉浪動,撈起,簾上成紙一張。揭下,疊榨去水,逐張掀上磚造火焙。兩面粉飾光勻,内中陰陽火燒熏乾,收下,方始成紙。工難細論,雖隆冬炎夏,手足不離水火。諺云:片紙非容易,措手七十二。

顔色

按楮之顔色,紅用紅花、蘇木,黃用梔子、姜黃,青用靛青。照布洗染。其紅黃紙,嘉靖年間修建國醮,乙字庫行取,至今俱未領造。惟奉司禮監題造青紙。青連七紙每張價銀七厘四絲四忽,廣信青紙每張價銀一分二絲八忽。

料價

按楮之料價,遇造年分,派行本省十三府屬縣秋糧内帶徵,每米一石徵銀五厘零。其大小名色數等價值,俱照司禮監題准。決乏紙張,工部覆奏,欽依五年造解一次。乙字庫隨缺取用,造解不時。其大小名色數目,多寡不等。移文院司,剳府備查。歷年各項價值,參酌時估,逐一比對新舊紙樣,每張高一寸重一兩,以絲加之;狹一寸輕一兩,以絲減之。其中利弊,蓋以前紙係供上用,先年每萬估價百餘兩,其式樣高闊,製造頗艱,故較之民間所市稍從寬裕,使民樂於趨事,以便及時上供也。迄今外府人民視爲利孔,營鑽争造,致蒙減價過半。今因告擾重複,查詳批允,價再量減,以後止許府屬殷實槽户造解,毋容外府人民攬利營求,致滋侵延。備查在卷。

解運

按遇造紙年分,司禮監題爲急缺綾紗紙剳等事行造。紙名二十八色,曰:白榜紙、中夾紙、勘合紙、結實榜紙、小開化紙、呈文紙、結連三紙、綿連三紙、白連七紙、結連四紙、綿連四紙、毛邊中夾紙、玉版紙、大白鹿紙、藤皮紙、大楮皮紙、大開化紙、大戶油紙、大綿紙、小綿紙、廣信青紙、青連七紙、鉛山奏本紙、竹連七紙、小白鹿紙、小楮皮紙、小戶油紙、方榜紙。以上定例五年題造一次，或十有餘色，至二十六色。數目或百有餘萬，至百九十六萬張，隨缺取用，色數不等。乙字庫題爲急缺年例紙張事行造。紙名一十一色，曰大白榜紙、大中夾紙、大開化紙、大玉版紙、大龍瀝紙、鉛山〔奏〕本紙、大青榜紙、紅榜紙、黃榜紙、綠榜紙、皂榜紙。以上隨缺取用，或一色，或至三五色。數目或百萬，至二、三、九百萬張，造解無期，各高闊大小取用不等，工料隨之。至於解紙衙門，原係本府給批，解司轉解，工部投文。若司禮監題造，發都水司給手本，赴監交納。若乙字庫題造，發虞衡司給手本，赴庫交納。其進京船隻，原無差船裝載。每運司禮監紙，約五十萬雇民大座船一隻；乙字庫紙，約三十萬雇民大座船一隻，動支司給水陸舟車腳價雇募。其解官係奉司委或府佐，或司府首領，照紙每萬給官解京衣糧銀五錢，共計一百五十兩。勘合一道，內開應付本官廩糧、皂次，驛傳道撥送解官座船一隻，應得廩給口糧，吹手、皂隸及雇裝紙民座船四隻，共船五隻。每應付拽縴夫二十名。其造紙二十四色，計一百九十六萬，大小名色不等，逐色估計今運紙價，除減外，尚該價銀共九千七百八十一兩一錢五分。裝盛木櫃合用一千六百二十六箇，共該價銀三百九十兩二錢四分。其陸運、水運，每櫃議給水腳、車腳等銀一兩，共銀一千六百二十六兩。均屬秋糧帶徵。本司出派稽程文簿二扇、責令官解日逐互相登記，雇募民座船四隻、水腳價銀、沿途批關納鈔、天登神福、黃河短縴、臨清帶磚、到灣雇車、賃屋堆頓、雇夫擡進監庫、門單腳價、開箱擺飯、買辦蘆蓆百費支用，回日繳查。其木櫃係本府櫃戶做造。所有氈套布袱、槓鎖繩索，各一千六百二十六件副，原係南昌府置辦，無容別議。所可議者，解京各紙，原行江、浙、福、湖四省，色數相同，造解頓殊，而彼三省俱各差官齎捧現銀,前來玉山縣收買,每先完解。惟本省出産,完解反後。蓋緣各省所徵紙價,每歲秋糧石米徵銀一厘,解司貯庫,故抄造之命方下,而構造之資已備。若本省,必待五年派造之期,石米徵銀五厘零,具各屬徵收,非經年不解,而槽户又安肯先貸諸子錢之家,以供上事? 是以愆期後解。合無呈請照例逐年秋糧帶徵,官民兩便。

又查得解進監庫,例有鋪墊銀兩。萬曆八年,工部尚書曾題奉欽依,每紙一萬墊銀八兩,移文院司刻榜諭知。但係内府宿弊,無敢訟言。每紙五萬設立解户名色,議銀二十四兩抵充鋪墊。又有掌印監司庫事太監,無名私覿門單,百費不敷。據各槽户告稱:萬紙抽價七兩,私貼幫解,獲批"無悮"。上運司禮監紙一百九十六萬,該解户銀九百四十兩八錢,彼奉本司右布政使蘇□以爲解户衣糧過多,扣減去銀八百四十四兩八錢,止給銀九十六兩。各槽又因減價,止貼五兩,以致到京交納艱苦,羈官陷解,借京重債,往往告部咨司提銀千餘解(捕)〔補〕,方獲批銷,部文見證。否則,紙雖龍鳳花箋,似難交納。合無詳查酌處,以杜煩擾。謡云"饒州磁器玉山紙,年年揭債賠到底",良由此也。

御用

按司禮監題造紙張,係供御製書册、手卷、畫軸,併糊飾殿宇、窗欞、板壁、槅子、仰塵等用。乙字庫紙張,分給大小衙門建醮、賞邊等用。其歷年紙張皆因監庫缺乏,隨便題請取用,名色不等,難以概論。其各衙門在京部院年例公用、贓罰等紙,原行各省直造解者,亦各差官前來收買。在外院司衙門自有商販答應。額解奏本紙每年三十萬張,價銀七百三十二兩,常年在於南昌、撫州、建昌、廣信四府,動支庫貯院司道項下紙銀。遴選廉能縣佐貳官一員,督令槽户抄造,轉解赴京。其紙産於鉛山縣石塘地方。

細查歷年楮供御用:嘉靖四十四年以前燬不可考。四十五年,取各樣紙二百三十五萬，內白榜紙一十五萬，白行移勘合紙一十五萬，白中夾紙二十萬，細白結實榜紙一十五萬，細白結實連三紙一十五萬，白綿連三紙一十五萬，白連七奏本紙一十五萬，細白結實連四紙一十五萬，白綿連四紙一十萬，大樣白開化紙二萬，小樣白開化紙四萬，白呈文紙一十萬，白毛邊中夾紙二十萬，白鹿玉版紙二萬，白戶油紙一十五萬，奏本紙二萬，小白綿紙二十萬，連七紙三十萬，廣信青紙二萬，青連七奏本紙三萬。

隆慶四年，取用各樣紙七十六萬。內白榜紙六萬，細白結實榜紙五萬，白中夾紙八萬，白行移勘合紙六萬，細白結實連四紙八萬，白綿連四紙七萬，細白結實連三紙八萬，白綿連三紙六萬，白連七奏本紙六萬，白呈文紙八萬，白毛邊中夾紙八萬。六年，取用各樣紙九百萬。內白榜紙三百萬，白大中夾紙三百萬，白大開化紙三百萬。

萬曆六年，取用各樣紙一百九十六萬。內白榜紙一十萬，細白結實榜紙一十萬，白中夾紙一十萬，白行移勘合紙一十萬，細白結實連四紙一十二萬，白綿連四紙一十二萬，細白結實連三紙一十萬，白綿連三紙一十萬，白連七奏本紙一十萬，白呈文紙二十萬，奏本紙五萬，大樣白開化紙五萬，小樣白開化紙一十萬，白毛邊中夾紙一十萬，白戶油紙五萬，連七紙二十萬，小白綿紙二十萬，青連七奏本紙二萬，白楮皮紙五萬。十四年，取用各樣紙一百九十六萬。內白榜紙一十萬，細白結實榜紙一十萬，細白結實方榜紙二萬，白中夾紙一十萬，白行移勘合紙一十萬，細白結實連四紙一十二萬，白綿連四紙一十二萬，細白結實連三紙一十萬，白綿連三紙一十萬，白連七奏本紙一十萬，白呈文紙一十萬，奏本紙五萬，大樣白開化紙五萬，小樣白開化紙一十萬，白毛邊中夾紙一十萬，白戶油紙五萬，連七紙二十萬，小白綿紙一十五萬，青連七奏本紙二萬，大樣白楮皮紙五萬，小樣白楮皮紙二萬，大樣白鹿紙三萬，小樣白鹿紙一萬，玉版白鹿紙三萬，白藤皮紙三萬，廣信青紙一萬。十八年，取用各樣紙一百九十六萬。內白榜紙一十萬,細白結實榜紙一十萬,細白結實方榜紙二萬,白中夾紙一十萬,白行移勘合紙一十萬,細白結實連四紙一十二萬,細白結實連三紙一十萬,白綿連四紙一十二萬,白綿連三紙一十萬,白連七奏本紙一十萬,白呈文紙一十萬,奏本紙五萬,大樣白開化紙五萬,小樣白開化紙一十萬,白毛邊中夾紙一十萬,白户油紙五萬,連四紙二十萬,小白綿紙一十五萬,青連七奏本紙二萬,大樣白楮皮紙五萬,小樣白楮皮紙二萬,大樣白鹿紙三萬,小樣白鹿紙一萬,玉版白鹿紙三萬,白藤皮紙三萬,廣信青紙一萬。二十二年,取用各樣紙一百九十六萬。内白榜紙一十萬,細白結實榜紙一十萬,白中夾紙一十萬,白行移勘合紙一十萬,細白結實連四紙一十四萬,白綿連四紙一十四萬,細白結實連三紙一十萬,白綿連三紙一十萬,白連七奏本紙一十萬,白呈文紙一十萬,奏本紙五萬,大樣白開化紙五萬,小樣白開化紙一十萬,白毛邊中夾紙一十萬,白户油紙四萬,連七紙二十萬,小白綿紙一十五萬,青連七奏本紙二萬,大樣白楮皮紙三萬,大樣白鹿紙三萬,玉版白鹿紙六萬,白藤皮紙二萬,廣信青紙一萬,大號白綿紙二萬。

　　本省都院歲用紙張,每季取解。奏本紙一千三百張,連四紙一千張,衢紅紙二百張,俱動支廣信府廟租銀。奏本紙二兩六錢,連四紙四兩,給發槽户收領。係玉、永、鉛、上四縣輪流答應。紙産鉛山石塘、大源山等處製造。衢紅紙二百張内,五扣一半,六扣一半,照前解院,動支廟租銀四兩,給鋪户收領。其紙係衢州府人染造,在於本府玉山縣西關開鋪貨賣,答應本省各上司一應衙門。其紙料係鉛山石塘毛邊紙,顔色係紅花、烏梅,出於湖廣、廣東等處,論值收買,如法染造。

　　附:楮槽利弊疏鈔

　　按萬曆八年工部尚書曾　題,據江西監察御史邵　疏稱:

　　先是,隆慶六年奉勘劄欽依:江西坐派抄造白榜紙、白大中夾紙、白大開化紙各三百萬張,該司議估價銀一十一萬一千六百兩,分爲三運,每運該銀三萬七千二百兩,於秋糧内派解,行委首領官督造。頭運價銀俱經前兩院批允給發,今查尚未起解。細詢紙張弊孔甚多。如白大開化紙,本地平買市價,每張實止值價六厘三毫三絲,今議給一分五厘七毫,是原紙一張已冒去銀九厘三毫七絲。以故豪猾積槽網利鑚造,領銀入手,通同委官吏胥經年累月恣意延捱,一遇督催,即買不堪搪塞,濫將小民膏血徒充此輩私囊。矧係上用紙張,豈宜拖延違慢? 相應亟行裁處:每紙一張查照市價,量加一二厘,以示優恤,不得冒破太多。

　　隨據廣信府審僉,槽户先造紙樣,并開估計價值:大白榜紙每張高四尺六寸五分,闊四尺五寸,重三兩六錢,原估價銀一分五厘,今議減去四厘五毫,止該銀一分零五毫;白大中夾紙每張高三尺九寸,闊三尺八寸,重一兩八錢,原估價銀一分二厘五毫,今議減去一厘五毫,止該銀一分一厘;白大開化紙每張高五尺五分,闊四尺四寸五分,重一兩七錢,原估價銀(一)〔二〕分一厘,今議減去銀五厘三毫,止該銀一分五厘七毫。通共算該紙價一十一萬一千六百兩。仍照節年事規,於秋糧内帶徵給造。開揭呈司覆查轉詳。間至萬曆五年十月内,遵照明旨,催辦上用紙張事。即將原派未完紙張,速委廉幹官員,如式上緊照數督造,分爲三運造解。先將第一運紙三百萬張,該價銀三萬七千二百兩,呈委都司斷事傅昂督造,價銀議于萬曆五年秋糧内徵解。具由通詳。奉巡撫都御史潘　、巡按御史趙　批允,遵照先給紙價銀二萬三千九百四十兩督造,間續蒙臣等紙牌行司。照得前項紙張係充内府供用,先年議估價值,以其式樣高闊,製造頗艱,官價從寬,較之民間所市者不啻數倍,故市井豪猾視爲利孔,往往曲徇人情,多方請托營鑚成造。及至領銀入手,彼此瓜分。説事者有酬,且則十扣其一;委官有分例,則十扣其二;吏胥有勒索,則十扣其三。各棍以官吏受餌,亦遂任意花費,經年累月,造解愆期。及奉部檄督催,臨期逼迫,轉買濫惡,惟取充數。且所解紙張動逾千萬,雖經委官查驗,勢難逐一揀選。其呈樣者固堅白合式,而入箱者皆淄薄不堪,一概溷領高價,真爲冒濫。

隨經弔取原行文卷,并所造樣紙,及拘鋪行到司,逐一查得本省坐派抄造三樣紙張,每運共該正價三萬七千二百兩,俱於秋糧内派徵。又白榜紙每五百張用木櫃一箇,計價三錢一分;白大中夾紙每八百張用木櫃一箇,計價銀三錢;白大開化紙每六百張用木櫃一箇,計價三錢五分。三項木櫃共四千九百一十一箇,計該價銀一千五百三十九兩七錢四分。又每櫃一箇用黃氈套一箇,計價一錢六分;黃布袱一箇,計價六分;鎖一把,計價二分;黃蔴索二條,計價二分;紅木槓一根,計價一分。以上五項共該價銀一千三百二十五兩九錢四分。與前木櫃價銀俱派於一十三府庫貯無礙銀内支給。此外,又每紙五萬張額解戶一名,每名給盤纏銀二十四兩,共該銀一千四百四十兩。每紙一櫃額扛解銀一兩,以充造船、沿途神福、雇募水手、進京車脚之費,共計該銀四千九百一十一兩。又每紙十萬張,議給解官衣糧銀五兩,共計該銀一百五十兩。以上三項舊例于本司庫貯扣存水脚等銀内,臨時呈請支給。

及審據鋪行金葵等執稱:白榜紙每張止值銀四厘二毫三絲,白大中夾紙每張止值銀四厘四毫四絲,白大開化紙每張止值銀六厘三毫三絲,較之原估,委屬虛耗。又經行據廣信府知府林梓、同知朱一栢等重覆查估,回報相同。本應從實議減,但欲召令本業紙戶身親貿易,且要高厚堅白合式,必視市價稍從寬(俗)〔裕〕,庶幾官民兩便,合無將白榜紙每張定銀六厘,白大中夾紙每張定銀六厘五毫,白大開化紙每張定銀八厘。通計每運該紙三百萬張,共該價銀二萬零五百兩。内頭運紙張先已領銀二萬三千九百四十兩,照依今定價值,尚多領過銀三千四百四十兩。法應追扣還官,但念其領銀到手,已經花費,姑免追奪。下次照依減定數目查給。其二運紙價該銀二萬零五百兩,相應照數封發廣信府收貯,坐委府佐一員專董其事。仍出告示,并粘紙張式樣於玉山、永豐、鉛山產紙縣分,張掛曉諭。本業造紙之家,造有前樣紙張,無論多寡,許其陸續赴官告賣。如果合式,即當堂給銀兩平收買,毋令扣減原價,毋令守侯稽延。

夫價有贏餘,則嗜利者不呼而集;官無留滯,則聞風者接踵而趨矣。儻有豪猾阻撓,不容紙戶貨賣者,許委官指名呈報院道拿問究遣。如前紙買完,即送府印鈐解司,覆驗如式。另於司府廉能首領官內,呈委一員,給批解部,轉送內庫交收。其沿途盤運之費,原議每紙一櫃給杠解等項銀一兩。又每十萬張原議解官衣糧銀五兩,俱應照數給發解官支用。至於木櫃、氈套、槓、索、鎖、袱等項,原議工料價銀亦屬冒濫,相應於內量減十分之二,解戶原議紙五萬張額僉一名,似涉過多,合無酌為定例,每紙十萬張准用一名。今該解戶三十名,共該給盤纏銀七百二十兩,每運計該減省紙價銀一萬六千七百兩。木櫃、氈套、槓、索、鎖、袱等項,工料及解運槽戶盤纏銀,計該減省銀一千二百九十三兩。二運通共省銀三萬五千九百八十六兩二錢七分二厘,照數存貯司庫內。除二萬五百兩抵作三運紙價,可免重複派徵。又除七千三百五十三兩五錢四分四厘,即備充木櫃、氈套、槓、索、鎖、袱等項工料,與杠解及解官衣糧等銀。又七百二十兩給與解戶以作盤纏。及今各槽多領過銀三千四百四十兩外,尚多出銀三千九百七十二兩七錢二分八厘,俱應作正支銷,刻榜司府門外,以為永久遵守。

臣據此查得前項紙張原係內府供用。臣等入境以來,因見頭運已屬愆期,及查尚未完造,不勝惶恐。一面嚴行司府督催完造去後,一面廉訪侵蠹拖延弊源,因得其概。按屬廣信府鉛山、玉山、永豐三縣原係產紙地方,既欽依派造,自應如期速完解進。緣在官積槽悉係市井豪猾,原非本業紙戶,畟文一到,居為奇貨,百計(讚)〔鑽〕營,千方賄托,把持行市,高擡時值。弊端種種,難以盡言。設令依期造解以供上用,情尤可原。且領銀入手即便視為己有,蕩費不貲。不才委官,吞餌箝口,承行吏胥,受賄行私,上恬下玩,日化月遷。以故頭運踰限七年,尚未完造起解。是上竊公家之職貢,饜飽私囊,下朘小民之脂膏,恣充谿壑。蠹國害民,靡有止極。況兩奉明旨催辦,任其抗違延緩,臣等亦何所逃罪? 該臣會同都御史劉　會牌行司,會同糧儲道查議,並弔該省賣紙鋪戶經紀,逐一研審,親定時價去後。據呈前因,除批行外,臣等尤恐有礙,覆行布政司再議,重覈相同。隨經臣揭數計算:白榜紙每張定銀六厘,白大中夾紙每張定銀六厘五毫,白大開化紙每張定銀八厘。三運共該實價六萬一千五百兩,比前減去虛擡價銀五萬零一百兩。木櫃、氈套、槓、索、鎖、袱等項工料及解戶盤纏,三運共實該銀九千三十七兩六錢三分二厘,比前減去多費銀三千八百七十九兩四錢零八厘。除頭運多領去銀三千四百四十兩,姑依司議免追。其扛解及解官衣糧等銀俱照舊規給發外,即頭、二運見徵貯庫銀兩,足抵三運之費,可免概省加派,尚餘三千九百有奇。

爲照江省頻年以來旱澇不常,小民愁苦,即今正供輸納不前,仍復帶徵累年逋賦。臣等待罪地方,目擊耳聞,日夜思惟,休息無策,似此浮蠹,若減一分則民受一分之賜。臣等豈敢故爲刻削,以沽節省之虛名,貽虧損之實累? 又豈有神運鬼輸之術,使之廉於受直,而敏於趨事哉? 祇緣向來積弊皆係市井奸豪射此爲利,始以夤緣之費酬干請,繼以分例之費狥官吏,十分之中虛耗過半,後將領出餘銀轉展覓息。及奉臣等嚴限催督,僅照時估向本業紙戶勒買供官,毫無加益。似此浪費銀兩,上不在官,下不在民,盡屬奸豪漁獵,而復蔑視上供,苟延歲月,漫不完解,良可痛恨。故臣等今日之所議裁者,裁侵漁之積弊也,而非以裁紙張之實價也;臣等今日之所議革者,革市井之積槽也,而非以革本業之紙戶也。價無虛估,侵蠹自消,收造得人,完解自早矣。除將頭運三百萬張嚴限勒完,委驗如式,仍委傅昂於三月初二日起解。又另委奉新縣主簿唐士廉沿途儧運去後。但念立法之始,若不題請著爲定例,恐將來官更案冷,此輩復覬爲奸,伏乞敕下工部再加查議。如果臣等所言可採,速爲題覆,將議定紙價數目載入咨劄,并乞叙入着落司府掌印官,呈委風力府佐貳官一員專管其事,不許別項差委。即遇陞遷,亦要責令完事,方許離任。管一運畢,詳送臣等考察一次,如果督買合式、完解及時,即于起運呈文內開薦工部,以憑轉咨吏部紀錄陞擢。否者參究,不得姑息。庶幾責成之法嚴,則上供不至愆期;浮淫之蠹汰,則民力漸從休息。即紙戶身親貿易,得價贏於時估;當官又無虛費,蒙惠非小,一舉而三善皆備矣。當奉聖旨,工部知道,欽此,欽遵。

　　隨奉本部送該乙字庫揭帖開稱:江西撫按官會題前事,查參積槽侵尅拖延、裁減價銀,誠爲國爲民至意。但本庫收納紙張,例有蘆蓆、楞木、鋪墊之費,在於紙價內扣除,節經巡視庫藏,科道條陳,比舊節省。即今白榜等紙,每張止有鋪墊銀一厘二毫七絲,今既減去甚多,前項所費從何區處? 況嘉靖三十八年、四十二年題派浙江等省,比因扣減價銀,以致二十餘年不得完納,載入考成可查。若不預揭議處停妥,未免臨期往覆轉展奏瀆,煩爲從長酌處。及查隆慶二年、六年節經巡視庫藏科道官王璽、鄔昇等條陳,議處鋪墊以免多索。該本部議將紙筆、蘆蓆之類酌量時宜,定擬分數,仍通行應解處所,一體遵照。此外不許巧立名色,任意多需。覆看得該省白榜紙張向被豪猾積槽侵蠹官銀,以致造解愆期。已將紙價、扛解數目從實議減,委官收買起解。乞要著爲定例一節,爲照前項紙張專備內府供應,而紙價所出,莫非小民脂膏。先該本部爲年例急缺,題派出產地方,自當及時抄造,刻期完納,庶不墮誤上用。今該省坐派紙張屢催未到,竊以爲非小民之拖欠,即有司之慢令耳。乃今上不在官,下不在民,盡爲奸猾積槽之所侵尅,十分之中半屬虛耗,八年之內肆意延捱。似此蠹國害民,久逃法網,若非用心體訪,弊將何極? 既經備行司道刪減,明的議處妥當,會題前來,相應依擬。今將原派白榜紙每張定銀六厘,白大中夾紙每張定銀六厘五毫,白大開化紙每張定銀八厘。選委廉能府佐官一員專管其事,親於產紙地方兩年陸續收買,不許假手積槽,致有扣減、抑勒情弊。完日，解司覆驗合式，就行給批起運。其扛解與衣糧銀照原議支給，木櫃、櫝、索等項價銀及解户盤纏銀照今議扣給。減省銀兩准抵三運之費，餘剩銀兩貯庫作正支銷。至於内庫蓆木、鋪墊，亦不容已，令行從長計議。或於餘剩銀兩内量爲措處，併給解官領用，以免賠累。承委官員果能督買合式，完解及時，撫按官開薦本部，移咨吏部紀録，違者聽本部及撫按官指名參奏，縱遇陞遷，不許離任。頭運限本年八月中，二運限九年八月中，三運限十年八月中，盡數完解。以後遇有坐派年分，俱照例遵行，奉旨允行。

附録一

王宗沐與《江西省大志》

黄長椿

王宗沐,字新甫,號敬所,明浙江臨海人,嘉靖二十三年進士,歷任刑部主事、郎中,能詩文,尤善吏治。嘉靖二十六年(1547)任廣西按察司僉事,提督學政。到任後,修建書院,聘請經師,"教育多士","又請建田州學"①。三十三年,升任廣東參政。三十五年(1556),調任江西按察司提學副使②,他在任職期間修建王陽明祠,創建南昌正學書院和改建懷玉書院,招收士子肄業。又修白鹿洞書院,建朋來亭於書院右側岡上,親自與主管書院教事吳國綸爲諸生三百人講學,質疑問難。他到各府縣視察、講學之暇,對各地的物產、山川、賦稅、城市加以查訪,隨時記錄。三十八年,調任江西布政司參政。三十九年(1560),升任江西按察使。公餘之暇,編輯《江西省大志》七卷。四十年,升任江西右布政使③。後調任山西右布政使。時山西災荒,王宗沐上書説:"山西列郡俱荒,太原尤甚,三年於兹,百餘里不聞雞聲。父子夫婦互易一飽,命曰'人市'。宗禄八十五萬,累歲缺支,饑疫死者幾二百人。"請求"緩征逋賦,留河東新增鹽課,以給宗禄"④。受到皇帝譴責,調任廣西左布政使,他要求退休,不准,到廣西赴任,在途經湖南衡州時,到南嶽衡山兜率峰建造會靈精舍,效法朱熹、張栻講學。不久因父病辭官歸里,在家撰寫完成《宋元通鑑》六十四卷和《十八史略》。隆慶元年(1567)被推薦山東左布政使,在任編《山東省經制全書》,清理各鋪行稅

---

① 　光緒《台州府志》卷七十一《王宗沐傳》。
② 　《江西省大志》王宗沐序:"先是,嘉靖丙辰,宗沐被命督江西學政。"
③ 　民國《臨海縣志稿》卷十四《王宗沐傳》。
④ 　《明史·王宗沐傳》。

額①。隆慶五年,條議海運十二利,他認爲洪武、永樂時常行海運。山東巡撫梁夢龍採用他的辦法,用米四千石自淮河試運,最後抵達天津,就將這事上報朝廷,這時正值總督漕運出缺,朝廷拜王宗沐右副都御史,總督漕運,兼鳳陽巡撫②。後調任南京刑部右侍郎,奉命巡視宣(化)、大(同)、山西三關邊務,回來後,寫了《三鎮圖説》進呈朝廷。萬曆九年(1581),因得罪張居正而被罷官,回家鄉後十餘年卒,終年六十九歲,贈刑部尚書,天啓初追謚"襄裕"。

王宗沐是王陽明弟子歐陽德的學生,對王陽明的學説頗有研究,但他不立門户,注重實用。他"誨人不執一方,因人而應"③。可見他講究教育方法,因材施教。在他言傳身教下,他的兒子士崶、士琦、士昌,侄子士性都中了進士。他的著作還有《敬所文集》三十卷、《奏議》四卷、《敬所續集》八卷、《攖寧語録》等④。

王宗沐的著作很多,其中的《江西省大志》是一部頗有價值的地方志,是瞭解明代江西省情的寶貴資料,同時也是研究王宗沐思想的寶貴資料。

《江西省大志》又稱《江西大志》,是一部省志。爲什麼不叫江西通志而叫大志呢? 王宗沐在《江西省大志》的序言作了説明,他説:"大志,志大者也。"它不同於一般省志門類編目齊全,而是有所側重。它專門編輯有關國計民生的重大項目。王宗沐編輯《江西省大志》的意圖是爲以後在江西做官的人,提供俗産、山川、賦役等資料,使其瞭解情況,對制度的因革有所依據。由於《江西省大志》內容豐富翔實,有較大的實用價值,被視爲在江西爲官施政的準則。光緒《江西通志》説它"至今奉以爲準"⑤。可見《江西省大志》在封建統治者心目中的地位和價值了。

《江西省大志》共七卷,分別爲《賦書》、《均書》、《藩書》、《溉書》、《實書》、《險書》、《陶書》,記載賦税、徭役、宗禄、水利、兵事、地勢、陶冶等事項,每卷書後有王宗沐的評論,即"臬史氏曰"。《賦書》列舉江西各縣的户口,起運的夏

---

① 此據《臨海縣志稿》。按嘉慶《廣東通志·職官表》有王宗沐嘉靖三十三年任參政,而嘉靖四十年至四十三年任左右布政使者依次爲劉建誥、徐需、杜拯、林懋舉、陳暹、張淵等六人,無王宗沐。

② 光緒《台州府志·王宗沐傳》。

③ 《臨海縣志稿·王宗沐傳》。

④ 《明史·王宗沐傳》。《千頃堂書目》有《敬所續集》八卷。《台州府志·藝文志》。

⑤ 光緒《江西通志》卷一百六十七《官績録·王宗沐》。

税、秋糧,折色、存留和里甲的額辦、歲辦、歲派、雜辦等項目的數量;《均書》列舉江西各縣銀差、力差、驛傳、機兵等徭役的種類和人數、錢數,以及兵丁的數額和餉銀數;《藩書》記載寧王、淮王、益王三大王府的世系、封制,並統計其人數和禄米數,以及對封制改革的意見;《溉書》記載江西各縣江河的源流,圩隄、陂塘、堰圳等水利灌溉工程的數量和分佈情況,並論述水利灌溉工程對農業的重要性;《實書》記載江西各衛所的設置和衛所官兵人數及其糧鈔數,並以編年體記述江西歷代兵事,上限至漢,下限至明正德年間;《險書》記載各府城池的修築、山川形勢、關隘險要,以及各縣所設巡檢司的數量、名稱、距縣城的里數,並在“臬史氏曰”中提議“守險制備”和“時征輸,寬剥擊,與之休息,教其子弟,而植其田疇”,認爲“雖有高城深池,不敵人和”;《陶書》記載明代景德鎮官窑的陶瓷生產,列有建置、砂土、人夫、設官、回青、窑制、供億、匠役、柴料、顔色、解運、御供、料價等項目,是史籍和方志中前所未有的關於景德鎮官窑陶瓷生產、管理運輸等的詳細記録,是研究明代景德鎮官窑最重要的資料。它可以訂正地方志中對明代景德鎮御窑記載的錯誤,如乾隆《浮梁縣志》的《陶牧》中説:“正德初,置御器廠,專管御器,尋以兵興,議寢陶息民,未及復置。”御窑(官窑)設置的時間記在正德初年,而《江西省大志》的《陶書》中説:“正德初,置御器廠,顓管御器。先是兵興,議寢陶息民,至是復置。”顓管即專管,古通用。可見乾隆《浮梁縣志》所説是抄自《江西省大志》的,只是將“先是”二字誤改爲“尋以”二字,這樣就把御器廠的設置時間誤爲正德初了。實際上御器廠在正德初以前早就設立了,正德初是復置而已,“尋以兵興”應改正爲“先是兵興”。

　　《江西省大志》有嘉靖年刻本和萬曆年刻本兩種版本,嘉靖本爲王宗沐纂修,萬曆本爲陸萬垓增修。陸萬垓于萬曆年間任江西巡撫,他除對王宗沐的《江西省大志》中的七書有删改增補外,另撰有《楮書》一卷,共八卷。《江西省大志》、《天一閣書目》和《中國地方志綜合目録》俱云明嘉靖三十五年(1556)刻本,因而近年所編的江西地方志目録,如《江西地方文獻索引》等均沿用此説,其實不然,《江西省大志》並非刊刻於嘉靖三十五年。王宗沐編修《江西省大志》是在任江西按察使時。按察使即提刑按察使,與布政使、都指揮使合稱“三司”。明代按察使又稱臬司或臬使,從民國《臨海縣志》卷十九《王宗沐傳》和《江西省大志》中所署“臬史王宗沐著”和每卷卷後有“臬史氏曰”可證。王宗沐任江西按察使在嘉靖三十九年，《江西省大志》所記之事，下限爲嘉靖三十八年。《江西省大志》不乏記載嘉靖三十五年以後之事，如《險書》記"聶都寨……嘉靖三十七年，岑賊入境"。《陶書》記嘉靖"三十八年，青地閃黃鸞鳳穿寶相等花碗共五千八百，青花白地松竹梅酒罇一百八十"。《賦書》的《通省糧額》中在南京倉米、京庫苧布米、南京棉布米等項目下，都有嘉靖三十八年的數字，如"南京倉米四十七萬石，……嘉靖三十八年改派本色米三十四萬石，每石加副米三斗六升"。由此可證嘉靖本《江西省大志》刻於嘉靖三十五年之說是錯誤的。大志的刊刻時間當在嘉靖三十九年以後，王宗沐在嘉靖四十年升任江西右布政使，任按察使的時間只有三十九年一年，《江西省大志》是在按察使時完成的，刊刻時間約在嘉靖四十年，或稍後。

嘉靖《江西省大志》國外和臺灣地區收藏情況不詳，大陸北京圖書館有原刻本和膠卷。北京大學有嘉靖本的抄本，《中國地方志綜合目錄》誤爲萬曆抄本。中國科學院有嘉靖本卷四《漑書》一卷，吉林大學有卷五《實書》一卷，均爲刻本。天一閣藏有嘉靖刻本一至三卷，即《賦書》、《均書》、《藩書》。上海圖書館有嘉靖本的民國抄本，似從北京圖書館嘉靖本抄來。南京圖書館藏有萬曆《江西省大志》刻本，據云爲海内孤本，天津圖書館萬曆抄本係抄自南京圖書館刻本。這是我們調查所知《江西省大志》存世和收藏的情況。

在我們查訪點校《江西省大志》中，發現北京圖書館嘉靖本中的《賦書》、《均書》、《藩書》與天一閣嘉靖本的《賦書》、《均書》、《藩書》文字有出入，序言編排不同，天一閣本序言在目錄之後，北圖本序言在目錄之前。《賦書》樂安縣《雜辦》項内，天一閣本無"加派東鄉縣協濟銀三十一兩"十二字。樂安縣"歲派"，天一閣本無"白蠟銀一百一十八兩四錢四分一厘六毫"，而北圖本有。天一閣本有的，北圖本無。如《賦書》金谿縣，天一閣本有"門攤、商稅銀六百四兩九錢五分二厘二絲九忽"。宜黃縣，天一閣本有"門攤、商稅銀五十兩四錢七分五厘八毫三絲"。樂安縣，天一閣本有"門攤、商稅銀三十兩八分五厘九毫"。而北圖本均無。還有《賦書》中有些項目交納的數量不同，如東鄉縣，北圖本"門攤、商稅銀八十三兩五錢一分七厘一毫"，而天一閣本爲"門攤、商稅銀二百九十兩三錢九分二厘"。北圖本"加派菓品、牲口銀二十八兩三錢三分八厘"，天一閣本爲"加派果品牲口銀三十八兩三錢八分八厘"。《均書》泰和縣"力差"，北圖本爲“各衙門門子、皂隸、聽差、解户、庫子、館夫、斗級、禁子、巡攔、鋪兵、弓兵、防夫、渡夫各項二百二十四名，並均來萬安縣皂口驛支應庫子四名，共銀一千五百七十五兩六錢”，天一閣本在“二百二十四名”後有“共銀九百二十七兩六錢”十字。在“機兵”中，北圖本爲“内選精兵八十八名，徵解部四十四名，徵募兵九名，餘兵三百零二名，每名止給銀五兩二錢，外徵軍餉銀二兩，共銀六百零四兩”，天一閣本作“内選精兵六十八名，徵解部銀四名，徵募兵七名，餘兵三百六十四名，軍餉錢二錢，共銀七百二十八兩”。又如臨川縣“銀差”，北圖本爲“柴薪、馬丁、歲貢盤纏、富户、齋夫、膳夫、民校、廚役、書手、工食、擡册夫、牌枋等項，共銀二千兩八錢五分一厘”，天一閣本作“柴薪、馬丁……共銀一千七百兩五錢五分一厘”。《藩書》也有個别地方不同。如寧王世系表中六世拱楷下北圖本有“鳳陽後回府住”六字，天一閣本作“送鳳陽，後回府住”，多一“送”字。又寧府南康王，北圖本較天一閣本在南康王下少“襲封南康王”五字。從以上《賦書》、《均書》、《藩書》所舉諸例來看，北圖本與天一閣本顯然不是一個版本。但這兩個版本孰先孰後呢？我認爲北圖本是原刻本，天一閣本是在原刻本上進行删改、補充，很可能就在原版上進行抽换、挖補。北圖本是嘉靖三十九年調查統計嘉靖三十八年的賦税、徭役、三大王府的世系等項目和數量，天一閣本則是嘉靖三十八年以後賦税、徭役等改變後的統計數字，雖個别縣、個别項目有所减少，但總的來説是加重，從上述諸例可證。如金谿、宜黄、樂安等縣原無門攤、商税銀，而後有此税，又如安福縣“機兵”，北圖本是“額兵四百零一名，每名銀三兩六錢，共銀一千四百四十三兩六錢”，天一閣本是“每名銀七兩二錢，共銀二千八百八十三兩六錢”，增加了一倍多。《藩書》中，拱楷下，天一閣本有“送鳳陽，後回府住”，較北圖本“鳳陽後回府住”爲通順。少一“送”字，就不恰當。拱楷是因宸濠反叛朝廷而受株連，送鳳陽監禁的。這也可證天一閣本晚於北圖本。北圖本和天一閣本版心刻工署名均相同，疑王宗沐宦游江西時所刻。

從上所述，可見《江西省大志》對編寫江西省志、縣志等地方志和研究江西地方史志具有重要的參考價值，然而該書存世極爲稀少難得。嘉靖本僅北京圖書館有一足本，殘本和抄本也寥寥數種，欲求借閲參考，實非易事，因而重印出版，以應社會需求，甚爲迫切。爲此我們申請點校《江西省大志》這一古籍項目，並得到國家教委批准，列入計畫，撥下專款。我們爲了進行點校工作，經過幾年

的辛勞,奔走各地,到了京、津、南京、上海、杭州、寧波等處,出入古籍商店、各大
圖書館調查、借閱、抄寫、照相、複印有關資料和《江西省大志》的各種版本。然
後再整理、比較,進行標點、校勘,補缺拾遺,擇善而從,終於完成了點校《江西省
大志》的任務。我們點校的《江西省大志》稿本,可以說是目前最完善的本子。

（本文原載《江西古籍研究》第一輯,1992 年 8 月編印）

附録二

通議大夫刑部左侍郎致仕敬所王先生行狀

先生督學時，予泊今大學士洪陽張公最被遇。辛卯冬，門下士謂先生屆七十，謀使使奉觴上壽，推張公爲文，而囑予奏記，其言不同，則具以朝夕還朝，豎立遄鉅爲祝也。使未還，而訃至，詎勝傷盡乎！其孤水部等，持先生年表，將北走燕，請銘張公，而徵予狀。予雖不佞，其又何辭？

先生諱宗沐，字新甫，別號敬所，晚更號攖寧。本周王子喬之裔，其先世祖燠，尉僊居，貧不能歸，因家僊居。子貴再徙臨海，今遂爲臨海人。數傳生蒙，元末教授衢州路，稱儒者。三傳爲高祖穩，江西南康守，復授汀州，前後守九年，而清操亦如僊居。穩生纘，纘生東塾公景積，景積生聯峰公訓，是爲先生祖禰，皆以先生貴贈御史中丞。聯峰公娶於鄭，感異徵而生先生。自幼穎敏，七齡徙東塾公授讀，一誦輒不忘。十四工屬文，千言立就，自是試輒冠其曹偶。弱冠舉嘉靖癸卯麟經第三人，甲辰進士。宮允白崖秦公方在詞林，即其館館甥焉。謁選得刑部主事，日與王元美、李于鱗諸君子肆力古文詞，元美嘗曰：“先生眈眈虎視，力追古人”，蓋傾心深矣。而先生不徒工古文辭，殫精法比，出入惟恐失律。霸州惡少七人，殺越人于貨，而一人逸，至京爲緹騎所捕，其六人亦相繼覺，有左驗矣。會械送對簿，而先一人復跳而逸獄，久而不決。有旨切責，理官急，郎中仰屋嘆，移疾臥閣耳。先生攝其事，即日白元甫夏公。抵曹，命一隸衣敝絮而伏墀左，趣召六人墀右伏。屬聲曰：“某已獲，復何辭。”六人但見墀左叩頭狀，相顧駭愕，盡吐情實，予始具。夏公喜，謂大司寇屠公曰：“此郎它日令僕才也。”

庚戌，擢粵西僉事，視學政。公念粵西在萬里外，雖文物不比中土，然稚魯不惑于多方，猶易興教，乃修宣成書院，令誦說其中，且檄江右經生若干與居，士于是靡然顧化，彬彬質有其文。甲寅，參議粵東。丙辰，復以副使視江右學政。先生雅知江右士率務學，可與裁，乃作諭志檄，用相警發。尋葺陽明祠，創正學懷玉書院,修白鹿洞。每試事畢,輒引諸生其中,揮塵談義,更端質問,如響答桴。嘗爲諸生論格致,謂"物"合訓"欲",蓋知因欲蔽,去欲即知至矣。晚近學者不本姚江之旨,專主見在,以善惡皆性,任起任滅,而不必除惡,在爲明明德也,此其義淺深,各有所指,期以挽虛見而務真修,有功姚江不小。所取制義,務在博雅昌大,邃于理而雄于氣。其所高等,十九起家,常以此別人心術,及終身所就,燭照數計不爽也。又嘗臨生舍,稽其私課,諸生左右侍,見其目十行俱下,其手筆常不及其所讀,然墨跡疏密,視所臧否,毫髮不謬。蓋五官迸用,斯亦奇矣。

己未,晉大參。念漕儲煩猥,吏胥借而塗民耳目,非先簿正不可,因蒐訪宗禄、水利、兵實、險隘,細及陶冶之屬,咸括其要領,作七書,行善而備敗,犁然指掌,至今稱便。庚申,擢按察使,讞獄廉平。景藩由豫章之國,大璫索軵,不如數不得去,有司患之。先生曰:"是駤可紿而走耳。"乃陽唉以夫直,而陰令衛師挽王舟行,從舟不能緩,逡巡去,而有司獲省費以數千計。亡何,流賊薄永豐城,官兵不利,戕殺憲副,所在騷動。先生時晉右轄,討賊故非其職,而奉臺使檄,毅然請行。賊素憚先生威名,聞師出,棄城宵遁。先生惟賊逆節顯著,即遁不宜置不問,方部署尾其各路,將盡殲焉,而遷山西布政以去,吉州士民遮道留,爭持牛酒犒師。語詳太史羅文恭紀中。

先生以左轄入覲,念山西歲祲,道殣相望,草疏請寬徵輸,更乞留河東新增鹽官錢給宗禄。蓋反覆數千言,讀之可涕也。而有中先生蜚語者,竟用此論調粵西。先生辭不獲,單車馳往,已聞封翁眠食乍損,趣歸子舍。歸則二尊人顧無恙,朝夕承歡,甚適也。以其暇,續《宋元資治通鑑》。丁卯,居封公喪,執禮悲慕如少儒。服除,起山東左轄。時河水泛濫,漕艘多損,羣議開膠河,先生謂此第令費財耳,必罔功,議遂寢。因條海運機宜,上中丞梁公。梁訢然曰:"社稷至計,不圖今日從王先生得之。"命以粟試行,直達無壅,於是當事者知先生力可辦漕,即山東拜右副都御史,總治河漕。故事,二月兑軍,比舟入河,正拍日稽天之候,宜無幸矣。先生乃爲蚤運法,以冬十月開兑,正月渡淮,五月則責令盡數渡洪,運始無虞。先生尚念河決無常,而海運業有明效,乃上疏直陳三勢,疏入報可。始設官造船,遣三百餘艘,自淮入海,三月而抵天津。會明年,運官不習海,遇颶風,漂没七舟,而人復爭言海運不便矣。先生謂是非常之原,難以口舌爭,自疏請罷，猶上《海運詳考》及《漕河指掌圖》，曰“臣心力殫是矣”。予嘗問先生曰：“海運信便，予惟邦畿幾千里，惟民所止，非直數十萬軍也，其所資藉，非直數百萬米也，藉令海運行，而粒米無損，可廢治漕乎？”先生曰：“漕不可廢也，顧予非爲目前也。茶城以北，泉流如帶，卒有非常，掬土可淤，計將安出？故宜習知此途，幾異日倉卒，不至無策，即人亦知予有恃，不必以漕爲奇可居也。予故曰主於河而協以海，萬全之説也。”以此知先生捋茶徹桑，慮至深遠，非淺近所窺已。

乙亥，稍遷南工部右侍郎，改工部，尋進刑部左侍郎。奉璽書閲視宣、大、山西諸鎮邊務。閲邊之遣大臣也，實自是年始。故事，閲臣皆按册籍，取文具粉飾而止。先生獨自惟簡命不可虛辱，且俺酋新款，士心易諭，脱有後虞，咎將誰諉。爲憑熊軾，周歷塞徼，務得長筭，且圖説以聞。中間謂撫守戰三者，提衡同，而三鎮形勢異。宣府撫七而戰三，大同守一而戰九，山西撫三而守七，皆爲要論。然先生本謀實主戰，嘗語予曰：“子謂虜不可殺乎？”予未及應，先生張目搖首曰：“可殺也。吾畏虜，虜亦畏吾。及是時日討軍士而訓之，阜其財求而利其器械。自度可戰，因以郤市挑之，少有次且，執義以往，雖犂庭掃穴，豈難事哉。”予聞之爲生氣，然亦以此知先生非以不教民戰也。俄有鄭太淑人之訃，徒跣急歸。上深加悼惜，命所司斥内帑三百緡佐葬。公頓首曰：“天子以具臣之故，施及其母，恩澤渥矣。具臣有先子之首丘在，無容再費。君賜不敢隱，願奉帑金建遷祖僭居尉祠，又以其餘置義倉，餉粟以贍不給；爲義塾課子姓，曰仁親睦族，于此乎在。”夫疇非主德哉！公雖家居，實負東山之望。

辛巳，大計，持論之臣以意逢執政，多及眤眥之郤，雖以先生不免焉。先生聞之笑曰：“自予登朝，恥趨變化，抑惟是浮雲視之，任其聚散。今備位九卿末行，踰始望矣，亦又何求。”尋搆畸園自怡，足跡不涉公門，當道至者，枉車旂數存，率以病謝。常葛巾野服，行田間，卒然遇之，不知其貴人也。晚留意二氏，有悟則往往遊方之外，東南諸名山無不有車轍馬跡焉。間且誅茅結小廬其中，幾所謂異人者一證之也。三子先後成進士，且各用先生經，爲省名魁。子孫鼎盛，海内無二。而先生用此爲兢兢，常語諸子曰：“如天之福，懼以承之，猶或有替，有如乘至盛不返道理，而世俗自恣，損其先聲，此適足明奪其鑒，而益之疾也，何福之與有。”以故諸昆季朝夕敬忌，揚歷中外，休有嘉聞，則被服素也。

先生朗識雄才，睥睨一世，於書無所不讀，讀輒究其微。於當世之務，自宏鉅及其纖細，無不明習，即身所未經，其山川險易，閭閻利病，皆能詳其事實，如數一二三四。故盈庭之議，每以片言折之，常屈其坐，要非臆對矣。今雖官侍郎，猶爲未用也；雖所至輒效，猶爲未盡其長也。間下士徐尚璽，常以先生久抑爲恨。予曰何必速爲，而尚璽不予是也，曰："帷幄之臣，坐而論道，其用在識，識故宜老；奔走之臣起而作事，其用在力，不以壯時令布四體，乃其衰耗，力不稱心，用無益矣。"予聞而去，所爲謝不敏。由今思之，尚璽亦自謂也。庚寅，尚璽卒。又二年，而先生卒。其同負才名，萬司馬亦以是年卒。如三公，恐不可不謂齎志以没矣。予閱臺省薦牘，未嘗不年年引以爲重，則公論可概見也，然竟難一起，豈誠所謂進賢如不得已耶？嗟夫已矣！余撮其大端，稍爲詮次，以備採擇，它細行自有年表，不具述。

先生生嘉靖癸未某月日，歿萬曆辛卯十二月日，享年六十有九。配秦氏，封淑人。丈夫子四，長士崧，即水部。次士琦，福州知府。次士昌，某縣知縣。次士業，以先生考績，蔭太學生。女二，長適太學生某，秦出。次適邑諸生某，側室某出。孫男十一，某，崧出。立鼎、立程，辛卯舉人。立準，琦出。立隆、立弼，昌出。立基、立象、立垣、立輔、立臬，業出。女四。曾孫一，宜穀，立鼎出。

（《四庫全書存目叢書》集部・鄧以讚《鄧定宇先生文集》卷四）

附録三

明史王宗沐傳

王宗沐,字新甫,臨海人。嘉靖二十三年進士。授刑部主事。與同官李攀龍、王世貞輩以詩文相友善。宗沐尤習吏治。歷江西提學副使。修白鹿洞書院,引諸生講習其中。

三遷山西右布政使。所部歲祲,宗沐因入覲上疏曰:"山西列郡俱荒,太原尤甚。三年於兹,百餘里不聞雞聲。父子夫婦互易一飽,命曰'人市'。宗禄八十五萬,累歲缺支,饑疫死者幾二百人。夫山西,京師右掖。自故關出真定,自忻、代出紫荆,皆不過三日。宣、大之糧雖派各郡,而運本色者皆在太原。饑民一聚,蹂踐劫奪,歲供宣、大兩鎮六十七萬餉,誰爲之辦。此可深念者一也。四方奏水旱者以十分上,部議常裁而爲三,所免不過存留者而已。今山西所謂存留者,二鎮三關之輸也。存留乃反急於起運,是山西終不蒙分毫之寬。此可深念者二也。開疆萬山之中,巖阻巉絶,太原民不得至澤、潞,安望就食他所。獨真定米稍可通。然背負車運,率二斗而致一斗,甫至壽陽,則價已三倍矣。是可深念者三也。饑民相聚爲盜,招之不可,勢必撲殺。小則支庫金,大則請内帑。與其發帑以賞殺盜之人,孰若發帑使不爲盜。此可深念者四也。近丘富往來誘惑,邊民妄傳募人耕田不取租稅。愚民何知,急不暇擇,長邊八百餘里,誰要之者?彼誘而衆,我逃而虛。此可深念者五也。"因請緩征逋賦,留河東新增鹽課以給宗禄。尋改廣西左布政使,再補山東。

隆慶五年,給事中李貴和請開膠萊河。宗沐以其功難成,不足濟運,遺書中朝止之。拜右副都御史,總督漕運兼巡撫鳳陽,極陳運軍之苦,請亟優恤。又以河決無常,運道終梗,欲復海運,上疏曰:"自會通河開濬以來,海運不講已久。臣近官山東,嘗條斯議。巡撫都御史梁夢龍毅然試之,底績無壅,而慮者輒苦風波。夫東南之海,天下衆水之委也,茫渺無山,趨避靡所,近南水暖,蛟龍窟宅。

故元人海運多驚,以其起自太倉、嘉定而北也。若自淮安而東,引登、萊以泊天津,是謂北海,中多島嶼,可以避風。又其地高而多石,蛟龍有往來而無窟宅。故登州有海市,以石氣與水氣相搏,映石而成,石氣能達於水面,以石去水近故也。北海之淺,是其明驗。可以佐運河之窮,計無便於此者。”因條上便宜七事。明年三月遂運米十二萬石自淮入海,五月抵天津。敍功,與夢龍俱進秩,賜金幣。而南京給事中張煥言:“比聞八舟漂沒,失米三千二百石。宗沐預計有此,私令人糴補。夫米可補,人命可補乎?宗沐掩飾視聽,非大臣誼。”宗沐疏辨求勘。詔行前議,習海道以備緩急。未幾,海運至即墨,颶風大作,覆七舟。都給事中賈三近、御史鮑希顏及山東巡撫傅希摯俱言不便,遂寢。時萬曆元年也。

宗沐以徐、邳俗獷悍,多姦猾,濱海鹽徒出没,六安、霍山礦賊竊發,奏設守將。又召豪俠巨室三百餘人充義勇,責令捕盜,後多以功給冠帶。遷南京刑部右侍郎,召改工部。尋進刑部左侍郎,奉敕閱視宣、大、山西諸鎮邊務。母喪歸。九年,以京察拾遺罷,不敍。居家十餘年卒。贈刑部尚書。天啓初,追謚襄裕。

（《明史》卷二百二十三）

後記一

《江西省大志》能够出版了，我們近 20 年的心願終於實現，高興之餘，感慨繫之，不能不寫下幾句。

1983 年，我和教研室內的黃長椿、左行培老師商量申報古籍整理科研項目，根據 1981 年在江浙採訪地方史志古籍的信息，決定校點嘉靖《江西省大志》，既有利於推動教學科研，又能爲新志編纂工作服務。結果得到國家教育部批准，由省教育廳轉來 5000 元課題經費，於 1984 年正式開展校點整理工作。連續幾年之間，每逢教學任務完成之後，我們三人便背起行囊外出，在上海圖書館複印得民國抄本，去南京圖書館查對了萬曆刻本，在北京圖書館買到嘉靖本縮微膠卷，去寧波天一閣、天津市圖書館、中國科學院圖書館借其殘本校對，又以我們已得的部分影本與吉林大學圖書館藏殘本影本交換。凡國內當時能找到的，都已找到、看到了。校點過程中，我們集體坐班，及時協調操作方法，研討疑難問題，尤其是便利我向二位老師請教。所得經費雖然不多，精打細算的開支也很管用。那時的差旅費、複印費、書費都不貴，我們幾年沒有開銷一分錢勞務報酬，壓縮出約一半的課題費購買了《明實錄》、十幾種地方文獻資料和一臺縮微閱讀機，使我們江西地方史教研組有了一批可觀的教學資料。

1987 年秋，校點基本結束，轉入聯繫出版，被告知要交付 3 萬元出版費，頓時使我們陷入困境。爲求勞動成果不半途而廢，讓珍貴的嘉靖《江西省大志》流通起來，我們一次又一次地向省教委、省社聯、省文化廳、師範大學，乃至社會人士陳說、申請、求助，每次都得到同情和支持，卻一直沒有解決資金問題。一年又一年過去了，事情依然停留在原來的境地。書稿堆放在書架上，向圖書館贈書的承諾不能兌現，讓該書發揮社會效益的事更無從談起。

1992 年，左行培老師累倒在書桌旁，沒能看到這份成果出版便仙去了。黃長椿老師又已退休多年，離開了教學崗位，難有繼續做課題研究的條件，更因年邁,不能再施加工作壓力。《江西省大志》的後事,不得不由我獨力承擔。

　　1995 年夏,出版界的朋友建議將原書改版,以減少出版費用。省高校古籍整理小組的先生建議再次申報立項,以便完成改版工作。我按這個方案操作,請研究生周建新、毛曉陽、宋德劍幫助,逐步做完全書的繁體字改簡體字、豎排改橫排的打字校對等繁瑣而細緻的工作。然而關鍵的出版經費仍無着落,改好了版式的書稿仍然只能閑置一旁。

　　時序進入 2002 年秋,江西師大領導爲了實現博士學位點零的突破,特撥大筆款子爲"攻博"專用。歷史文化與旅遊學院(原歷史系)方志遠院長決定讓《江西省大志》趁便"插隊",報請學校同意資助出版,這才解開了困擾我們 15 年的死結。年底,中華書局編輯馮寶志先生來電,希望提供原版校對書稿,以免改版過程中出現差錯。爲此,我又一次翻出塵封的原稿,逐頁重讀,去掉改版時殘留的字跡,消除分工校點中的歧異,力求使書稿更完善一些。今年初,到廈門大學圖書館找到了《敬所王先生文集》,通讀一遍,對王宗沐的一生行事與思想有了更多認識,將其中的《王先生行狀》選來編入附錄。又改寫了《校點説明》,按"齊、清、定"要求做完各項必須的清理工作。"老債"終於在我也退休之後償還,可以告慰左行培先生在天之靈,能讓 85 歲高齡的黃長椿先生會心地微笑。

　　一個七卷本的古籍整理研究項目,歷經十八九年才見成果,其間的困頓曲折,我們有深切的感受,如江湖中的一個水泡,渺小微末,生滅自然。水到渠方成。借書出版之機,向江西師大和歷史系領導致謝,向中華書局編輯先生致謝,向上海圖書館、北京圖書館、天一閣藏書樓、江西省圖書館的同志致謝,向所有關心和支持過我們的單位與朋友們致謝。

　　本課題原是黃長椿先生領銜,三人分工校點:黃先生負責校點《藩書》、《溉書》、《險書》,左行培先生校點《實書》、《陶書》,我校點《賦書》、《均書》。因年事推移,後續工作由我操辦。改簡體字橫排時我編點了萬曆版的《楮書》,並將其移入嘉靖本。末尾的整理清點諸事,叢雜而瑣碎,不免有差誤欠妥之處,應由我個人承擔,誠望讀者教正。

許懷林

2003 年 3 月 3 日

　　爲解決用嘉靖原本校勘民國抄本這個關鍵難題，必須去國家圖書館借閱，歷史文化與旅遊學院院長萬振凡教授同意資助差旅費，地方史教研室吳小紅主任安排研究生賀鵬飛爲助手同行。我帶上校點書稿原件、1995 年做的簡體字橫排書稿，與小賀一道赴京，9 月 10 日上午我們到中華書局拜見了張繼海主任，陳述了校點實情，張主任查看了底本上的點校筆迹，“校勘記”逐條寫明的依據，認同我們使用的民國抄本確是以嘉靖原本校正過了，主張改橫排，以繁體字印刷。鑒於影本有的不够清晰，我放棄按原版印刷的要求，接受了張主任的方案。第二天，得到中華書局學術出版中心俞國林主任的幫助，在國家圖書館善本閱覽室借閱嘉靖版縮微膠卷，辦妥了複製兩頁書照片的手續。16 日，收到兩張書影的電子版照片。

　　事情至此，嘉靖《江西省大志》的校點整理工作只剩一些收尾之事，我們初始的願望將要實現。在緬懷合作校點的左老師、黃老師之餘，要感謝中華書局的諸位先生，感謝歷史文化與旅遊學院的同仁，還要感謝研究生周建新、毛曉陽、宋德劍，幫助做了全書改版輸入電腦的工作，賀鵬飛做了三篇附錄的電子文本輸入工作。三十四年間關注和支援這項工作的各方人士很多，《江西省大志》的出版面世，是多方合力勞動的結晶。

　　心情已經舒緩，起伏經歷不能遺忘，特書以備查，留作念想。

許懷林

2017 年 9 月 18 日

後記二

我們校點的嘉靖《江西省大志》終於能够出版了,感慨甚多,不能不再次記下幾點變故事實,補充 2003 年 3 月寫的"後記",以便完整地交待事情經過,告慰左行培老師、黄長椿老師在天之靈,亦可作爲某種參考之用。

2003 年 3 月,中華書局接受我們的書稿,進行了審稿編輯工作,當年 9 月 11 日,責任編輯回饋意見,要求"以上海抄本爲工作本,對照國圖嘉靖本,把國圖嘉靖本文字與上海抄本不同之處,一一過録到上海抄本上,這樣我們就有了嘉靖本的文本,也就可以用國圖嘉靖本作爲校勘底本了"。同時將書稿退回來了。這條修改意見本身是對的,但我們實際上正是這樣做的,只不過没有特别説明,對工作底本仔細校勘之後,它已經改變了原貌,已是嘉靖本了。既然中華書局退回了書稿,無疑是要求再校對一遍,但是執行不了,存在不可逾越的難關。首先是嘉靖原版書不給借閲,更不能複印,從根本上卡了工作通路。其次,2002 年 9 月我退休之後,没有了申報課題研究的資格,斷絶了繼續工作的經濟來源。不得不再次擱置下來,消極等待着下一個時機。這一拖又是十多年。

2012 年 10 月,94 歲的黄長椿老師仙逝,也帶着遺憾走了。我反觀自身,年過 76 歲,閻王給的歲月也將耗盡,怎麼辦?

我又一次癡呆地收拾留存的校點書稿,想起與中華書局的合同仍在有效期內,况且出版經費已經支付,也許還有重生的機緣。於是再度與中華書局溝通,提供文書照片,發出郵件,籲請回復。2016 年 12 月,中華書局文化遺產分社許旭虹編輯奉命與我聯繫。2017 年 8 月 25 日,傳來了肯定性的答覆:中華書局古籍出版中心張繼海主任來郵説:"關於《江西省大志》的問題,局領導批示我協助解决。""您的修訂工作完成之後,可將書稿寄給我,我來想辦法安排編輯。"於是,重新啓動書稿修訂工作,徹底清查校點的書稿全文,閱讀各卷的"校勘記",重寫"前言"、"校點説明"等附件。